동아시아 지역공동체를 주도하는

대한민국의 正體性과 價値

나남
nanam

나남신서 1798

동아시아 지역공동체를 주도하는
대한민국의 正體性과 價値

2015년 4월 21일 발행
2015년 4월 21일 1쇄

저자_韓昇助
발행자_趙相浩
발행처_(주) 나남
주소_413-120 경기도 파주시 회동길 193
전화_(031) 955-4601(代)
FAX_(031) 955-4555
등록_제 1-71호(1979.5.12)
홈페이지_http://www.nanam.net
전자우편_post@nanam.net

ISBN 978-89-300-8798-8
ISBN 978-89-300-8001-9(세트)

책값은 뒤표지에 있습니다.

동아시아 지역공동체를 주도하는

대한민국의 正體性과 價値

한승조 지음

나남
nanam

The Identity and the Values of the Republic of Korea

by

Hahn, Sung-Joe

nanam

책머리에

이 책은 2011년 5월에 간행되었던 본인의 저서, 《아시아태평양 공동체와 한국》의 후속편이다. 지난 저술은 21세기 국내외 정세 속에서 어떠한 시대적 요청에 의하여 또 어떠한 사상적 기반 위에서 동아시아 지역공동체가 창립되어야 할 것인지 그리고 국내외의 학자들은 그 문제에 대하여 어떠한 생각을 하며 주장을 펴왔는가를 고찰한 저술이었다.

그 후부터 오늘에 이르기까지 3년 동안 필자는 동일한 관심과 주제를 가지고 꾸준히 많은 글을 써왔다. 현재 국제관계의 변화와 결부시켜서 국내외 상황이 더욱 어려워지고 있는데 아시아태평양공동체의 창설이 현실화될 수 있겠는가? 오늘날 한국이 이러한 여건하에서 절실하게 요청되는 국제기구를 만들려면 어떠한 방법과 과정을 거쳐야 하는 것인지에 대해 논하는 글들을 계속 써온 것이다.

이처럼 여러 가지 문제를 생각하며 써온 글들을 모아 하나의 단행본으로 엮으니 그 책 이름을 어떻게 붙여야 하는지 고민이 되었다. 지난번의 저술은 관심의 주제와 목표달성의 방법 등을 《아시아태평양 공동체와 한국》이라는 제목으로 통합할 수 있었지만, 이번 새 저술은 창설하려는 국제기구 자체보다도 그 국제기구의 창설(創設) 주체(主體)가 되는 대한민국의 국가성격과 그 정체성(正體性)에 초점을 두면서 논의를 집중시켰다고 생각되었다. 그러다 보면 《대한민국과 아시아태평양공동체》라는 제목이 나오기 십상인데, 그러면 전후관계만 다를 뿐 전번의 저술명과 동의어 반복처럼 되어버릴 우려가 있어 아주 새로운 《대한민국의 正體性과 價値》라는 책명을 붙이기로 하였다.

미래에 평화세계를 만들어 가는 과정에서 주도적인 역할을 하는 나라가 대한민국이라면 그것이 어떤 나라인지 명확하게 밝혀야만 하지 않는가? 앞으로 생겨날 국제기구 또는 복합국가기구 역시 우리나라가 추구하는 목표가치인 동시에 우리의 자화상(自我像)과 다를 바 없다면, 그 국가성격과 정체부터 명확하게 밝혀야 한다는 생각이 든 것이다.

현시점에서 우리가 대한민국이라는 나라의 국가성격을 정확하게 밝히려는 이유는 또 있다. 현재 한반도의 북녘에는 조선민주주의인민공화국이라는 실체가 존재하며 끊임없이 우리에게 도전해 왔다. 그 실체는 정상적인 국가가 아니라 매우 기만적이며 비정상적인 국가임에도 불구하고 대한민국을 제거, 말살할 목적으로 존속해 왔다. 그것은 국가의 소멸을 주장하는 공산주의의 이론을 따라 공산주의 사회를 만들기 위하여 출현한 나라라는 데 문제가 있는 것이다.

조선민주주의인민공화국은 그 이름을 정직하게 조선공산주의인민공화국이라고 붙였어야 할 나라이다. 칼 마르크스는 국가란 애초에 약자들을 억압·착취하기 위하여 생겨난 지배계급의 도구이므로 공산혁명 후에는 없어져야 한다고 주장한 국가소멸론자였음을 부인하는 사람은 없을 것이다.

김일성의 주체사상도 그것이 인간 중심 사상임을 강조하고 있다. 그래서 북한의 공산주의자들은 국가라는 개념을 인간 중심 사상으로 교체할 것을 강조해 왔다. 문제는 이것이 요즘 한국의 종북좌파가 즐겨 쓰는 말이 되었다는 점이다. 인간 중심이란 말은 물론 나쁜 말이 아니다. 문제가 있다면 그 말 속에 국가무시, 국가해체의 뜻이 담겨 있다는 사실임을 외면해서는 안 된다.

요컨대 북한은 그 국호 자체가 기만적인 데다가 존재이유가 대한민국을 지상에서 말살, 소멸하기 위하여 존속해 온 정치도구이다. 우리가 감히 장담할 수 있는 것은 대한민국은 종북좌파나 북한의 인민대중을 평화적으로 이해하며 포용도 할 수 있다. 그러나 북한이나 남한의 종북좌파는 대한민국의 이름과 실체가 완전히 제거, 소멸되기를 기도하는 정치단체일 뿐이다. 최근 한국에서 문제가 되었던 이석기의 RO(혁명조직)도 바로 반국가조직임을 드러낸 것이 아닌가. 이러한 이유도 남북한의 평화통일을 대한민국이 주도(主導)하지 않는다면 불가능하다는 원리로 이미 자명해진 사실이다.

불교철학에는 아공(我空) 법공(法空)이란 말이 있다. 이 말이 하나의 선(禪) 문답처럼 들릴 수도 있을 것이나 너무 놀랄 일은 아니다. 다만 너무 융통성 없는 경직된 사고방법에 사로잡히지 않도록 조심만 하면 되는 것이다. 그 말이 무엇을 뜻하는가? 그 화두는 '나'란 것도 실체가 없다는 것이다. 법공이란 법이나 진리라는 것도 정해진 실체가 없다는 뜻이다. '나'라는 것이 '나라'가 될 수도 있고, '나라'는 '지역공동체'라는 국제기구로 발전할 수도 있다는 뜻이다.

이것은 쉽게 말하면 아시아태평양공동체가 대한민국이 될 수도 있고, 대한민국이 아시아태평양공동체라는 독립적인 국제기구를 만들 수도 있다는 말이 된다. 이것은 하나의 선문답처럼 들릴 수 있겠으나 그 말에 놀라지 마시고 독자들은 본서의 정확(?)한 현실분석과 명쾌한 논리를 추적, 점검해 주시길 바란다.

대한민국이 점차 발전하여 으뜸가는 선진국이 될 수 있는가? 한반도에 통일국가는 언제 어떻게 세워질 수 있는가? 장차 한국이 국제관계에서도 도덕적 · 정치적 지도력을 발휘할 수 있다는 근거는 무엇인가? 이러한 말의 진실성 여부는 앞으로 대한민국이 보다 완전한 국제적 다자안보협의(多者安保協議) 기구라고 할 수 있는 아시아태평양공동체를 설립하고 주도하는 역사적 사명을 완수할 수 있는가 하는 여부에 달린 것이다.

대한민국 국민 여러분!

특히 한국의 여론과 국사를 연구하며 이끄는 지성인들 및 각 분야의 지도자 자리에서 활약하시는 여러 어른들에게 새삼 묻고자 한다. 그동안 한국이 걸어온 길과 앞으로 걸어갈 과정, 미래 전망에 대해 얼마나 확신을 가지고 있는가? 그리고 불초소생이 그동안 꾸준히 제시했던 관점과 비전들이 얼마나 새로우며 또 그것을 어떻게 추진해야 하는 것인가? 현재 한국의 정치, 경제, 사회, 문화, 교육 등이 어떠한 문제성을 안고 있다고 보는가? 21세기 초부터 이 나라를 이끌어 왔던 대통령인 김대중 · 노무현 · 이명박, 그리고 현재의 박근혜 대통령까지 우리 국민들 그리고 우리의 국가를 과연 얼마나 잘 이끌어 왔다고 평가하는가? 특히 현재 나라를 총체적으로 이끌고 있는 간판스타들이 대한민국의 명확한 비전에 따라 문제를 해결하지 못하고 혼란을 수습하지 못하고 있다면 그 원인은 어디에 있다고 생각하는가?

독자들이 이 책을 통해 도움을 받아 오늘의 세계현상과 국제관계 그리고 대한민국의 행보 및 거취에 대한 생각이 보다 명확해질 수 있기를 바라며, 과연 그 결과는 어떠할지 궁금한 마음으로 이 책을 간행하는 바이다. 본서의 서문을 이렇게 마무리 지으면서 국내외의 많은 현인(賢人) 군자(君子)들의 지도와 성원을 부탁한다.

더불어 이 책의 출판을 위하여 마음을 써주신 나남의 조상호 회장과 고승철 주필, 그리고 편집부 직원들에게 감사드린다. 또한 좋은 책이 되도록 시종일관하여 나의 집필을 도와준 아시아태평양공동체 손경희 간사의 수고에 대하여 감사의 뜻을 전한다.

2015년 봄에

한 승 조

나남신서 1798

동아시아 지역공동체를 주도하는

대한민국의 正體性과 價値

차례

제5부 대한민국 정부의 통일 정책

제1부

대한민국의 正體性 확립을 위하여

1장

대한민국의 建國精神: 그 본질과 가치

2014년 제32차 아태공포럼 발표논문

대한민국에는 8·15 기념일이 있고, 그것을 '광복절'이라 부르지만 어째서 건국(建國)의 날, 또는 '건국절'이란 말은 쓰지 않는가 하는 불만의 소리가 커지고 있는 것을 아시는가? 이것이 모두 "대한민국이란 나라의 건국을 중요시하지 않기 때문이 아니냐? 대한민국을 경시하는 풍조 때문에 건국절도 등한시되어 온 것이 아니냐"는 불만이다.

보통 국가는 입법부, 행정부, 사법부가 세워짐으로써 구체화된다. 이런 국가구조를 명시한 것이 헌법이다. 헌법이 제정되면 그에 따라서 정부가 공식적으로 발족하는데 이런 중요한 사실을 선언하는 날이 바로 건국일이다. 헌법은 국회에서 제정되나, 행정부 수장이 그 절차에 의하여 선출된 다음, 그 헌법이 공포되는 날이 바로 건국일이 되는 것이다. 우리나라의 경우 1948년의 8월 15일이 바로 그날이었다.

헌법제정과 선포에 못지않게 중요한 것이 헌법정신에 대한 국민의식의 내면화, 보편화이다. 헌법에 대한 국민적인 합의가 없어서 혼선과 갈등이 생기는 경우 그 나라의 정치는 안정화될 수 없으며 정상화될 수도 없다. 그동안 한국 정치에 혼선과 갈등이 심했다면 한국의 헌법정신에 대한 합의나 이해가 적어서 그 행위에 대한 확신이 부족했기 때문이었다.

1. 어려웠던 대한민국의 建國과정

8·15 해방 후, 해방정국을 말한다면 좌우대립으로 쌍방이 극한대립을 벌이는 가운데 대한민국 정부가 수립되었던 것, 이것은 어김없는 사실이다. 보수우파는 대한민국 정부를 수립하고자 애썼지만 진보좌파는 조선인민공화국을 고집하였다. 그로 인하여 유혈투쟁이 벌어졌다. 그것이 죽기 살기의 싸움으로 격화되자 나라꼴은 말이 아닐 정도였다. 그 당시 정계는 ① 강경보수 세력, ② 온건보수 세력, ③ 중간파, ④ 온건좌파 세력, ⑤ 강경좌파 세력 등 5개 정파로 분열되어 심하게 대립하고 있었다. 온건보수파의 우두머리는 김구(金九)였다. 김구는 월북하여 김일성과 남북협상을 벌이고 돌아왔다. 그리고는 북한과 좌익 세력에 동조하며 한국의 정부 수립을 적극 반대하였다. 그는 죽을 때까지 완고하게 거부하였던 것이다.

결과적으로 대한민국은 5개 정파 중 강경보수 세력인 한국민주당과 이승만(李承晩) 박사가 이끄는 대한독립촉성국민회의 두 세력으로 수립되어야 했다. 남조선 노동당을 비롯한 좌파 세력은 그해 9월에 들어서 38선 이북인 황해도 해주에서 조선인민공화국 정부 수립을 공포하였다. 결과적으로 한반도에 2개의 정부가 수립된 셈이다. 보수우파 세력은 대한민국 정부를 지지하면서 조선인민공화국 정부를 적극 부인하며 반대하였다. 반면 좌파 세력은 대한민국을 결사반대하며 조선인민공화국을 적극 지지하였다. 결과적으로 대한민국의 건국을 반대하는 투쟁이 건국 이후에도 집요하게 지속되었던 것이다.

남북한(南北韓)에 2개의 정부가 생겨났으니 자연 정통성(正統性) 싸움이 뒤따를 수밖에 없었다. 정부의 정통성은 국민 대중의 민심 여하에 달려 있으며 또 국제적인 승인과 지지가 얼마나 확고한가로 판정된다. 현재 이런 관점에서 남북한을 비교해 볼 때 남한인 대한민국이 보다 많은 국민의 지지와 광범한 국제적 승인과 지지를 누린 것이 사실이다. 그렇다면 대한민국은 정통 정부이며 북한의 조선민주주의인민공화국은 정통성이 없는 정부이므로 하루빨리 도태, 소멸되도록 국민의 생각이 모여야만 한다. 그러나 우리나라의 현실에서 이러한 순리가 통하지 않은 것이 문제였다.

2. 대한민국의 建國精神

우리나라에 헌정(憲政)이 실시된 지 이미 65년이 경과하였다. 그러나 그동안의 헌정을 객관적으로 평가한다면 C나 D급에 가까운 것이 아니었던가? 그럴 수밖에 없었던 가장 큰 이유는 건국과정이 매우 험난하다 보니 헌법정신에 대한 국민들의 인식과 합의가 흔들렸던 면이 없지 않았다. 또 한편에는 대한민국의 존재를 부정하고 끝까지 허물어뜨리려는 종북좌파 세력이 적지 않은 영향력을 유지해 왔던 것도 사실이다.

필자는 여기서 대한민국의 헌법정신을 논함에 있어서 그 본질과 가치를 더 분명하게 정리하고자 한다. 대한민국 헌법에 관하여 그 특징을 간략하게 요약하려면 대한민국에 적대해 왔던 북한의 헌법정신과 비교 대조하며 설명하는 수밖에 없다. 여기서는 결론만 말하고자 한다.

첫째, 대한민국의 헌법정신을 한 마디로 요약하면 '역사와 전통에 대한 긍정(肯定)과 우애(友愛)의 정신'이다. 이것은 분명 북한 내지 좌경 세력이 고수했던 부정(否定)과 적대(敵對)의 정신과 대조된다. 긍정의 정신은 다른 의견주장이나 반대 세력에 대한 포용과 용서 그리고 관용 및 사랑의 정신에서 나올 수 있는 것이다. 이것은 좌경 세력에 밀착되어 있는 불신과 적대 또는 증오나 불신의 정신(*der geist immer verneint*)과 크게 대조된다.

그런 긍정의 정신은 포용과 용서의 정신에 밑받침되어 존속할 수 있었던 것이다. 실제로 한국의 국회의원들 중에는 과거 친일파 지목자 내지 협조자, 좌경 세력으로부터의 전향자, 전과자, 병역미필자 등이 이지 않은가.

둘째, 한국의 건국정신이나 헌법정신은 북한과의 대립투쟁으로 인하여 많은 시련을 겪었으며, 그 영향으로 변질되어 온 면도 없지 않았다. 그 결과 대한민국이 수립된 후에도 그 정치 체제에 대한 국민의 신뢰와 지지가 형성되기까지 많은 고난과 어려움이 있었고 안타깝게도 아직 그 수준은 낮은 모양이다. 그러나 대한민국 정부에 대한 국민의 신뢰와 지지는 한국전쟁을 통하여 업장이 소멸되었는지 서서히 성장하였다. 또한 대한민국의 정치 체제 역시 4·19와 5·16을 통해 더욱 강화된 것도 사실이다.

3. 북한의 建國精神과 좌경 세력의 理念性向

그에 비하면 북한의 정치는 언제나 배제 및 숙청 그리고 적대감정 및 파괴행위와 결부되어 왔다. 흥미로운 사실은 대한민국을 수립하고 지키는 데 최선봉에서 투쟁해 온 사람들은 누구였던가? 그들은 북한에서 재산을 몰수당하며 학대를 견디다 못해 남한으로 월남해 온 사람들이었다. 그들 중에는 일제(日帝)와 협력했다는 이유로 쫓긴 사람도 없지 않았다는 점에서 남한이 친일파의 손으로 건국되었다는 비방도 들었던 것이다.

남한으로 쫓긴 이들 반공보수 세력은 독립운동지도자 이승만 박사를 받드는 한편, 좌익 세력의 모임이 있는 곳마다 찾아다니며 테러를 가하는 경우도 적지 않았다. 또한 그들은 군대와 경찰에도 들어가 대한민국을 지키며 내세우는 데 큰 역할을 한 것도 부인할 수가 없다. 반면 공산정권은 늘 국민을 감시하며 통제를 일삼았다. 사람들을 벌주며 배제하는 행동이 그들의 일상 업무였다. 처음에는 보수반동 세력을 배제하였고 그다음에는 박헌영 파에 소속되어 김일성 집단에게 적극 협력하지 않았다는 이유로 사람들을 배제하였다. 그러다가 북조선노동당과 완전 통합된 후에는 김정일 직계가 아니라는 이유로 반대 세력을 계속해서 숙청하였다.

북한정치 체제는 내부투쟁과 대량숙청의 역사로 시종한 체제였다. 북한정치 체제의 역사는 처음부터 마지막 순간까지 투쟁과 숙청의 역사였다. 김일성 정권이 들어서면서 처음은 남노당계를 숙청하였으며 이어서 소련파, 그 후에는 연안파, 1960년대에 가서는 조선노동당에서 위의 숙청을 주도해 온 갑산파를 대규모로 숙청했다. 그 후에는 김영주

(김일성의 동생) 파라고 숙청하다가 이후는 김정일 직계가 아니라는 이유로 제거하는 등 노동당 당원들을 계속 숙청해 왔던 것이다. 이것이 바로 좌경과격파의 생리적 · 심리적 특성이라고 하겠다. 그런 이유로 조직이 계속 약체화, 형해화되어 갔다. 결국 북한은 김씨 가문이 영구집권하는 왕조국가로 변질, 타락해버린 것이다.

결론적으로 대한민국의 건국정신은 긍정과 포용이다. 그 정신은 화해와 포용 그리고 박애(사랑)에 밑받침된 것이었다. 인민공화국과 좌파 세력의 건국정신은 부정의 논리이며 그 정신은 적대감정과 숙청행위로 특징지어진다. 북한 공산주의 집단의 정신구조와 행태특징은 동지들을 포함한 타인들에 대한 투쟁과 적대, 의혹과 배제에 밑받침되어 있었던 것이다.

이것으로 대한민국이 지난 50년 동안 어떻게 해서 성장, 발전해 왔는지, 반면 조선민주주의인민공화국은 왜 남한과 같은 시기에 지속적인 분열, 좌절, 위축을 겪다가 멸망을 향하여 내리막길을 걷게 되었는지 그 이유를 알 수 있다.

4. 남북한의 통일전망

위에서 고찰한 바를 토대로 남북한 두 체제의 미래를 전망해 본다. 대한민국은 계속 성장, 발전하여 그 세력이 확장될 것이나 북한 체제는 계속 분열, 대립만 하다가 날로 위축될 운명에 있다고 전망할 수 있다. 이것은 대한민국의 희망사항으로 남한은 긍정, 북한은 부정이라는 면에서 말하는 것은 아닌지 의심하는 사람들도 있을 것이다. 우리는 남북관계를 보다 더 냉정하게 그리고 객관적으로 고찰한다고 자부한다.

대한민국의 긍정논리는 과거 이승만·박정희·전두환 정권만을 말하는 논리가 아니다. 오히려 그러한 과거 보수우익 세력을 반대하여 투쟁했던 김영삼·김대중·노무현 정부도 국민의 투표에 의해 집권하였으므로 그들에게도 긍정논리가 적용되어야 하기에 포용과 긍정의 정신은 그들에게도 미치고 있는 것이다.

한반도의 문제는 나라의 유권자 과반수가 지지한다면 다음 대통령선거에서 야당·재야 세력이 정치권력을 장악할 수도 있게 되어 있다는 점이다. 그래서 그 세력도 대한민국의 새 주인 노릇을 할 수 있다. 그렇다면 교체된 그 세력에게도 이명박·박근혜 정부 때와 같이 북한의 연방제통일방안(聯邦制統一方案)에 따라 한반도를 통일해야 할 것인가 하는 문제가 나올 수 있다.

현재 박근혜 대통령이 남북평화통일의 기대를 크게 높여 왔으며 중도와 좌파 세력에 대해서도 매우 우호적으로 대하므로 남북한이 연방제통일방안에 합의하는 경우라도 그런 움직임을 저지하려고 하지는 않을 것 같다. 대한민국의 정신적 가치이며 국시(國是)인 긍정의 정신, 포용의 정신, 자비와 사랑의 정신에 충실하다면 남북한의 평화통일에 반대할 이유가 없는 것이다.

만일 현시점에서 보수우파 세력에게 나라의 좌경화 추세를 막을 수 있는 방법이 있다면 그것은 한국의 문화계·언론계·교육계·법조계 그리고 시민운동 세력의 좌경화 추세조차 긍정, 포용, 그리고 자비의 정신으로 끌어안는 것이 아닌지 심각하게 고민해 볼 일이다. 이처럼 도덕적인 사고에 의존하는 것 외에 다른 방법이 없다는 것이 오늘의 문제이다.

▪ **요점**

대한민국의 건국정신은 긍정과 포용 및 개방의 정신이다. 인민공화국의 건국정신과 논리는 부정과 배제, 폐쇄의 정신이다.

우익은 좌익사상을 대국적으로 포섭, 포용할 수 있다. 그러나 좌익은 우익사상을 포섭하지도 포용하지도 않으며 탄압, 제거의 일변도로 나가려 한다. 그들이 주장하는 자유와 평등은 기만과 속임수를 이용하려는 속성을 띠기 때문에 신뢰할 수 없는 것이다.

대한민국이 추구하는 포용과 용서는 국민정신과 도덕성이 더 높아짐으로써 가능해질 수 있다. 종북좌파도 도덕성을 강조하나 그것을 전략전술로써 활용할 뿐이다. 그 속에 진실성이 담겨 있는 것은 아니다. 실제로 공산주의자들은 자유, 평등, 인권을 강조하지만 이것은 적과 투쟁할 목적으로 부르짖을 뿐 북한에서는 실천할 생각이 전혀 없는 것이다.

공산국가와 사회에 무슨 자유와 평등이 있다는 것인가? 그들은 자유와 민주주의를 강조하나 그것은 반공 세력이나 보수 정권의 권력을 약화할 목적으로 이용될 뿐이다. 그들의 정치 체제는 세습왕조 체제를 만들어 놓은 사람들이 그들을 적대하는 체제를 약화시킬 목적으로만 자유, 인권, 정의를 이용하려 하며 좌파 언론인과 문인들 역시 이러한 목적으로 활동해 온 것이다.

2장

대한민국의 正體性과 그 효용성

2014년 8월 10일

1. 대한민국의 建國과 正體性의 형성

대한민국은 공산 세력과의 피나는 유혈투쟁을 통하여 건국되었다. 그리고 6·25 전쟁 과정을 통하여 국가 체제와 국민의식이 강화되어 온 것도 사실이다. 그러나 한편에는 반(反) 대한민국 세력이 북한의 김일성 체제를 만들었으며 그럼으로써 남북한 간의 앙금과 적개심도 더욱 강화되어 지속된 것이다. 남한에 대한 북한의 적대행위는 1953년의 정전(停戰) 협정 이후 무력에 의한 공격과 파괴로부터 언론왜곡이나 대한민국 정부의 정통성을 허물어뜨리는 공작으로 형태를 바꾸어 지속적으로 강화되어 왔다.

그러나 대한민국 정부의 정당성이나 정체성은 북한 공산주의자들에 의해서만 훼손, 파괴되었던 것이 아니다. 한국의 정체성과 안정성은 한국 내부에서 정신을 차리지 못한 여러 부패 정치인과 기득권자 혹은 종북좌파 세력에 의해 더 심하게 왜곡되고 파괴되어 왔기 때문이다. 비록 대한민국이라는 국호(國號)는 유지되었다 하더라도 정치문화 행태의 유형은 북한 공산주의를 닮아가거나 심하게 변질되어 대한민국의 본질적인 특징마저 사라지는 경향도 있었다. 그러고 보면 대한민국이라는 국가와 체제도 외형적으로는 존속해 왔더라도 내용상 형해화되어 멀지 않은 장래에 무너질 우려도 없지 않았던 가능성을 의식하며 다시금 정신을 차려야 할 일이라 하겠다.

필자는 여기서 대한민국과 비(非)대한민국을 구분할 수 있는 잣대가 무엇이며, 대한민국의 정체성을 밑받침하는 핵심요인은 무엇인가를 더 분명히 하고자 한다. 대한민국의 정체성을 구성하는 첫 번째 요인은 한민족의 문화전통(文化傳統)이다. 그 내용은 과거로부터 물려받은 정치전통과 문화전통의 핵심내용이어야 한다. 필자는 그것이 충효예(忠孝禮)의 도덕사상이라고 보는데, 이런 면이 계속 약화되어 온 것은 사실이지만 공산 체제에서처럼 부정되거나 매도된 것은 아니었다고 생각한다.

특히 대한민국 내부에서 활동하는 친북좌경 세력은 바로 불충(不忠), 불효(不孝), 무례(無禮)의 반도덕행위를 생활화한 데 주목해야 한다. 그들의 운동권 세력이 보인 활동지침은 한국의 정치전통과는 반대되는 것이었다. 또 이것이 대한민국의 사회질서를 어지럽히며 한국의 문화전통과 교육 및 언론을 혼란 속으로 몰아넣은 주범이었다고 말할 수 있다.

대한민국의 사회문화는 한편으로는 서구민주주의의 문화전통과 정치문화를 도입하여 학습 모방하는 데 주력해 온 것도 사실이다. 그 결과로 서구의 기독교 전통과 결합된 자유민주주의와 시장경제 체제가 뿌리를 내린 것이 우리나라를 현대화하는 데 크게 기여하였다. 다만 충효예의 문화전통이 과거에 비하여 크게 약화된 것이 서구화·현대화의 부작용이며 우리의 아쉬움으로 남게 되었다.

또한 자유민주주의의 기본 이념이라고 할 자유, 평등, 박애의 이념에서 파생된 사회복지사상을 받아들였는데, 그 사상은 공산주의의 마르크스나 레닌주의사상과는 매우 이질적인 것이므로 이것 역시 종북좌파들의 공격과 폄하의 대상이 되어 온 것이다.

2. 大韓民國의 正體性을 누가 훼손해 왔던가?

위에서 고찰한 바와 같이 서구민주사회의 문화전통은 매우 훌륭한 것이었으며 배울 만한 가치를 지닌 것이었다. 남한 정부는 또한 시장경제 체제를 도입하여 경제적인 부를 키우는 노력을 계속해 왔고, 그 결과로 한국은 외형적으로도 빠른 성장과 발전을 할 수 있었다. 그러나 내부적으로는 일부 친북좌파 세력이 남한정치 체제를 지속적으로 보수반동으로 폄하하여 대한민국의 정치질서 역시 보수반동, 독재 정권으로 비방, 폄하되어 왔던 것이다.

북한 공산주의와 그 동조자들은 남한 국민들에게 전통사상과 문화를 봉건사상과 문화의 유물로 간주하여, 거부·배격할 것을 주장했다. 한국 사회의 지도층은 공산당의 이러한 지시와 명령들이 잘못된 것임을 깨달았어야 했다. 남한의 지도층이 크게 반발하지 않았던 것도 북한 공산주의와 정면충돌할 것을 겁냈기 때문일 것이다.

일본 〈산케이 신문〉의 칼럼니스트 구로다 가쓰히로 씨는 대한민국의 사상과 문화가 종북좌파 세력에 의하여 크게 훼손되어 왔음을 지적했다. 한국의 문화전통 역시 남북한에서 활동하는 반대한민국 세력에 의해 파괴되어 온 것도 문제로 삼고 있다. 게다가 결과적으로 정치 체제의 모습도 크게 훼손되는 것을 안타깝게 생각한 모양이다. 그럼으로 인해 대한민국도 조만간 소멸(消滅)할 운명에 처할 것임을 경고했다.[1] 그러나 이 말은 맞는 부분보다 틀린 부분이 더 많다고 생각한다.

과거 이승만·박정희·전두환 정권으로부터 그 후 김영삼·김대중·노무현 정부로 변화, 교체된 것을 가지고 대한민국 체제가 심하게 훼손되고 변질되었다고 생각할 필요는 없다. 물론 이승만·박정희·전두환 정권 시절 야당활동을 한 사람들 중에는 대한민국의 정체성을 부인하면서 공산 정권의 수립을 내심 바랐을는지도 모르나 정권 교체 후 김대중·노무현 정부도 대한민국의 자유민주주의와 시장경제 체제를 철저히 부인하거나 거부했던 것은 아니었다. 그들도 대한민국의 헌법질서에 따라 합법적으로 정권을 획득했다. 뿐만 아니라 헌법질서에 따라 정권을 위양하지 않았던가?

3. 한국 내 친북좌경 세력의 두 종류

한국의 반정부 세력 또는 친북좌경 세력에도 두 가지 유형이 있다고 할 수 있다. 첫 번째 부류는 진성 경직된 공산주의자들이다. 그들은 대한

---

1 구로다 가쓰히로(黑田勝弘), "大韓民國が消滅する日", 〈正論〉, 2004년 12월호, pp. 118~127.

민국의 정치사회 체제에 대단한 적개심과 파괴욕을 가지고 있다. 또 북한 체제를 남한으로 확대 장악할 것을 목적으로 운동했던 사람들이다. 우리는 이러한 부류에 대항하여 싸워야 하며 그들로부터 영향을 받는 것을 거부해야만 한다. 둘째는 공산주의사상과 그 세력에 대하여 우호 감정을 가지고 화해 협력하기를 선호했던 무리들이다.

두 번째 부류는 대한민국의 화해 협력을 바라며 접근하는 것을 거부할 필요가 없다고 생각한다. 오히려 더 잘 대접함으로써 자유민주주의로 끌어들이도록 노력하는 것을 상수로 여긴다. 최근 친북좌파 세력에는 '현대사 백년전쟁'이라는 표어를 만들어 전쟁행위로 몰고 가려는 과격파 집단이 있다. 과거에는 '이데올로기 투쟁'이라는 말을 썼지만 근래에 와서는 '역사교육' 또는 '현대사 투쟁'이란 이름으로 바뀌었다. 그 이유는 말이 덜 살벌하기 때문인 모양이다. 그러나 실세는 과격파 공산주의자들이므로 대한민국은 이들과 언제 어디에서라도 진검승부로 상대방을 제압할 마음가짐을 유지하는 것 이외에 다른 방법이 없는 것이다.

이들 광적인 전쟁 세력은 일제강점기에 친일행위를 한 사람들을 찾아내어 죄목을 밝혀내 제거할 것을 주장한다. 뿐만 아니라 해방 이후 반공활동을 했거나 대한민국의 건국, 산업화와 현대화를 위하여 기여해 온 보수 세력도 싸잡아 증오하여 그들에 대한 전투를 벌이겠다는 사람들이다. 필자의 견해로는 이와 같은 파괴적 언어를 구사하면서 오늘의 온건좌파 세력을 강경파노선으로 몰아넣으려고 하는 사람들에 대한 경계와 감시를 소홀히 해서는 안 될 것이다.

4. 한민족의 正體性을 위한 사상투쟁

남북한의 공산주의자들은 한국 문화나 역사 그리고 사회현실에 대하여 천박하거나 왜곡된 지식을 가진 사람들이다. 대부분의 공산주의자는 기존 체제에 대한 원한과 적개심 그리고 노여움에 가득 차 있을 뿐 차분한 지성이나 건실한 국민정서의 지지를 받지 못할 사람들이다. 반면 비공산주의자들의 특성을 본다면 국내외 사정에 대한 지식은 비교적 많은 편이지만 타인을 위하여 자신을 희생하고 봉사하려는 정신이 결여된 사람들이 대부분이다. 사회에 대한 불만이 많은 공산주의자가 있는 것도 문제이지만, 다른 한편에는 아는 것은 많으나 이기심만 충만한 사람들, 즉 저차원의 처세술만 발달해 있을 뿐 사회봉사나 희생정신이 결여된 정신상태가 기득권자들이나 저질 보수 세력의 공통적인 결함이 아니었는지 반성해 볼 일이다.

박근혜 대통령은 어느 편에 속할까? 멀지 않은 시간에 대한민국이 공산주의자들을 제압하고 굴복시킬 수 있겠는가? 아니면 보수 세력에 아무런 도움도 주지 못한 채 야당이나 좌파 세력에 이용만 당하다가 물러날 것인가? 앞으로 우리나라가 잘되려면 국민성격이 달라져야 하고 도덕성도 높여야 한다. 그런 정신적인 변화 없이 임기응변적인 대응기술만 가지고 한국의 사회악을 근절할 수는 없을 것이다.

예를 들어서 지난번에 문창극 씨가 좌파 언론들로부터 집중공격을 받아 총리지명에서 낙마하였다. 이것은 친북좌파들의 문화투쟁에서 보수우익 세력이 완전히 무력화되어 있음을 보여 준 예이다.

기독교 신자들은 세상의 모든 일, 잘된 일이나 잘못된 일 모두를 하나님의 뜻으로 해석하려는 버릇을 가지고 있다. 그리고 이런 사실을 모르는 사람도 없다. 그런 견지에서 "한국이 일본에 의해 멸망한 것도 하나님의 뜻"이라는 문창극 씨의 말이 언론매체에 의해 악의적으로 곡해되어 공격받은 것이다. 한국인들이 잘못을 저질러 신이 벌을 내린 것이라는 뜻으로 말한 것임에도 하나님이 일본을 좋아해서 그런 것이라는 뜻으로 왜곡되어 공격을 받아 그는 물러나고 말았다.

많은 사람들은 문창극 씨가 한 말의 진의(眞意)를 알고 있었다. 그럼에도 불구하고 종북좌파에 의하여 장악되어 있는 언론들로 인하여 대한민국의 정통보수논객이 집중적으로 매도되었던 것이다. 더욱 한심한 것은 한국의 여당이라는 새누리당조차 좌파정당과 언론의 공격에 가세하였으니 문창극 씨는 대통령의 지명을 받은 사람임에도 검증절차도 거치지 못한 채 물러날 수밖에 없었다.

들리는 말로는 과거 문창극 씨가 김대중·노무현 정부 시절 여당을 향해 사정없이 비판하였다고 한다. KBS를 비롯한 여러 언론들이 부지런하게 나서서 연일 그와 같은 언론공격을 한 이유도 여기에 있었다. 이런 보수논객이 국무총리로 들어서면 반한활동을 하는 데 지장이 생길 것을 염려하여 선제공격을 한 것이다. 또 박근혜 대통령이 하는 일이면 무조건 반대하려고 하는 야당과 종북 세력의 저항심리도 작용하였던 것 같다.

그러다 보니 구로다 가쓰히로 씨의 말처럼 대한민국이 소멸하는 날이 멀지 않았기 때문에 이런 일이 생긴 것이라는 해석도 가능하다.[2] 그러나 대한민국을 받들고 지지하는 순수보수 세력이 건재하는 한 소멸하는 것은 북한 공산주의이지 대한민국은 아닐 것이다.

---

2 구로다 가쓰히로, 앞의 책.

5. 대한민국과 人共國 대립의 변증법

대한민국 정부는 해방 직후 건국을 둘러싼 정치대립의 산물이었다. 보수우파는 독립운동 당시 독립운동가들이 즐겨 사용했던 국호를 선호하였다. 그러나 혁신좌파에서는 혁명적인 조선인민공화국이란 국호를 내세웠다. 미소공동위원회가 결렬된 후 이승만 박사는 단신으로 미국에 건너가 한국독립문제에 대해 UN 총회가 관여해 줄 것을 설득하며 돌아다녔다.

UN 총회는 남북한의 동시선거를 통해서 독립 정부를 수립할 것을 결의하였다. 그러나 소련이 이를 반대하고 UN 감시위원단이 38선 이북으로 들어오는 것을 저지한 탓에 선거는 남한에서만 실시될 수밖에 없었다. 1948년의 5·10 선거를 통해 선출된 의원들이 제헌국회(制憲國會)를 구성하여 1948년 8월 15일 대한민국 정부를 건립하게 된 것이다.

이때 조선공산당을 비롯한 좌파정당은 이 선거에 참가하지 않았다. 초대 대한민국 정부는 보수우익 세력과 극소수의 중간파 정치인들만이 참가한 가운데 설립된 것이다. 그래서 좌파 세력과 중간파의 일부는 이렇게 구성된 대한민국의 정통성을 부인했다. 이와 같이 대한민국 정부는 처음에는 국민들 중 상당수가 정통성에 의구심을 품은 상태에서 출범한 약체 정부였다.

1948년 8월 15일 대한민국 정부 수립이 공표되자 같은 해 9월 9일 북한은 소수 남북한 주민들의 좌경 세력 정부인 조선민주주의인민공화국 정부를 수립하였다. 결과적으로 한반도에 2개의 국가와 정부가 세워지고 만 것이다. 하늘 아래 2개의 태양이 있을 수 없듯이 한반도에도 2개의 국가나 정부가 있을 수는 없는 일이다. 6·25 전쟁은 이러한 까닭에 일어난 것이다. 그 후에도 남북대립은 더욱 과격한 형태로 지속되었다.

결과적으로 한반도의 정통 정부의 지위를 놓고 남북한은 계속 경쟁해야 할 처지였다. 과연 남북한의 어느 정부가 승자로서 살아남을 수 있겠는가? 그동안 남북한은 각기 살아남기 위해 상대방이 없어지거나 제거되기를 바라며 공격을 시도했고 내부적으로 파괴공작을 펴왔다. 이러한 대립은 과거부터 오늘날까지 계속되어 온 것이다.

현재도 친북좌경 세력은 대한민국이 없어지기를 바라며 쉬지 않고 파괴공작을 펴고 있다. 대한민국에 대한 친북좌경 세력의 적개심은 짐작할 수 있지만, 대한민국이 살아남기를 바란다면 정통성과 정체성 경쟁에서 상대방을 제압하는 수밖에 없다.

그러나 대한민국의 사회, 문화, 언론, 법조계 등에서 친북 세력이 강력한 진지를 구축해 온 현실 상황에서는 결코 쉬운 일이 아니다. 종북좌파 세력이 벌이는 '현대사 백년전쟁'은 해방 후 반공보수 세력이 세운 대한민국을 완전히 말살하고 제거하려는 투쟁노력의 확대 및 강화를 노린 것이다.

필자는 대한민국의 지지 세력으로서 '현대사 백년전쟁'을 감행하려는 종북좌파 세력을 물리쳐 전쟁이 아닌 평화적인 방법으로 북한을 흡수통합해야 한다고 주장하는 입장이다. 이것이 바로 변증법적인 통일인데, 그 통일의 주체는 대한민국이 되어야 한다. 이것은 통일한국도 대한민국의 정체성을 보다 고차원적으로 살려내 발전시키려는 새로운 정치 체제를 겨냥하는 노력이라고 하겠다. 이를 위해서는 종북좌파가 벌이는 역사투쟁인 백년전쟁을 거뜬히 제압할 수 있는 지성과 도덕성을 개발해야 한다.

이것이 박근혜 정부에게 부과된 시대적인 사명이다. 이러한 과업을 성공적으로 수행해 왔는지, 승리할 수 있도록 노력하고 있는지, 그리고 한국 국민의 과반수가 온 힘을 다하여 정부를 지원하고 있는지 검토해 볼 일이다. 변증법적인 통일은 대한민국이라는 긍정 세력이 종북 세력의 부정이라는 반대를 극복하여 보다 높고 넓은 긍정으로 나아감으로써 가능한 일이다.

6. 金大中은 反韓인사가 아니다

좌파적 이념은 김대중의 반독재 민주화투쟁노선에 편승함으로써 야당과 비판 세력의 정치신조로 굳어져 왔다. 그러다가 1998년 김대중 정권의 출범으로 인하여 그의 정치노선은 한국 정치의 새로운 정치노선으로 편입되기에 이르렀다. 이것은 무엇을 의미하는가? 과거에 대한민국을 부인하며 반대만 해오던 친북좌파, 곧 반한 세력이 대한민국의 정치권력을 장악하는 기회를 갖게 되었다는 뜻이다.

김대중 정권이 이룩한 정치적 주요 업적은 정치권력을 반공보수 세력으로부터 탈취하는 데 그친 것이 아니었다. 북한 헌법에 명시되어 있는 남북연방제통일방안을 공약한 6·15 남북공동선언까지도 받아들이도록 유도했다는 사실을 중요시해야 한다. 그렇다면 1970년대부터 지속되어 온 야당과 반체제 세력의 투쟁노선이 드디어 승리하는 기회를 가졌다는 뜻도 된다. 이러한 사실은 우리나라에서 두 가지 상반된 해석을 가능케 한다.

하나는 좌경 야당의 승리는 보수여당의 패배를 의미한다. 또 하나의 해석은 좌경 야당이 일시적으로 선거에 승리했다고는 하나, 다음 번 선거에서 보수여당에 의하여 밀려날 수도 있는 위치로 편입된 것이다. 친북 야당의 승리는 대한민국에서는 매우 일시적인 현상일 뿐이다. 다음 선거에서 다시 뒤집힐 가능성을 안고 있는 것이 자유민주정치 체제의 특징이기 때문이다.

일시적인 좌경 야당의 승리 때문에 유권자들은 좋아할 필요도 슬퍼할 필요도 없다. 김대중 대통령의 민주화투쟁 세력에도 두 가지 부류가 있었다는 것을 알아야 한다. 한 부류는 대한민국의 정치질서를 긍정적으로 받아들였지만 정부 여당의 정책에 저항한 사람들이고, 다른 한 부류는 대한민국의 존재 그 자체를 반대하여 차라리 북한의 정치지도자나 그 정부를 지지했던 사람들이다.

좌경 야당이라고 할지라도 이런 두 가지 부류는 구별되어야 한다. 김대중 대통령과 그 주변 인물들은 내심이 어떠했던 간에 대한민국의 법질서하에서 정당활동을 계속하였고, 그 헌법절차에 따라서 정치권력을 장악할 수 있었다. 비록 김대중 대통령이 북한의 연방제통일 정책을 좋아했다고 하더라도 국민의 계속적인 동의 없이는 북한의 연방제통일 정책을 자의로 영속화할 수는 없다.

그 일시적인 지지가 영원하리라는 보장이 없다 보니 일시적 승리를 가지고 한국 유권자들의 영구적인 의사라고 볼 수는 없는 것이다. 보수우익 세력이 남북연방제통일방안을 반대했던 이유는 남북의 공산주의자들이 그 연방제통일방안을 공산당의 영구집권의 기회로 악용할 우려가 있었기 때문이다. 그러나 김대중 대통령이 한반도에서 북한 공산주의를 위해 영구집권을 기도했다는 확실한 증거는 없다. 더구나 대통령이 된 후에는 그럴 필요도 없었을 것이다.

이것이 대한민국적 긍정의식의 사고방법이다. 결과적으로 대한민국이 좌파 세력도 그 체제의 품에 안았다는 사실이 중요하다. 또 이것이 대한민국 정부의 포용성과 정당성을 입증하는 근거가 된다. 모든 일을 긍정적 · 포용적 · 선의적으로 받아들이는 것이 대한민국의 특징이자 장점 아니었던가? 결국 김대중 대통령은 말로는 대한민국의 정통성을 부인했지만 행동으로 또 역사적 사실로써 대한민국의 정통성을 실증한 사람이 되고 만 것이다.

결론적으로 한국 사람들이 김대중 대통령을 좋아하지 않을 수는 있어도 미워하거나 배척할 필요는 없다. 결과적으로 김대중 대통령과 그 추종 세력이 대한민국의 정통성을 행동으로 입증한 이들이었기 때문이다.

▪ 요점

대한민국의 정체성은 전통사상과 현대 민주주의사상의 변증법적인 통합에 근거한다. 종북좌파사상은 외면적으로만 진보성을 강조할 뿐이다. 출발점이 어디인지 모르면서 어떻게 진보할 수 있겠는가. 전통사상을 부정하며 현대 민주주의도 포퓰리즘으로 타락시키고 일인독재 체제로 변질시켰다. 현대 민주주의는 이상주의적 측면과 현실주의적 측면을 모두 갖고 있다. 동양의 전통사상 역시 도덕주의적 측면과 현실주의적 측면을 함께 가지고 있어야 한다.

현대 민주주의의 현실주의 측면은 다수결주의와 중우(衆愚) 정치이다. 동양적 전통주의의 현실주의적 측면은 권위주의와 엘리트정치이다. 동서의 두 가지 현실주의는 국민의 도덕성이 높아짐으로써 비로소 결합될 수 있는 것이다.

민주정치에서 자유민주주의의 장점을 살리려면 다른 방법이 없다. 공산주의자들이 말하는 진보적 민주주의는 자칫 좌경적인 과잉 민주주의의 폐단에 빠져 공산주의의 좌경적 권위주의로 타락할 우려가 크다. 이것도 공산주의 독재의 새로운 형태이므로 바람직한 것이 못 된다.

3장

대한민국의 국운상승을 가로막는 中進國병과 세월호 참사

2012년 9월 12일

2014년 봄. 박근혜 정부는 집권 2년째로 접어들었다. 6월 4일에는 지방선거가 예정되어 있었는데 아무도 예상하지 못했던 '세월호 참사'가 4월 16일 새벽, 진도 앞바다에서 발생하였다. 보통의 경우라면 하나의 대형 교통사고로 처리되었겠지만 이번은 한국의 역사에 기록될 큰 사건이 되고 만 것이다. 그 참사로 인하여 충격을 받은 박근혜 정부는 크게 흔들려 정신을 차리지 못하는 한편 야권은 종북좌파 세력의 지시에 따랐는지 박근혜 대통령의 사임을 압박하는 등 맹공격을 퍼부었다.

'현대사 백년전쟁'을 부르짖으며 한국의 반공보수 세력을 쓸어 버리고자 했던 종북좌경 세력은 세월호 참사를 만나 크게 신바람이 났던 모양이다. 그래서 새정치민주연합이라는 야당 세력을 앞세워 정권탈취를 위하여 노골적으로 대통령 사임 압박을 벌였던 것이다. 그들은 이번 세월호 참사를 그들의 표현처럼 '제 2의 광주사태'를 만난 것처럼 기뻐하며 반정부 투쟁의지를 불태우는 계기로 삼으려는 것 같았다. 그동안 정치권 공략에 굶주린 야당 세력을 부추기는 '현대사 백년전쟁'의 전략에 따라 한반도에 반공보수 세력의 기반을 분쇄할 수 있는 좋은 기회로 생각하며 총력으로 투쟁의 칼날을 세우면서 휘둘렀던 것 같다.

이번 세월호 참사는 그 사건 자체만 본다면 아무도 예상하지 못했던 대형 교통사고에 지나지 않은 것이었다. 그런데 박근혜 정부는 이 사건의 수습과 처리에서 국민의 지지와 호응을 받지 못한 것이 사실이다. 반정부 세력의 기세가 크게 오를수록 박근혜 정부와 여당은 초기의 패기나 자신감마저 크게 꺾인 채 우왕좌왕하며 야당의 공세 앞에 겁에 질려 있었던 것 같다.

사실 세월호 참사 그 자체는 박근혜 정부가 직접 책임을 져야 할 사건도 아니었다. 그러나 침몰된 여객선으로부터 인명을 구제하는 데 있어 국민들에게 큰 욕구불만과 절망적인 실망감을 준 것이 문제였다. 〈조선일보〉 양상훈 논설주간은 칼럼을 통해 "정부의 인명구조 노력은 인류해난사에서도 볼 수 없을 정도의 투혼을 가지고 계속되었다"고 논평했다.

그 구조현장은 4주 이상 아침저녁으로 국민들에게 보도되었지만 구조된 사람들은 보이지 않아 실망과 분노를 일게 하였던 것 같다. 그래서 해양경찰에 비난이 집중되었지만 유난히 파도가 거세고 물살이 고약한 진도 앞바다에서 열악한 장비를 가지고 수사를 진행했던 해양경찰로써도 성과를 올리지 못한 것은 어쩔 수 없는 일이었다. 박근혜 대통령도 화를 내며 해양경찰을 그만 해체시키라고 명령했다. 이러한 사고의 경우 지속적인 TV중계만 없었더라도 정부에 대한 불만은 그렇게 커지지 않았을 것이다.

여 · 야당 가릴 것 없이 어느 정파가 정권을 잡더라도 이미 성장과 발전의 궤도에 올라선 대한민국은 중단하지 않고 계속 발전해야 한다. 정부 여당은 박정희 대통령부터 전두환 대통령에 이르기까지 지속되었던 기록적인 고도성장을 지난 20년 동안 중단해 왔던 터였다.

박근혜 대통령은 보기 드문 한국의 고도성장을 다시 일구고 싶었을 것이다. 그러나 야당과 반정부 세력의 입장에서는 박근혜 정부가 국가적인 불행에 대하여 통치실적을 올리지 못해야 2017년 대통령선거에서 정권을 잡을 기회를 얻을 수 있다. 대통령의 야심적인 복지 정책 성공을 위해서라도 한국의 경제가 살아나야 하는데 거의 불 꺼진 상태이며 박근혜 대통령의 복지 정책 공약도 공수표가 될 우려를 안고 있다.

한국의 좌파 세력은 김대중 · 노무현 정권을 통하여 10년 동안 정치권력의 맛을 톡톡히 보았던 세력이다. 그들은 한번 잡은 정치권력을 놓칠 바보들이 아니었는데도 불구하고 방심과 주의부족으로 2008년 이명박 후보에게 정권을 빼앗긴 데다 2012년에는 독재자의 딸이라는 박근혜 후보에게도 패배하는 큰 실수를 범했다.

그러나 2017년 12월에 있을 대통령선거에서는 절대로 실수를 하지 말아야 한다. 이를 위해서는 앞으로 3년 동안 박근혜 정부가 잃었던 신망과 지지를 회복하지 못하도록 눌러 놓아야 할 처지였다. 따라서 세월호 참사라는 호재와 그 기회를 놓쳐서는 안 되었기에 정부와 여당에 대한 공세를 늦출 수 없었던 것이다.

1. 中進國병이란 무엇인가?

객관적으로 본다고 하더라도 대한민국은 안정된 나라가 아닌 데다 선진국으로부터 아직 멀리 뒤떨어진 나라이다. 대한민국이 중진국임은 틀림이 없으나 여기서 선진국으로 진입하기에는 아직도 거리가 멀다는 것은 2014년 4월에 일어난 세월호 참사와 그 후유증만 보더라도 가히 알 수 있는 일이다.

중진국병이란 무엇인가? 이것은 분명 학술용어는 아니지만 어느 나라나 중진국의 단계에 이른 지 한참 시간이 지났음에도 선진국의 상태로 올라서지 못하여 지체만 계속하는 병환(病患)을 말한다. 이것은 한국만이 아니라 어느 나라도 중진국의 지위에 도달한 후에는 걸리기 쉬운 병환인 것이다.

매우 가난하게 살았던 사람이 노력 끝에 잘살게 되면 한 번은 호되게 병을 앓거나 생각하지 않았던 장애나 난국을 겪게 된다. 후진국의 경우 보통 내전이나 전쟁 그리고 독재정치와의 싸움이 벌어진다. 한국은 비교적 성공적으로 그런 경험을 겪었고 6·25 전쟁과 같은 난국이나 후진국적 장애들을 극복하였기에 이처럼 중진국 자리로 올라설 수 있었던 것이다.

그러나 후진국이 선진국으로 성장, 발전하는 것이 생각처럼 쉬운 일은 아니다. 그 과정이 순조롭기는 매우 어려운 법이며 예상하지 못한 온갖 위기나 장애를 거치게 된다. 후진국에서 중진국으로 넘어가는 과정보다는 중진국에서 선진국으로 넘어가는 과정에서 더욱 혹독한 고난과 역풍을 겪게 되는 것이 보통이다.

오늘의 한국이 바로 이 경우이다. 한국 경제는 1990년대 말에 이미

GDP가 2만 달러로 올랐지만 3만 달러로 넘어서는 데 거의 20년이 걸렸다. 그동안 역대 대통령은 그런 중진국병에 걸린 상태에서 대통령 노릇을 하느라고 적지 않게 고생을 했을 것이다.

박근혜 정부도 그런 중진국병의 단계에서 세월호 사건이라는 큰 장애를 만난 것이다. 여기서 크게 허우적거린 상태를 보아서는 그 장애를 순조롭지 극복하지 못했음을 알 수 있다. 그러나 과거의 업장에 걸리면 직접 하나하나 겪으며 자력으로 극복하는 것 이외에는 피할 방법이 없는 것이다. 박근혜 정부는 앞으로 또 겪어야 하는 국토분단과 민족분열이라는 무서운 업장을 어떻게 해결할 것인가 하는 문제 역시 순조롭게 극복할 수는 없을 것 같다.

세월호 문제는 국회로 넘어갔고 야당은 세월호 문제를 위해 국정조사와 세월호 특별법 제정을 요구하였다. 이로 인하여 국회는 여당과 야당의 극한대립으로 거의 4~5개월 동안 허송세월을 해야 했으며 그동안 국정은 마비 상태에 머물렀다. 한국의 경제도 바닥으로 내려앉게 되었으며 박근혜 대통령에 대한 지지도는 50%에서 30% 이하로 떨어지는 한편 야당인 새정치민주연합에 대한 지지도 역시 10%대로 하락하는 현상이 지속되었다. 그러니 더 이상 여·야당 모두 세월호 문제에만 매달릴 수 없게 된 것이다.

대한민국은 과거 이승만·박정희 대통령의 노력에 힘입어서 후진국 상태를 극복하고 중진국 상태로까지 왔다. 그러나 20년 이상 중진국 자리에 머물면서 선진국으로 오르지 못하는 것이 얼마나 속상하고 답답한 일이겠는가? 여당인 새누리당과 야당인 새정치민주연합을 포함한 한국의 정가(政街)는 2014년을 넘기면서 어떻게 해서라도 세월호 문제로부터 벗어나고자 자구책을 강구하기 시작하였다.

그러면서 한국의 경제위기와 국가의 안보와 통일문제를 본격적으로 다루어 보려는 움직임도 보이게 된 것이다. 나라의 선진화를 저애하는 중진국병의 주요 요인이 남북의 국토분단과 이념적인 갈등과 무관한 것이 아니라는 것도 재확인된 것이다. 한국이 과거 20년 동안의 중진국병에서 벗어나려면 국토분단과 민족분열의 장애요인부터 해결해야 하며, 또 그 실적을 내지 않을 수 없는 처지가 된 것이다.

그러나 한반도의 국토분단이나 좌우의 이념대결은 이미 한국만의 문제가 아닌 국제사회의 문제가 되어가고 있다. 이런 문제는 대한민국 한 나라의 정파들이 마음대로 해결할 수 있는 문제가 아니었다. 대한민국 영토의 분단, 자유민주주의와 공산주의의 이념대결은 현대 세계의 문제이므로 대한민국의 정파들이 자의로 처리할 수 있는 문제가 아니지 않는가?

2. 가까운 길도 돌아가야 하며, 어려운 길은 여럿이 함께 가야 한다

높고 험한 산에서는 담뱃불 붙일 만큼 가까운 거리도 실제로 담뱃불을 붙이려면 몇십 리 길이요, 가다가 목숨을 잃을 수도 있다고 한다. 현재 우리나라가 세계의 10대 경제대국이므로 앞으로 5년이나 10년 후에는 틀림없이 5대 경제대국으로 성장할 것이라는 생각은 잘못된 것이다. 쇠도 더 탄탄하게 강해지려면 용광로 속을 여러 번 들어갔다 나와야 한다. 따라서 사람도 바뀌고 사회도 크게 변해야 가능한 일이니 선진국에 오르기는 보통 어려운 일이 아닌 것이다.

한국도 좌우대립과 남북갈등이 해결될 정도로 탄탄해지려면 사람과 정신문화가 크게 바뀌어야 한다. 그렇지 않으면 선진국 자리에 오르기 어려울 것이다. 그러나 사람이 달라진다는 것은 한국인이 한민족의 수준을 넘어서서 세계인의 자리로 오른다는 것으로, 이것은 이기적인 인간에서 이타적이며 박애를 실천할 수 있는 인간으로의 변화 또는 승격함이 없이는 기대하기 어려운 일이다. 부자도 누구나 원한다고 되는 것이 아니듯이 세계에서 제 1류(第一流)의 국민 역시 아무나 원한다고 되는 것이 아니다. 차제에 대한민국의 국민도 선진국에 쉽게 도달하는 것이 아니라는 것을 깨달아야 한다.

그동안 한국의 기업들은 충분한 노력 없이 부정한 수단으로 쉽게 돈을 벌기도 했으며, 관권도 뇌물을 받아 호사를 누리며 너무 잘살아왔던 것 아닌지? 그리고 국제사회에 대한 충분한 덕행이나 공덕도 지음이 없이 주변국의 혜택과 도움으로 오랫동안 잘 살아왔던 것은 아닌가? 또한 국토분단, 남북대립과 같은 갈등도 주변국의 보호와 도움으로 해결하고자 한 안이한 정신자세로 남북한의 평화나 한국의 국운상승이라는 행운이 계속되기만을 바랐던 것은 아닌지 반성해 볼 일이다.

19세기 조선왕조 말에 세 가지 사상과 정치 세력이 대립하고 있었음을 사람들은 알고 있다. 보수우파에 위정척사파, 중간에 개항독립파, 좌익에 혁신좌파라고 할 동학 세력이 경합하고 있었다. 국제관계로 본다면 위정척사파의 지원국은 청나라였고 개항독립파의 지원국은 일본, 영국, 미국 등이었다. 그러나 동학혁명파를 지지한 것은 한국의 서민계급뿐이었다.

청나라와 일본의 대립은 일본의 승리로 귀결되었다. 한국의 서민계급이 지지했던 동학파를 지지하는 국가는 없었다. 만일 그것이 러시아

혁명 이후였다면 러시아가 동학혁명파를 적극 지지하였을 것이다. 그러나 제정러시아는 한국의 서민계급 반란을 도울 의도도 능력도 없었다. 그러므로 동학란은 왕실의 관군과 일본, 청나라 등 연합군에 의하여 손쉽게 진압되었다. 그래서 청나라와 러시아를 제압한 일본이 한반도를 병탄할 수 있었던 것이다.

1945년 8월 한국은 제 2차 세계대전에서 민주연합국의 승리에 힘입어 일제의 식민통치로부터 해방될 수 있었다. 그리고 대한민국 수립 후 반복된 북한 공산군의 침략을 UN군의 도움으로 격퇴한 다음 주변국의 경제원조나 기술지원으로 빠른 성장과 발전을 거듭하여 오늘의 경제부흥을 달성할 수 있었다. 물론 그동안 우리 한민족의 근면과 노력이 컸던 것은 사실이지만 세계에 베푼 기여나 공덕이 거의 없는 가운데 훨씬 많은 도움과 혜택을 받아 오늘의 부흥과 영광을 누려온 것은 아닌가?

이번의 세월호 참사와 그로 인한 손실은 세계에 기여한 공덕 없이 많은 혜택을 누리며 너무나 잘 살아왔던 한국 국민에 대한 응징이자 경고는 아닌가 생각해 보았다. 세계평화와 인류의 번영을 위하여 보다 큰 기여와 공덕을 쌓아올려야 한다. 이것이 하늘의 경고나 빚 독촉이 아니었는가 하는 것은 필자의 오버센스가 아닐 것 같다.

▪ 요점

중진국병이란 후진국 상태는 벗어났지만 선진국으로 발달할 전망이 전혀 보이지 않는 병을 말한다. 그 원인은 후진국 상태를 극복하는 과정에서 국민이 가진 자와 갖지 못한 자로 갈라져 서로 싸우는 것이 습관화되고 그것이 굳어져 성장과 발달과정에서 일탈해 계속 잘못된 길로 가는 상태에서 기인한다.

좌우파 세력이 서로 반성하고 보호하며 지원할 때 이러한 중진국병이 없어질 수 있는데, 이명박 정부나 박근혜 정부는 좌우화합·중도형 정치 세력임에도 중진국병에서 벗어나지 못했다. 그래서 선진국 진입에서 막혀 있는 것이며, 국민 도의심(道義心) 고양만이 이러한 병환에서 벗어날 수 있는 길이다. 아시아태평양공동체를 설립하고 잘 가꾸는 것이 중진국병 치료에 큰 도움이 된다고 믿는 이유가 여기에 있다.

4장

한국 정치의 패러다임 변화와 헌법개정: 한국 정치의 새로운 패러다임을 찾아서

2008년 안암정치학회 추계학술회의 발표논문

1. 한국 정치의 새로운 패러다임

건국 이후 60년 동안 해결하지 못한 정치문제를 매듭짓기 위해서 제 2기 2008년부터 2068년까지 60년 동안 적용할 수 있는 새로운 정치 패러다임을 찾아보자. 한국의 미래를 순조롭게 발전시키려면 지난 60년간 지속적으로 노력했음에도 불구하고 아직도 해결되지 못한 문제, 곧 국론분열과 좌우대립의 고질병을 해소, 치유하는 데 도움이 될 방법을 찾아보아야 한다는 주장에 반대할 사람은 없을 것이다.

이명박 정부의 몰이념적 실용주의가 내포하는 불명확성, 불확실성을 보완하면서 새 정부 리더십의 신뢰성을 높일 수 있도록 우리가 할 수 있는 일은 무엇인지도 찾아야겠다. 이를 위해서는 과거의 정치적 사고방법으로 나라의 고질병을 치유하지 못했다면 그 이유도 설명되어야 한다. 해방 후부터 오늘에 이르기까지 한국에서는 서구적인 자유민주주의와 사회주의, 2개의 서로 다른 패러다임이 공존하며 대립해 왔다. 그래서 좌우대립, 남북갈등, 그리고 대결정치가 지속되어 온 것이다.

이 두 가지 상반하는 정치 이념을 봉합하여 한국 정치를 보다 더 성숙한 단계로 끌어올리는 방안은 없는 것일까? 그러자면 한국 정치의 패러다임도 보다 더 현실에 맞도록 선진화하며 남북화해와 융합을 기대하는 수밖에 없다. 5천 년 역사와 문명을 이어 온 우리 국민이 그 정도의 해결능력도 갖지 못하겠는가?

2008년 8 · 15 경축사에서 이명박 대통령은 '저탄소 녹색성장'을 발표하면서 이것이 앞으로 새로운 60년을 이끌어 갈 새로운 성장 정책임을 주장하였다. 이 나라가 앞으로 만들어 낼 녹색산업, 녹색기술 등이 나라의 새로운 성장동력이 될 수 있을 것인지에 대해 앞으로 국토개조, 기업의 경쟁력, 나아가 생활혁명으로까지 확대하여 검토해 보자.

이것이 한국 정부의 새 비전인 동시에 의지라면 우리 국민도 이러한 정책방향에 관심을 가져야 한다. 이것은 이명박 대통령 개인을 위해서가 아니다. 우리 국가와 민족의 생존을 위해 도움이 되는 것인지 아닌지 검토해 볼 일이다.

이러한 이명박 정부의 의지를 읽으면서 두 가지 생각이 떠오른다. 하나는 이 나라의 국민들이 다 같이 국운상승(國運上昇)과 지속적인 평화와 번영을 위하여 정부의 새 정책이 실패하거나 좌절하지 않도록 일치단결하여 지지하고 협력해야 한다는 것이다. 그런데 과연 우리 국민들이 얼마나 단결하며 적극적으로 지지, 협조할 수 있을까? 또 하나는 지난 선거에서 이명박 대통령에게 패배하여 대권을 빼앗긴 야당이나 친북좌파가 절치부심하며 보복하고자, 그리고 차기 정권을 기필코 탈취할 목적으로 현 정권의 정책노선을 좌절시키려 할 것이다. 이들 반정부 세력은 현 정권이 아무런 성과도 거두지 못하도록 계속 죽 쑤기만을 바랄 것이다. 그래서 무능한 정부로서 국민의 지탄을 받게 함으로써 차기 정권을 좌파집권에게 넘겨주기를 바랄 것이다. 또한 이를 위해 끊임없이 반대공작도 벌일 것으로 예상된다.

이명박 정권은 애초에 대운하건설로 국민에게 일자리를 창출하며 국민경제의 안정과 번영을 기도하였다. 그러나 야당의 선동과 선전 그리고 친북좌파의 반대에 봉착하자, 그 기획을 백지화하려 했다. 그리고 새로 내놓았던 녹색성장 정책도 그 전철을 밟지 않겠는가?

그렇다면 이명박 정부의 녹색성장 프로젝트 역시 말만 풍성하고 결과는 신통치 못한 것으로 끝나 버리기 쉽다. 정부 측도 여러 가지 여건이 좋지 않은 이때에 많은 반대와 비판의 여론에 눌려서 무력해질 것이다. 또 녹색산업기술을 추진하려면 미국이나 일본의 도움이 필요할 터인데 좌파 세력의 반대와 질타를 겁내는 이명박 정부가 대미·대일관계를 크게 개선하지 못할 것도 아닌가?

우리가 한국 정치의 새 패러다임을 찾고자 하는 이유도 이러한 의구심과 위험성에 보다 효과적으로 대처하고 대비하기 위해서이다. 이명박 대통령은 본래 무능한 사람이 아니지만 난관이나 반대 세력의 저항에 직면하게 되면 단호히 물리치고 어떤 어려운 일도 성취해낼 만큼 강력한 돌파력을 가진 지도자가 못 되는 것이 문제이다.

이명박 정부는 많은 국민들은 미국 쇠고기 수입문제로 좌파 세력들의 이치에도 맞지 않는 악선전에 시달렸으며 반정부 세력이 정부가 하는 일에 사사건건 트집을 잡으며 반대하고 연일 촛불시위를 벌였을 때에도 대국민 사과만 거듭할 뿐 정당한 공권력마저도 행사하지 못하였다.

마키아벨리는 통치권자는 사자와 같은 사나움과 여우와 같은 교활성을 가져야 난국(難局)을 헤쳐 나갈 수 있다고 강조하였다. 이명박 대통령이 그런 용맹을 가진 정치지도자라고 믿는 사람은 없다. 좋게 말하면 그는 유순하고 부지런하게 활동하는 사람임은 틀림없으나 예고 없이 들이닥치는 정치적 난국을 거뜬하게 극복할 정도로 강인한 지도자는 못 된다는 것이 오늘의 평가이다.

그러므로 우리는 대통령 개인과는 관계없이 정치의 패러다임을 달리하여 정치제도와 환경을 바꿈으로써 국가가 추구하는 장기계획이나 정책목표를 달성하도록 노력해야 하지 않을까? 우리가 새 패러다임을 만들어서 정치의 판을 바꾸려고 하는 이유가 여기에 있는 것이다. 녹색성장 정책을 추진하는 정부를 지원하고 협력하는 정당과 시민단체의 활동을 최대한으로 지원해 줄 수 있는 방법에는 어떤 것인가? 또한 그런 여건이나 제도 그리고 환경을 개선하는 데 도움이 될 만한 새로운 정치모형은 어떻게 만들어야 하며, 어디서 찾을 것인지 중지(衆智)를 모아야 할 것이다.

2. 새 정치 패러다임의 구성여건과 변화방향

한국 정치의 새 패러다임을 만드는 데 필요한 구성요건부터 말하겠다. 첫째는 한국의 정치적인 어려움을 해소함으로써 정치발전에 도움이 되는 것이어야 한다. 둘째는 현대 문명이나 세계의 변화추세와 부합해야 하고 상반하는 것이어서는 안 된다. 상반된 행위로 국제적인 고립을 자초해서는 안 되기 때문이다. 셋째는 나라의 문화 내지 사상의 전통과도 부합되는 것이 바람직하다.

우선 세 번째 요건부터 역으로 부연 설명해 보자. 필자는 정치학 연구의 기본방향을 설정함에 있어서 서양 학문이나 사상과는 뚜렷한 대조를 이루는 동양사상과 세계관, 이른바 '아시아적 가치'에 부합하는 것 중에서 찾아보고자 노력하겠다. 그 이유는 오늘의 국론분열이나 사상대립이 서양사상의 패러다임에서 연유되었다고 믿기 때문이다. 동양사상에서 찾아보자면 유불선(儒佛仙) 3교에 공통된 정치사회의 원리로서 중도의 철학사상을 말하지 않을 수 없다.

동양의 중도사상은 생명유기체론적인 우주관에서 나온 것이며 화해, 통합, 조화의 정신을 지향하는 철학사상이다. 이것은 서양사상의 대립, 분화, 모순, 갈등의 정신과는 상반되거나 대조적인 특징을 보여준다. 예를 들어 서양의 자본주의나 보수주의(백색)와 공산주의나 급진과격사상(적색)은 화해하거나 융합할 수 없다. 그러나 동양적인 중도사상은 모든 정치사상을 포용하며 융합시키는 능력을 갖는다.

적십자활동이 모든 적대관계를 초월하듯이 중도사상이라는 녹색=친환경·친생명활동도 모든 대립과 투쟁의 관계를 포용하고 끌어들여, 융합하는 성향을 갖는다. (중도사상을 녹색과 결부시키는 것은 자의적인 생각이지만 녹색은 생물을 먹이고 키우는 식물의 색깔이다. 그러므로 친생명윤리사상과 결부된 색상이다.)

여기서 우리가 유의해야 할 것은 동양의 중도주의는 중간주의(中間主義)와 다르고 절충주의(折衷主義)와도 다르다는 점이다. 이명박 대통령이 내건 실리주의는 이념적으로 좌도 아니고 우도 아니지만 실리를 얻기 위해서는 어느 쪽과도 거래할 수 있음을 시사하는 것이다. 그러므로 중간주의에 가까운 개념이다. 중도주의 철학을 터득하려면 많은 연구를 해야 함을 의미한다. 제 2차 세계대전 후에 유럽에서는 '제 3의 길'이란 말과 사상이 유행했는데 이것은 절충주의의 개념에 가까운 것이다.

동양의 중도주의는 A도 아니고 B도 아니지만 그렇다고 C도 아니다. 그러나 경우에 따라서는 A일 수도, B일 수도, C일 수도 있다. 상황에 따라 어느 것이든 될 수 있다. 다만 어느 한 가지에 집착하지 않을 뿐이며 따라서 융통성이 무궁무진한 개념인 것이다. 이러한 면에서 중도주의에서 보는 민주주의는 일반 사람들이 생각하는 민주정치와 다르다.

또한 중도사상은 단순히 정치, 경제, 사회의 영역에서만 적용되는 것이 아니다. 우주관 혹은 세계관이며 생명유기체 전반 그리고 정신세계나 우주질서 전반에 적용되는 사상이다. 최근 국제사회나 한국에서 논의되기 시작한 녹색문화에는 녹색성장에 기초한 녹색산업이 있다. '녹색문화혁명이다'라는 말은 동양의 전통적인 생명유기체적인 세계관을 지칭하는 현대적인 어휘이며 개념이다. 전혀 새로운 개념이 아니지만 그 철학적 깊이로 들어가기 위해서는 동양사상의 본질과 진수를 이해해야 한다.

다음으로 두 번째, 국제사회의 변화나 현대적인 사조(思潮)와의 부합성에 관해 고찰해 보자. 이런 동양적인 중도사상은 동양사상의 중도주의 철학의 표현이다. 그것이 제시하는 미래상도 외국의 많은 미래학자들이 보는 낙관적 · 희망적인 미래한국의 상(像)과 부합하지 않음을 볼 수 있다. 이러한 바람직한 미래상을 염두에 두면서 그런 사상과 신조를 한국 정치학의 패러다임으로 받아들이며 연구해 보자.

이러한 사상은 자본주의와 사회주의의 대립, 개인주의와 집단주의 내지 전체주의의 대립, 세속적인 이익과 정신적인 가치의 대립과 갈등에서 쌍방을 수렴하여 조화시킬 수 있는 원리를 담고 있다. 오늘날 한국의 제반 현실여건으로 보아서 이런 원리를 한국적 패러다임의 뿌리로 삼아 계승, 발전시키는 것이 매우 유익할 것 같다.

이제 첫 번째, 새 패러다임의 여건에 대해 말해야 할 때가 왔다. 그 패러다임은 나라의 긴급한 정치문제나 오랜 숙환, 골칫거리를 치유하거나 완화하는 데 기여할 수 있는 것이어야 한다. 한국은 해방 후부터 오늘에 이르기까지 줄곧 좌우대립과 남북갈등의 비극을 곱씹어 왔다. 그러니 이제는 그만 남북화해나 좌우융합의 문화와 사상을 그리며 이를 위해 어떤 노력이라도 해야 할 시점에 와 있는 것이다.

동양사상에 기초한 사상의 패러다임은 서양사상의 패러다임과 다음과 같은 면에서 매우 특이하다. 우선 그 패러다임의 내용은 서양문화에 뿌리를 둔 현대적 합리주의와도 크게 다르다. 그 매우 특이한 면을 여기서 검토해 보겠다.

(1) 사상의 기본방향이나 기초개념에는 자기중심적이거나 주관적 또는 아집적인 요소가 없으며 자기초월적 초주관성을 지향한다. 동양사상은 남을 이기려고 하기보다 차라리 자기 자신을 이기려는 극기(克己)의 사상과 무아적(無我的)인 입장을 선호하며 추구한다.

(2) 그 사고방법이 고정적이지 않고 유동적이며, 대립적이 아니라 협조적・포용적이다. 동양사상은 주장도 일방적이 아니라 쌍방향적・다변적이다. 또 물질주의 기계론적인 사고방법을 외면하고 정신주의적이며 융통이 자재(自在)로운 생명유기체의 우주관에 바탕을 둔다.

(3) 외부사람들에 대하여 경쟁적이 아니라 봉사적이다. 타산적이 아니라 박애주의적이다. 이지적(理智的)이 아니라 정의적(情誼的)이며 선락후고(先樂後苦)를 택하느니 차라리 선고후락(先苦後樂)의 길을 선호한다. 민족주의란 것도 개방적이고 평화주의적이며 세계일가사상(世界一家思想)을 지향한다. 이것은 홍익인간(弘益人間)을 지향한다고 말할 수 있다.

한국적인 패러다임이라고 할 때 그 내용은 다양하므로 사고경향이 다를 수밖에 없다. 어떤 사람은 서구의 자유민주주의 모델을 선택할 것이고 또 어떤 이는 공산주의나 사회주의에 가까운 패러다임을 고집하려고 한다. 그러다 보니 한국은 현재에 이르기까지 좌우익의 대립으로 갈라지고, 남북한 관계도 갈등 속에서 여전히 헤어나지 못한 것이다.

3. 東洋의 中道思想은 한국 정치현실의 모순과 갈등을 치유한다

앞에서 우리는 동양사상이나 아시아적인 가치 속에 담겨 있는 중도주의사상을 선택하게 되면 한국 정치 속의 좌우대립이나 남북의 갈등문제가 차츰 해소되고 해결될 것임을 시사했다. 그러나 이러한 예측은 동양의 중도사상에서만 찾을 수 있는 것이 아니다. 구미사회의 미래학자들은 정보화 사회의 변화추세의 관찰을 통해 다음과 같이 유사한 미래 전망을 하고 있음을 볼 수 있다.

서구의 사회과학자들이 보는 21세기의 세계상, 특히 고도정보화 사회의 모습을 요약해 본다면 사람들이 차츰 '대결로부터 공존으로, 반목에서 이해로, 적대에서 협력으로, 폐쇄로부터 개방으로, 분단에서 연합으로, 폭력으로부터 도덕으로, 격차 확대로부터 축소로, 부자유·불평등으로부터 자유와 평등으로 전진하는 시대'로 내다보는 방향으로 흐르고 있다.

과학문명은 계속적으로 고도화하겠지만 앞으로는 정신도덕문명이 더 많은 시대의 각광을 받게 될 것으로 예측하고 있다. 극동 3국이 차츰 태평양문명시대의 주역으로 부상할 것이나 그중에서 아마도 한국이 중심적 역할을 하게 될 것으로 보는 사람들이 적지 않다. 이런 면에서 한반도나 남북한의 갈등관계를 해결하는 데에만 그치지 않고 제 3세계의 이익을 증진하려는 노력도 추가한다면 세계평화를 위해 한민족이 할 수 있는 일들은 매우 많을 것이다.

그런데 한국의 정치는 왜 이러한 노력도 하지 않으며 도리어 그와는 반대되는 방향으로 쏠려감으로써 그러한 악조건에서 벗어나지 못하는 것일까? 이것은 한국인들이 외래사조(外來思潮)의 영향을 받아들였던 산업화 사회의 정치 패러다임에 집착했기 때문이며 따라서 변화할 때가 지났음에도 변화를 거부했기 때문이다. 또한 자기가 속한 파의 권력장악과 유지에만 급급하였기 때문이 아니었는지.

사실상 좌우대립은 산업화 사회의 패러다임이었다. 남한은 산업화의 단계가 지났음에도 북한의 영향을 받아서인지 좌우대립 남북갈등에 여전히 목을 매고 있다. 좌우대립의식은 북한 공산주의와 좌파 세력에게 강하게 작용한다. 그리고 위협에 맞서려고 하는 데서 여전히 사상대립이 지속되고 있는 것이다. 그나마 남한이 북한에 대하여 훨씬 너그럽고 포용적인 관대함을 보였던 이유는 남한은 이미 여러 해 전부터 산업화단계에서 벗어나 있었기 때문일 것이다.

중도사상 패러다임에서 볼 때 한국의 민주정치도 다음과 같은 면모를 보이게 될 것 같다. ① 혁신성과 보수성의 화해와 조화, ② 원칙성(불변성)과 융통성의 균형과의 화해와 조화, ③ 체제의 정통성과 효율성의 화해와 조화, ④ 수량주의와 질적인 수월성의 화해와 조화, ⑤ 세속적인 가치의 중시가 초세속적 가치의 중시와 화해하고 조화를 이루는 것이 그것이다. 이러한 새로운 패러다임이 앞으로 한국 정치에 어떠한 변화를 가져오게 될까? 또한 한국 정치의 선진화 모습 역시 민주정치의 형식논리에 사로잡혔던 과거와는 크게 달라졌음을 보여줄 것으로 전망한다.

4. 한국형 자유민주주의의 새로운 제도적 장치

한국적 중도사상을 현실화하는 한국적 패러다임은 그 시대와 상황에 알맞은 정치사회제도로 구체화되어야 한다. 이런 정치구상을 하는 데 있어 우선 우리가 유의해야 할 것은 지난 건국 60년의 헌정경험을 통해 가장 고질적인 병폐와 결함을 효과적으로 제거할 수 있는 이념적인 내용을 형체화하며 그에 합당한 헌법구상을 생각해야 하는 것이다.

건국 60년의 한국 정치를 돌아보면 눈에 띄게 두드러진 현상은 한국 정치의 독재화 현상이었다. 독재권력이 없으면 국론이 분열되고 사회 혼란이 뒤따르는 현실을 간과할 수 없다. 좌우익대립이 그렇게 끈덕지게 지속된 이유도 이념싸움에서 한쪽이 밀리면 다른 한쪽의 독점과 독재를 불러일으킨다는 염려가 작용하였기 때문이다. 또한 독재권력이 없어지면 체제의 비능률이 드러나고 사회혼란이 뒤따른다는 우려가 한국의 민주화를 저해한 면도 없지 않았다.

실제로 권위주의 체제가 물러나면서 민주화조치도 체제의 불안정화를 가져오지 않았는가? 한국 정치는 법치화(法治化)를 가져온 것이 아니라 체제의 민중화로 유도되었으며, 중도화가 아니라 좌경화를, 온건화가 아니라 과격화를 초래한 경향이 농후하였다. 그렇다면 이러한 폐단을 예방하는 방법은 무엇이겠는가? 그리고 이러한 사상을 제도화하는 데 필요한 것은 한국 정치의 새로운 패러다임 아니겠는가?

1) 대통령 권력의 분할과 그 보강조치

그동안 남북한 통치자들은 너무나 강한 권력을 행사했고 그에 대한 견제장치가 미약했던 관계로 남북한의 통치자들은 제왕적(帝王的)인 통치권력을 행사해 왔다는 말을 들었다. 한국에서 독재정치가 방지되려면 대통령의 권력에 대한 견제장치가 강화되어야 한다. 남한의 경우에는 대통령 권력의 분할 문제, 대통령의 임기제한, 대통령 권력에 대한 견제장치의 강화방안 등이 논의되어 왔다.

또 장기집권을 할 수 없도록 임기를 단임제로 제한해야 한다는 여론도 분분하였다. 그 결과로 전두환 시대부터 대통령 5년 단임제가 적용되었으나 그 역시 폐단이 적지 않다는 이유로 4년 연임제로 헌법을 개정해야 한다는 여론이 꾸준하게 일었다.

대통령의 독재를 방지하는 또 하나의 방법은 대통령 권력을 분할하는 것이다. 대통령은 국가안보와 외교를 전담하며 국내문제 곧 정당·의회, 경제·교육의 분야는 국무총리의 소관사항으로 정한다면 대통령의 독재를 막을 수 있지 않겠는가? 이는 이원 정부의 형태인데 그 후에도 많은 사람들이 이를 거론했음에도 시행되지 못한 이유는 대통령의 권력을 분할하면 비능률을 가져온다는 믿음과 주장이 만만치 않았기 때문이다.

필자는 이런 안을 제 5공화국 헌법에 부착시키고자 부단히 노력하였지만 결국 채택되지 못하였다. 그러나 필자는 이에 굴하지 않고 본인의 저술《韓國政治: 오늘과 내일》(일념, 1989) 에 이원 정부의 약점을 보완하는 방법을 자세히 제시하였다. 그럼에도 그 주장은 끝내 받아들여지지 않고 오늘에 이르고 있다. 그러나 필자는 아직도 그런 소신을 굽혀 본 일이 없다.

제왕적인 대통령제의 또 하나의 방지책은 중앙권력의 지방분권화이다. 그러나 이 문제는 지방자치문제를 거론할 때 다시 언급될 것이다. 그 외에 대통령 권력의 입법부 및 사법부의 견제가 있다. 자세한 논의는 생략하겠으나 한 가지 말해 둘 것은 대통령을 선출했으면 능력껏 권력을 행사하여 국사를 다스리게 해야지, 견제하는 것만이 능사는 아니라는 점이다. 이것은 마치 경호하는 개가 사람을 무는 것을 걱정하여 입을 묶어 놓는 것과 같다. 개가 짖거나 물지 못하도록 할 바에는 번견(番犬) 을 양육할 필요가 없는 것이다.

이명박 대통령의 경우를 보더라도 대통령의 권력이 독재적이거나 권력을 남용하여 걱정이 되는 상황이 전혀 아니었다. 오히려 대통령의 권력도 제대로 행사 못 할 만큼 나약한 것이 문제가 되었다. 이런 경우에는 대통령 권력의 분할이나 임기제한 또는 견제장치의 강화를 궁리할 것이 아니라 대통령의 권력행사를 방해하는 요인을 제거하며 대통령 권력행사를 돕는 요인을 강화하는 작업이 급선무이다. 이것은 대통령의 통치능력과 정치적인 역량과 관련된 문제이며 법적으로 어찌할 수 없는 일이므로 여기서는 상론하지 않겠다.

2) 입법부의 제도계획

수직적인 권한분립의 문제이다. 지역발전과 교육, 복지, 그리고 문화는 지방 정부의 몫이 되는 것이 바람직하다. 물론 큰 방향 제시는 중앙정부로부터 시작되어야 할 것이나 지역적 특수성인 살림은 지방 정부와 의회의 몫이다. 그러므로 삼권 간의 권력균형뿐만 아니라 상하층의 권력배분도 잘 시행해야만 국정의 원활한 운영을 보장할 수 있다. 이 외에도 여러 가지 제도를 강화하는 방법을 제시하였으나 여기에서는 입법부의 구성문제를 제시함으로써 검토해 줄 것을 요청한다.

입법부 개혁의 주안점은 입법심의의 질적인 향상과 국정능률의 향상을 위하여 양원제(兩院制)를 두어야 한다는 구상이었다. 한국의 정치체제에서 대통령 독재가 가능한 이유는 나라의 주권기관인 입법부의 인적구성이 행정부 요인들에 비해 질적으로 매우 뒤지며 전문성도 낮기 때문이다. 대한민국의 정치가 늘 엉망이었던 원인 중 하나는 국회의원들의 자질문제였다. 원리적으로 국회의원의 자질을 높이지 않고서는 나라의 민주정치가 제자리에 올라설 수 없는 일이다. 그러니 국회의원의 자질을 강화하는 조치 중 하나로 상하 양원제(上下 兩院制)를 두어야 한다는 주장으로 구체화된다.

3) 上下 兩院 제도의 설치

상하 양원 중 하원은 인구와 지역대표로 약 120명의 의원을 선출하도록 만들 수 있다면 좋을 것 같다. 상원은 직능 집단의 대표자로서 약 80명의 의원들로 구성된다. 10개의 주요 사회 집단에서 5명씩, 약 50명을 선출하지만 3개의 종교단체에서도 10명씩, 그러므로 30명의 의원들을 지명하여 상원으로 보낼 수 있다. 개신교·가톨릭·불교단체 등에서 학덕이 높으며 전문적 영역과 행실 면에서 뛰어난 사람들을 10명씩 상원의원으로 추천할 수 있는 권한을 보유한다. 유교단체에서도 잘 선발할 수 있다면 추가되어도 좋다.

이처럼 종교 집단에서 3~40명의 상원의원을 국회로 보낼 수 있도록 하는 목적은 하원의원들이 지역적 이익을 지나치게 주장하거나 직능 집단에서 선출된 국회의원들이 자신의 집단이익에 너무 집착하는 경향을 완화하기 위해서이다. 또한 공익을 저버리는 경향을 억제할 필요가 있을 것이다. 종교계에서 승려, 신부 또는 목사를 지명하라는 뜻이 아니다. 해당 종교의 신도들 중에서 학덕, 인격 및 사회경력, 그리고 국가경영에서 뛰어난 공헌을 할 수 있다고 믿어지는 사람들을 천거함으로써 국정의 수준을 높이자는 취지이다.

위의 설명 중에서 입법기관의 의원구성에 대하여 추가적인 설명이 필요할 것 같아 부연 설명하겠다.

첫째, 120명의 지역구 국회의원 선출을 어떻게 할 것인가? 소선거구, 중선거구, 대선거구 등 어느 방식으로 선출할 것인지는 행정부와 각 정당 간의 협의를 바탕으로 국회에서 결정할 일이다. 문제는 최대한 자질이 높은 국회의원을 선출하는 가장 좋은 방법이 무엇인지 그러한 안목에 의거하여 결정되기를 바랄 뿐이다.

둘째, 직능 집단에서 50명의 국회의원을 뽑는다고 했는데 나라의 모든 직능단체를 참여시키자는 것은 아니다. 국가를 경영하는 데 중핵적인 기능과 역할을 하는 직능단체들 중에서 능력이 인정되는 직능단체에 국한되어야 한다. 기업인협회, 노동조합, 언론인협회, 법조인협회, 농어민협동조합, 대학교육협의회, 초중등학교협의회, 사립학교교육협의회, 과학기술단체협의회, 의사단체협의회, 환경문제전문기구 등 직능단체 중에서 10개 단체를 선정하여(일부는 교체적으로 참여할 수 있음) 이런 단체에서 각각 5명의 대표자를 상원의원으로 보낼 수 있도록 입법화한다.

이들 직능대표 50인은 특히 그 분야와 관련된 사이버세상에서의 움직임에 대해서도 자신의 소견을 첨부하여 거론할 수 있다. 사이버상의 여론은 이런 상원의원들과 정부의 각 부처에서 충분히 가려서 처리해야 한다. 그럼으로써 과거와 같이 사이버언론이나 시민단체가 행정부나 국회를 유린하는 일이 없도록 여과장치를 만들어야 한다.

위에서 지명된 직능단체 이외에도 많은 단체가 국가의 경영을 위해 핵심적인 기여를 한다고 주장하며 자기 집단이 위의 10개 직능 집단에서 제외된 것이 불공평하다고 생각해 분개할 수도 있다. 예를 들어 한의사나 대체의학 종사자들은 자신들이 국민 보건을 위하여 보다 많은 기여를 했음에도 입법부 요원으로 천거되지 못함을 불평할 수 있다.

이들은 인내심을 가지고 구의회 선거제도의 개선을 요구할 수 있다. 다만 제도가 바뀌기 전에는 각 정당에 접근하여 지역구 공천을 받거나 종교단체의 수뇌부를 설득하여 그들의 추천을 받아 상원의원으로 진출할 수 있을 것이다. 아니면 국회 내의 이익단체로서 대표나 임원들을 파견하여 상하 양원의 국회의원들을 설득하여 그들의 지지나 지원을 받을 수 있을 것이다.

셋째, 종교단체는 수없이 많으나 개신교, 가톨릭, 불교 측에 10명의 상원의원을 선발하여 파견할 권한이 주어진다. 물론 이것도 잠정조치이므로 그 제도가 개선될 가능성이 있다. 그러나 이런 잠정조치가 변경되기 전에는 여타의 종교단체는 그들이 보내고자 하는 대표자를 지역대표로 천거하거나 그들 나름의 이익단체를 만들어서 상원이나 하원의 입법활동에 영향을 행사할 수 있다.

각 종교단체는 그 신도들 중에서 국가와 세계에 큰 기여를 할 수 있는 전문지식과 탁월한 능력을 가졌다고 인정되는 사람들을 선발하여 입법부의 상원으로 천거할 수 있을 뿐이다. 종교적인 영향력을 정책결정에 행사하겠다는 것이 아니다. 천거된 사람들은 전직 정치인이나 고급관료, 군 출신일 수 있다. 또는 언론인, 의사, 각 분야의 저명한 전문가 혹은 대학교수로 지낸 원로급 인사가 종교단체의 천거로 상원의원이 되어, 각기 전문분야에서 국회의원으로 활동하게 된다. 각 종교계를 대표하는 의원들은 해당 종교단체의 이익보다는 국가와 지역국가의 이익을 위해 봉사할 것이 요망된다.

현재의 지방자치제도의 문제점을 말한다면 너무나 많은 임원들이 선출제로 되어 있다는 점이다. 지방자치 도지사와 도의회를 구성하는 데는 정당화가 인정되겠으나 시군구의 지방단체장이나 의회도 선출되어야 한다는 것은 그 비용에 비해 효과가 매우 의심스럽다는 말이 들린다. 어떤 정치인들이 공천권을 팔아 정치자금을 만들기 위해 생긴 제도라는 말도 들리고, 한국 정치에서 민중주의적인 요소를 강화하려는 불순한 저의에서 만들어진 것이 아닌가 하는 의심도 든다. 애초에 입법부에는 저질이나 무식한 부류의 사람은 접근도 하지 못하도록 해야 한다.

어쨌든 상하원의 권력분립이라는 발상은 나쁜 것이 아니지만 현재의 한국 유권자 수준을 보아서는 과잉 민주주의에 해당하며 정치인들이 만들어 내는 사이비 민주주의의 제도적 낭비로, 불필요한 장식을 만들어 냄으로써 국정을 그르치는 근거가 되어 온 것이다. 주민들의 자원봉사나 민간의 주민복지 차원의 협력으로도 해결될 수 있는 것인데 막대한 국고나 지방재정을 낭비케 하는 방법으로 치르고 있는 것은 국가경쟁력을 계속 바닥으로 떨어지게 하는 요인으로 작용된 것이다.

어떤 사람은 한국의 정치제도가 왜 이렇게 복잡하게 만들어져야 하는지 의문을 제기할 것이다. 이것은 한국의 헌법이 명시한 자유민주주의 정치형태와 어떻게 다른 것인가? 특히 오늘의 지방자치제도는 분명 필자가 제시한 민주정치나 지방자치의 모형에서 크게 빗나간 것이다. 앞서 필자는 서구적 민주주의와 동양적 민본주의와 더불어 전통적 보수주의와 혁신적인 이상주의 간의 중도 균형을 언급하였으며 민간주도적인 국민운동과 수직적 · 수평적 권력분립제도 간의 결합을 말하였다.

이런 이질적인 요소의 묘합(妙合)은 오랜 시간을 요하는 것이며 민(民)주도적인 국민운동과 권력분립제도는 현실적으로 매우 어려운 상태이다. 그 이유를 말하자면 필자가 말하는 민주도적인 국민운동은 그동안의 저질성 시민운동과 성격을 달리하기 때문이다. 민주화운동은 바람직한 일임에는 틀림없으나 앞으로는 여기에도 고질과 저질을 엄격하게 구분하여야 함을 강조하고자 한다.

조합주의란 각 집단조합의 대표자와 정부 당국과의 끊임없는 대화와 협조 그리고 협력의 체제를 의미한다. 그동안 시민단체들은 정부와 각 조합 간의 대화와 협력을 저해하는 방향으로 활동했다. 앞으로는 각 집단과 정부 그리고 국민 대중 간의 대화와 협력을 저애하며 지인용(智仁勇) 또는 자유, 진리, 정의의 3덕에 위배되는 불순 세력의 정치개입은 배제되어야 할 것이다.

문제는 바람직한 미래상이 자연발생적으로 저절로 오는 것이 아니라는 것이다. 우리 국민들은 그런 목표를 위해 앞으로도 많은 연구와 토의를 지속해야 할 것이며, 좌우대립이나 남북갈등을 해소하기 위해 아무리 비싼 대가지급이 요구되더라도 회피해서는 안 될 것이다. 로마가 하루 만에 만들어진 것이 아니라는 말이 있는데, 실제로 로마는 이탈리아 반도를 통일국가로 만드는 데 500년이란 세월을 소요하였음을 상기해야 한다. 더구나 통일한국을 만드는 데 '빨리빨리'의 사고방법은 금물이다.

그러자면 많고도 어려운 문제를 하나하나 풀어 나가야 하는데 중요한 것은 '아는 것'과 '행동하는 것'은 다른 차원의 문제라는 것이다. 아는 것이 행동으로 연결되려면 지식 이외의 요소, 곧 신념이나 서원(誓願)에 의하여 밑받침되어야 한다. 그런 힘은 지식 자체에서만 나오는 것이 아니다. 그러므로 확고한 신념과 용기 내지 행동의 서원 그리고 의지를 제공하는 것은 민족주의의 감정과 이데올로기이다. 이것이 한국 민족주의의 존재이유가 되는 것이다. 홍익인간의 건국정신에서 벗어난 배타적 민족주의는 없는 것보다 훨씬 못한 것이라는 사실을 명심하며 계속 추진해야 할 것이다.

5. 맺음말

한국 정치의 문제점을 치유하고 해결할 수 있는 패러다임에는 어떤 것이 있겠는가? 또 그것이 한국 국민의 정체성과 어떻게 부합할 수 있을까? 필자가 여기서 제시한 이른바 한국적 패러다임에 의한 정치개혁안은 현대 선진국들의 정치제도를 참조하였지만 오랜 동양적 정치사상이나 정치관습도 깊이 있게 참고한 정치구상이었다.

새로운 정치 패러다임을 만드는 데 있어서 고대 동양사상이 삼재(三才)를 다루는 천지인(天地人)을 똑같이 중요시 여기는 생명유기체의 우주관과 가치관을 계승하고자 유념하였다. 이러한 철학사상을 계승하여 한국 정치의 패러다임을 만든다면 우리의 정치현실과 그 문제점 해결에 더욱 유익하며, 좋은 시사점 또한 얻게 될 것이라는 게 필자의 소견이다.

물론 한국 정치가 반드시 필자가 말한 대로 된다고 강조하는 것은 아니다. 이보다도 더 좋은 의견이 있으면 자유롭게 개진하여 충분히 토론한 다음, 보다 더 좋은 의견에 따르며 한국 정치의 방향을 공동으로 결정하여 실천해 나가자는 것뿐이다. 필자는 여기서 하나의 연구 및 토론거리 그리고 정책자료를 제공한 것에 만족할 뿐이다.

우리가 서구문명으로부터 민주주의의 이념과 제도를 학습하고 도입하였으므로 우리가 말하는 동양적 중도사상은 서구 민주주의를 밑받침하는 개인주의, 세속주의, 합리주의, 평등주의, 다수결주의를 유용한 학설로 인정하되 서양식의 해석이나 적용방법을 무조건 받아들이자는 것은 아니다. 오히려 그러한 원리들을 초월하여 전체주의·초세속주의, 종교도덕의 지배, 인간차등성(人間差等性) 인정, 다수결주의가 아닌 현인의 지배원리까지 포용함으로써 원융(圓融), 무애(無碍)의 입장을 참고하고자 하는 것뿐이다.

그리하여 평등주의를 전제로 하는 1인 1표의 지역대표를 줄이고 인구수로는 정당화되기 어려운 직능대표로 하여금 입법부의 상원을 구성케 하는 목적과 취지에 새로운 패러다임을 강조하는 중도의 정치 이념을 현실화하려는 구상인 것이다.

이것은 과거의 반목, 적대, 투쟁의 정치노선으로부터 화해, 포용, 협력의 원리로 선진화하려는 데 주안점을 옮김으로써 가능해진다. 앞으로는 민주적 정통성에 대한 논쟁보다도 체제의 효율성이 더 중요시되며, 사람들의 주요 관심사가 수적인 우세에 대한 개념보다는 질적인 수월성에 집중되는 것이 앞으로 우리가 따르게 될 녹색(생명) 문명의 변화추세에 맞는 것이 아닌가 하는 문제제기를 하려는 것이다.

그리고 앞으로의 의회제도 개혁에서 소수로나마 종교 집단에서 의회의원을 추천하는 것은 세속적 가치보다 정신적 가치를 중요하게 보기 때문이다. 이러한 제도가 잘 활용되는 상황이 되어야 정치적 힘의 논리를 넘어선 도덕성에 대한 존중 정신이 정치제도에 반영될 수 있는 여건이 생기는 것이다. 사회의 중요 집단들이 그들의 사회이익만을 배타적으로 주장하고 고집할 우려를 완화하려는 조치로 받아들였으면 좋겠다.

종래에 없었던 여러 가지 개혁안이 포함되어 어설픈 면도 없지 않겠으나 대한민국 국민이라면 그냥 방치할 수만은 없는 현실적 폐단이나 결함을 완화하기 위한 방편으로 일단 수용함으로써 당분간 시험적으로 운영해 보아야 할 것이 아닌가? 그리하여 드러나는 문제들을 점진적으로 개선해 나가면 좋을 것이다.

결론적으로 말하고자 하는 것은 한국적인 패러다임을 모색하는 데 있어 중요한 것은 첫째, 좌파든 우파든 독재는 결코 허용되지 않는다는 점이다. 둘째, 정당성만 고집하다가 국가 체제의 효율성이나 국가적인 경쟁력이 결코 희생되어서는 안 된다. 특히 정치적인 저질성이 민주주의란 이름으로 보호받거나 지속되는 일은 없어야겠다. 셋째, 나라가 인존(人尊)사상과 홍익인간의 정신을 기본으로 하므로 인간의 수보다도 질적인 수월성을 더 중시해야 한다. 그렇기 때문에 질적으로 높지 않거나 바르지 않은 무지무식한 사람들은 공직에서 배제하는 방안이 고려되어야 한다.

민중주의나 포퓰리즘은 앞으로 한국 정치에서 철저하게 배제되어야 함을 재삼 강조하는 이유는 그것이 전통적인 인존사상이나 현대적인 인권사상과 양립할 수 없는 사상이기 때문이다. 이것은 앞으로 세계화될 녹색(생명) 유기체적 우주관과 윤리관에 바탕을 둔 새로운 인류문명의 취지에도 배치되는 구시대의 잔재이다. 이런 사상 때문에 선진화가 방해받아서는 안 된다. 오늘의 세계는 더 좋아지기 위해 있는 것이지 더 악화되거나 저질화하도록 방치되어서는 절대로 안 될 일이니 말이다.

▪ 요점

한국의 정치사상은 동양에 바탕을 둔 중도주의로 나가야 한다. 전통사상과 현대 (혁신) 사상, 권위주의와 평등사상, 엘리트주의와 민중주의, 이상주의와 현실주의의 중도를 도모해야 한다.

정치제도에서는 행정권력, 의회주의, 그리고 국민의 소리가 균형을 유지할 수 있도록 조치해야 한다. 행정권력은 대통령제와 의원내각제로 나누어지고, 나뉜 권력은 상호의존하며 협력해야 한다. 대통령의 주 업무는 안보와 외교, 그리고 문화 및 교육이다. 내각의 주 업무는 국내 정치와 경제로 각기 업무는 다르지만 여타 국가업무에 대해서는 책임을 같이한다. 경제와 사회는 국민자유의 영역이지만 입법부, 행정부, 사법부의 소관사항이기도 하다. 언론, 문화, 교육은 국민주권의 영역이지만 정부의 소견도 고려됨이 바람직하나 이를 좌지우지해서는 안 된다. 왜냐하면 수적 우세보다는 질이 더 중요한 분야이기 때문이다.

행정권력은 대통령과 의원내각제의 공동책임이고, 중앙의 행정권력은 지방의 권력에 의하여 견제된다. 상하 간의 권력분립, 의회권력은 전문가의 집합체인 상원과 인구대표인 하원으로 양분된다. 국회는 상원 100명, 하원 100명으로 총 200명이며 국회의원 임기는 연속 3회로 제한, 국회의원의 면책특권은 폐지된다. 그리고 사법부의 검사와 판사의 경우 사법대학원과 변호사 업무를 최소 10년 이상 지속한 경력 또는 그와 대등한 입법부 및 행정부 또는 NGO 임원의 경력 없이는 임명되지 못하도록 법제화한다.

권력의 제 4부로 일컫는 언론인에 대한 규제문제도 연구되어야 한다. 언론자유는 보호되나 공직이라 인정되는 자리는 5년마다 행적심사를 거치도록 제도화한다. 그러나 공직이 아닌 사사로운 언론활동에는 제한이 없을 것이다.

5장

나라의 선진화 여부는 國民精神教育의 성패에 달려 있다

2011년 8월 25일

필자는 "흔들리는 나라에서 正體性과 安定性이 지켜질 수 있겠는가?"[3] 라는 글을 통해 성균관대 법대 교수의 글을 소개하였다. 현재 여당과 야당이 포퓰리즘 정책으로 차기 정권을 위한 경쟁을 벌이는 현실을 크게 우려하면서 이러한 망국적인 추세를 시정하려면 나라의 정체성과 안정성을 지켜줄 수 있는 리더십의 출현이 요망된다는 말을 하였다. 그리고 다음과 같이 논평하였다.

어느 나라든 좋고 유능한 정치지도자의 출현을 바라지 않는 나라는 없다. 그러나 좋은 정치지도자는 국민들이 원한다고 뜻대로 나와 주지 않는다. 그 국민 대중이 선량하고 슬기로워야만 바람직한 지도층이나 지도

3 아시아태평양공동체 홈페이지 www. aprc. or. kr. 2011년 8월 15일 자 게시판, 필자의 글 참조.

자가 출현할 여건이 조성되는 것이기 때문이다. 왕위(王位)가 혈통에 의해 승계되는 왕조시대가 아닌 현대 민주사회(現代 民主政治)에서는 국민 대중의 지적이며 도덕적인 수준을 훨씬 넘어서는 지도자가 나올 수 없다는 것을 알아야 한다. 그 이유는 그 지도자를 키우고 선발하는 사람들이 바로 국민 대중이기 때문이다. 국민정신교육, 정치교육은 정치사회지도자급에게만 필요한 것이 아니다. 일반 국민 대중에게도 못지않게 중요하며 오히려 더 절실한 과제라고 보는 것이 현명한 판단이다.

민중주의나 포퓰리즘도 국민 대중이 무지무식하며 도덕적으로 사악할수록 그 위력을 더욱 발휘한다. 그러나 정신교육, 정치교육을 제대로 받은 국민에게 사악한 자들은 추종이나 호응을 얻지 못한다. 한국에서는 유감스럽게도 1980년대 권위주의 시대가 지난 후에는 국민정신교육이 그 자취를 감추고 말았다. 당시 국민정신교육이나 정치 이념교육은 북한방송이나 한국의 좌경성 언론으로부터 권위주의 정권을 지탱해 온 구시대의 유물이고 악습이라며 지속적으로 폄하, 매도당하는 분위기였기 때문이다. 그 결과 정신교육은 학교에서 그리고 언론에 의하여 공격을 당한 끝에 완전히 폐기되어 버린 것이다.

당시 좌파 세력은 좌파의 정치이데올로기를 의도적으로 강화할 목적으로, 그리고 전국적으로 퍼뜨리기 위해 전략적으로 보수적 애국 세력이 중요시하던 국민윤리 등 정신도덕교육, 정치교육을 왜곡, 폄하, 매도해 왔던 것이다. 그러한 좌파 세력의 전략적인 노력과 캠페인이 좌경성향의 지식사회에도 잘 먹혔기에 종래의 국민정신교육은 폐기되고 말았다. 그 결과로 인하여 대한민국의 정체성과 안정성이 거의 무방비 상태로 방치되었으며 결국 완전히 무너지고 만 것이다. 그러한 가운데 대한민국이 여태껏 유지되어 온 것이 오히려 신기할 정도이다. 국민정신교육이란 국민정신도덕정치교육의 준말이다. 더 줄여 말한다면 국민교육이 되는데,

이렇게 줄이면 국민과학교육, 국민과학기술교육 등의 교육과 혼동이 되기에 국민정신교육으로 생략한 말이다.

좌경화, 공산화를 민주화로 포장해 온 좌경 세력이 의도적으로 키우고 확산해 온 민중화의 노력, 그로 인하여 연이어 퍼진 포퓰리즘의 쓰나미는 나라의 기본을 크게 흔들어 왔으며 그로 인하여 나라의 정체성과 안정성은 무너졌다. 그러한 모습을 보이기 시작한 것이 노태우 정권부터이다. 오늘날 한국의 정치불안은 바로 정부 주도의 국민정신교육 또는 국민윤리교육이 폐기되고 소멸된 결과이며 사회혼란과 정치불안은 그 결과 내지 부산물이라고 보아야 한다.

1. 民主化의 등에 올라탄 좌파 세력의 복지 주장

1960~1980년대를 통하여 급속한 산업화혁명을 성공적으로 추진한 대한민국에서 좌파들은 1990년대부터 민주화와 복지사회의 과업을 강조하기 시작하였다. 민주(중)화와 사회복지가 탈산업시대의 목표가치로 올라서게 된 것은 어찌할 수 없는 시대의 추세라고 하겠다. 보수우파도 좌파 세력과 경쟁하려면 복지사회의 명분과 구호를 반대할 수 없었을 것이다. 그러나 복지라는 목표가치는 누구나 원한다고 마음대로 가질 수 있는 물건이 아님을 알아야 한다.

여기서 복지(福祉)라는 단어의 한자풀이를 해보자. 복지라는 글자에는 변으로 보일 시(示)가 붙어 있다. 이것은 천의(天意)나 신불(神佛)의 뜻이 작용함을 시사한다. 이것은 복이나 복지는 사람의 뜻이 아니라 하늘이나 복의 소행이며 작용임을 명시하려는 것이다. 그 문자의 구성을 종합하여 보면 하늘의 뜻에 따라 사람들이 밭에서 농사지어 먹고사는 것이 '복'이라는 문자 속에 담겨 있는 것이다. '지'란 글자에도 하늘의 뜻이 완성되어 끝난다는 뜻이 내포되어 있다.

복지라는 문자의 뜻풀이가 이러한 것이라면, 연기설을 말하는 불교에서는 복지도 사람의 전 생업(前生業)과 후 생업(後生業)에 의해 받게 되는 것이지 국가권력이 자의로 할 수 있는 것이 아님을 시사한다. 국가가 백성의 의식주 문제에 관심을 갖는 것은 당연한 일이나 모든 민생문제에 직접 개입할 수는 없다. 가난은 나라도 구하지 못한다는 말이 여기에서 나온 것이다. 그런 이유로 복지란 해당 가족이나 민간단체 또는 지방자치단체에 맡겨야만 한다는 것이 전통사회의 복지개념 속에 내포되어 있다.

국민 대중의 사회복지를 강조해 온 좌파 세력은 복지사회를 국가권력에 의해 추진되어야 할 목표가치로 설정한다. 그러나 그 목표는 그들의 정권탈취를 위한 구실이고 명분일 뿐이다. 사회주의 국가에서의 사회복지는 이름뿐이며 헛된 구호에 지나지 않음은 인류역사가 증명해 온 바다. 과격한 사회주의 국가일수록 국민 대중은 모든 자유를 박탈당하여 대부분이 헐벗고 가난하며 독재권력의 억압과 착취의 대상이 되었을 뿐이다. 이것이 바로 가짜 복지가 아니고 무엇인가?

사회복지관과 정책에 관한 좌우파의 차이를 비교해 보자. 진보좌파 세력은 우선적으로 정치권력을 쟁취한 다음 국민 전체를 위한 사회복지 정책을 국가권력에 의해 체계적으로 추진한다. 그러나 보수우파는 사회복지를 국가권력의 힘을 통하여 강제적으로 실시하기를 주저한다. 차라리 사회복지문제가 민간단체의 자발적인 노력에 의하여 다루어지며, 중앙 정부보다는 가급적이면 지방 정부의 말단기관을 통하여 다루어지기를 선호한다.

공산당 독재 체제는 진보좌파정당 중에서도 가장 위험하고 바람직하지 못한 성격의 정치제도이다. 공산당의 전략전술에 따라서 그 나라에 폭력혁명을 주도하며 혁명독재를 수호하려는 것이 전체주의 독재 체제의 명분이었다. 그 과정에서 많은 사람들이 혁명의 적이라는 명분으로 반대 세력은 물론 잠재적 반대 세력까지 서슴지 않고 숙청되었다.

그뿐만이 아니다. 혁명을 이웃 나라로 수출하려는 목적으로 군사력을 키우며 주변국의 공산화혁명을 부추겼다. 노동자, 농민, 빈민계급은 복지의 혜택을 보지 못한 채 연일 노력동원과 사상개조사업에 시달려야 했다. 그 결과 노동자, 농민, 빈민들의 사회복지는 자본주의 국가보다도 훨씬 열악한 형태로 축소되고 말았다. 우리는 그 예를 북한 공산주의에서 볼 수 있다. 남아메리카의 쿠바와 같은 나라도 현재 세계의 최빈국으로 분류되고 있다. 많은 국민들이 쿠바를 탈출하여 주변국으로 밀입국하는데 쿠바 국민들의 상당수가 해외에서 비공식적으로 보내주는 지원금에 의존하여 살아가고 있다고 한다.

또 많은 사람들은 제 2차 세계대전 이후 미소의 동서냉전이 한창일 때 자본주의 국가의 수장 격인 미국과 사회주의 국가의 두목 격인 소련의 노동자, 농민들의 생활수준을 비교해 볼 수 있었다. 그 결과 자본주의 국가의 노동자와 농민이 사회주의 국가의 노동자 계급과는 비교도 안 될 정도로 훨씬 더 자유롭고 풍요롭게 살고 있음을 알게 된 것이다.

복이란 그것을 받을 만한 사람들에게 하늘이 주는 것이다. 사람이 인위적으로 누구에게서 뺏거나 마음대로 더 주는 것은 어려운 것이다. 불교에서는 전생에 하늘이 좋아할 만한 선업(善業)을 많이 쌓은 사람들 그리고 금생에서도 좋은 일을 계속했던 사람들만이 그동안 지은 복만큼 받고, 남에게도 베풀 수 있다고 믿는다. 누구든지 욕심을 내거나 때를 쓴다고 하여 복을 받는 것이 아니라는 것이다.

2. 國民精神教育은 오탁악세에 대한 가장 효과적인 정신정화수단

어떤 정치지도자가 한국의 흔들리는 정체성과 안정성을 바로 잡으며 이 나라를 21세기 문명과 역사를 선도할 존경스러운 나라로 만들 수 있겠는가? 이런 물음에 대한 답을 찾기 위해서는 《법화경》에 나오는 오탁악세(汚濁惡世)의 사상에 대해 알아야 하기에 소개하고자 한다.

《법화경》은 오탁악세의 원인이 되는 요소로서 다음 다섯 가지 요인을 들었다. ① 겁탁(刦濁), ② 번뇌탁(煩惱濁), ③ 중생탁(衆生濁), ④ 명탁(命濁), ⑤ 견탁(見濁)이 그것이다. 겁탁이란 자연재해, 기상이변 등을 포함한다. 번뇌탁이란 사람에게 모든 죄악을 짓도록 만드는 탐욕, 분노, 치정, 오만심, 의구심, 악견 등을 포함하는 말이다. 중생탁이란 대중이 자신의 본분과 한계를 식별하지 못하고 어리석은 생각과 행동을 자제하지 못하는 성향을 말한다. 명탁은 건강을 장애하는 신병이나 유행병을 의미하고, 견탁이란 잘못된 사상, 틀린 견해, 엄청난 착각 등을 말한다.

크게 보아서 보수우파의 사상과 소견은 크게 칭찬할 것이 없지만 좌경사상이나 그 이데올로기와 비교한다면 보수우익의 정치사회 이데올로기는 좌경 이념과 비교해 오탁의 오염도 등이 덜 악한 편이라는 것이다. 그 이유는 좌파 이데올로기가 매우 투쟁적이며 현상타파와 변혁의 적극성에서 더 두드러지기 때문이다. 그러나 사회개혁에 대한 열성과 적극성 그리고 과격성을 보임으로써 좌경사상은 보수사상보다 더 정의롭고 적극적이라는 인상을 주었다. 그에 비하면 보수우익의 정신교육은 안이하며 더 규범적이기에 좌파의 영향력에 밀리는 편이다.

3. 국민정신(정치) 교육의 과거와 미래

보수우익의 정치사상은 자유민주주의와 시장경제의 이데올로기로 요약될 수 있다. 보수사상에도 오탁의 요소들이 적지 않게 포함되어 있다. 그러나 좌경사상과 행동에 비교한다면 보수우익 쪽의 이데올로기는 양호하고 안전한 편이라는 인상을 주지만 소극적이며 답답한 현실 적응성을 보여 왔다.

여기서 국민정신교육과 정치교육은 과연 무엇인가? 오늘에 와서 거론되는 국민정신교육은 과거와 비교해 어떻게 달라져야 하는지 정리해 볼 필요가 있다. 앞으로 나타날 국민정신교육의 내용은 어떤 것이며 과거 1970~1980년대의 국민정신교육과 어떻게 차별화되어야 하는가? 그것이 과연 좌경사상에 맞설 만한 특효약이 될 수 있을까? 이런 문제에 대한 필자의 소견은 다음과 같다.

1970~1980년대의 국민정신교육은 권위주의 체제에 순응하여 빈곤극복과 조국근대화 그리고 국력배양, 국운번창과 국위선양을 목표로 노력하는 국민, 충효예(忠孝禮)를 정성껏 받들고 노력하는 국민상을 목표로 하여 추진된 교육이었다. 국민정신교육의 내용을 말한다면, 정치도덕교육(*political and moral education*)이다. 여기에는 철학, 윤리

학, 역사학, 정치학의 종합응용학문이라고 할 만한 요소가 있다. 정치교육에서도 주요 관심사는 공산주의의 이론비판과 북한 공산주의의 전략전술에 초점이 맞춰져 있었다. 그러므로 과거에 실시된 국민정신교육은 그 나름의 시대적인 과업을 수행해 왔다고 말할 수 있다.

그러나 앞으로 실시되어야 할 국민정신교육은 민족주의의 심성을 부추기며 조국근대화와 산업화 그리고 남북통일과 국위선양을 목표로 하던 과거의 국민정신교육에 머물러서는 안 된다. 현재 우리는 탈산업화 시대, 국제화·세계화 시대, 그리고 아날로그가 아닌 디지털문명 시대를 맞이하였다. 국제관계에서도 대외적인 무한경쟁보다는 국제화를 위한 자기관리에 역점을 두어야 하는 시대임을 의식해야 한다.

오늘과 같은 시대환경에서도 국민정신교육이 꼭 필요할지에 대해 의심하는 사람들이 많을 것 같다. 이것은 환경오염이 문제되는 시대에 승용차에 연료를 계속 넣어야 하는지에 대해 의구심을 던지는 것과 같다. 물론 연료주입은 필요하고 중요하다. 그러나 민족의 독립과 산업화, 사회선진화, 그리고 부국강병을 위해서가 아니라 걷잡을 수 없이 심화되는 오탁악세의 확산추세, 종교대립으로 인한 세계대전의 위험성, 그리고 지구의 환경오염과 파괴로 인한 대재앙을 의식하며 그에 대처하는 세계인들의 대응자세에는 정신교육이 필요하며 이외에는 다른 대안이 없는 것이다.

국민정신교육은 5대 종교와 현대사회 윤리사상을 총동원하여 위에서 말한 오탁악세와 중진국병이 만연한 사회현실과 그 문제점을 치유하고 해결하기 위한 이론과 실천방법을 명시한 학문연구이며 교육이다. 또한 좌경사상과 행동에 따르는 비정상적인 사회적 병환에 대한 진단과 치료방법을 연구하고 가르치는 학문연구이며 교육인 것이다.

국민정신교육의 내용에는 첫째, 5대 종교와 유불선의 전통사상이 포함되어야 한다. 종교평화를 지향해야 할 현대사회에서는 5대 종교가 균형 있게 소개되어야 한다. 둘째, 현대사회의 특징과 현대사상의 주요 줄거리, 문제점 및 현대사상의 특징 같은 것을 요약, 소개해 그것이 학생토론의 주제로써 제시되어야 한다. 셋째, 역사교육과 아울러 정치교육의 줄거리와 그 개선방안도 포함되어야 한다. 국가적 정체성과 국민의식은 바로 이러한 국민정신교육과 정치교육이라는 1년 과정의 교육을 통하여 대략적으로나마 다루어져야 할 것이다.

넷째, 새 시대는 민족국가의 단계를 넘어선 국제화의 시대이다. 또한 지역공동체가 큰 관심사인 요즘 한국이 주도하여 창설하게 될 아시아태평양공동체의 중요성이 상세하게 다루어져야 한다. 그 존재이유와 구성 및 역사적 소명 등이 논의되어야 한다. 다섯째, 진보좌파 세력이 포퓰리즘적인 집단활동으로 보수우익 세력을 무력화하거나 단체 및 집단의 기능을 마비 또는 무력화하려는 기도에 맞서 보수혁신의 대립을 감안한 중도의 정치철학을 알기 쉽게 설명할 수 있어야 하며 그 전략전술도 개발되어야 한다.

이런 문제와 관련하여 미국에서 진 샤프(Gene Sharp)가 개발한 민간주도방위(*civilian based defense*)의 전략전술의 이론도 소개되어야 한다. 민중민주주의 스타일의 포퓰리즘적 폭거에 의하여 정통성을 가진 정부가 일방적으로 괴롭힘을 당하거나 그들의 횡포에 굴복하는 일은 없어야 하기 때문이다. 민간주도의 방위는 부당한 권력의 억압이나 박탈행위에 저항하여 비폭력의 수단을 이용해 지능적으로 대처하는 방법을 제시할 것이다. 그러기 위해서도 외부의 부당한 정책에 저항함으로써 억압이나 박탈행위를 물리치는 비폭력투쟁의 전술도 개발하도록 교육해야 한다.

과거에는 강자가 자신의 집단이익을 위하여 약자를 대상으로 그들의 자유와 권리를 박탈하거나 침해하는 행위를 강요할 수 있었다. 그러나 오늘의 세계에서는 강자라고 해도 약자에게 부당한 행위를 강요할 수 없다. 더구나 약자로 지목되는 사람들에게 비폭력적인 수단으로 강자들의 횡포를 제압하는 방법과 전술도 가르쳐야 한다. 이 비폭력적 저항의 전략전술에 관해서는 가까운 시일 안에 보다 자세히 설명하는 기회가 있어야 할 것이다.

이와 같이 새로 등장하게 될 국민정신교육은 대한민국의 정체성과 안정성을 보장하는 강정제(强精劑)가 될 것이며 바람직한 정치적 리더십의 보약(補藥) 구실도 할 수 있을 것이다. 국민정신교육이란 말이 너무 보수적인 색깔을 띤다고 싫어하는 사람들의 의견도 참고해야 한다. 본인이 다른 이름을 원한다면 국민도덕정치교육이라는 이름으로 대치하여도 무방하다고 보는 것이다.

▪ 요점

한국 국민이 대한민국이라는 국가를 세우고 외침(外侵)으로부터 방비하며 신생국가로 키워나가는 일은 결코 쉬운 일이 아니었다. 이에 대한 전문지식도 없는 가운데 이승만 · 박정희 대통령은 매우 힘겨웠을 것 같다. 우리 국민에게 민주정치를 가르치며 민족교육, 민주교육, 그리고 반공교육과 함께 경제발전을 위한 최소한의 소양을 교육하는 일도 결코 쉬운 과업이 아니었다.

그 후 박정희 · 전두환 정부는 국민윤리교육과 국민교육을 체계적으로 실시하는 데 크게 노력하였다. 그 결과 한국은 신생국가에서 가장 빛나는 성과를 거둘 수 있었다. 국가안보와 산업화도 이런 정신교육의 노력 없이 쉽게 이루어진 것이 아니었다.

김영삼・김대중 정부에 와서는 국민윤리교육은 어용(御用) 과목이라 하여 폐지되었으며, 국민정신교육과 반공교육은 권위주의 정권을 위한 어용 교육이라 하여 단절시켰다. 그 결과 한국의 민주화는 오도되었고 정치사회는 점점 불안해져 차츰 좌경화하여 오늘날 사회혼란과 정치적 불안이 매우 심해진 것이다. 우리나라의 중진국병을 치유하며 선진국으로 나아가기 위해서는 새로운 체제의 국민정신교육이 간절하게 요망되고 있음을 직시해야만 할 것이다.

아시아태평양공동체와 국민정신교육, 우리가 강조하는 아시아태평양공동체의 성패는 말할 것 없고 그를 위한 국내외 시민운동의 활성화 역시 정신교육의 활성화에 달려 있는 것이다. 이 공동체를 운영함으로써 한국이 얻을 수 있는 국가이익이 무엇이겠는가? 첫 번째로 남북한의 통일, 두 번째로 경제・사회・문화의 선진화 그리고 세 번째로 국민정신과 성격의 향상이라고 볼 수 있다.

국민정신운동은 이지력(理智力) 훈련, 정서함양, 실천경험의 확대와 실천의지력의 강화를 통하여 이루어진다. 이것이 세계평화와 인간완성의 목표를 동시에 달성하는 길이 아니겠는가?

6장

포퓰리즘은 민주정치를 타락시키며 나라를 망치는 요인

2011년 7월 30일

최근 필자는 대단히 중요한 내용을 다루면서 마음을 크게 사로잡은 칼럼을 읽으며 매우 후련함을 느꼈다. 그 칼럼은 2011년 7월 16일 자 〈조선일보〉에 실린 성균관대 법대 정호열 교수의 "포퓰리즘으로부터 체제 구하기"라는 글이었다.

요즘 부쩍 불고 있는 포퓰리즘의 풍조가 이 나라를 쇠퇴와 멸망으로 몰아가고 있는 위험한 실태를 지적한 글이었다. 이명박 정권으로부터 정치권력을 기필코 빼앗겠다고 설치는 야당, 그리고 민주당이나 친북 세력의 장단에 맞추듯 야당의 포퓰리즘적 선심에 못지않게 경쟁하려는 정부 여당자세를 개탄한 글이었다. 한국의 정치사회 체제를 구해야겠다는 충정으로 쓴 글이라는 생각이 들었다. 필자도 그러한 견해에 공감하며 적극 동조하려는 뜻에서 그 글 중에서 크게 공감이 간 부분에 대해 논평 및 부연 설명을 하고자 한다.

정부와 요즘 정가에서 추종하는 친서민・반재벌 정책도 한국의 경제성장을 저지해 왔다. 그것은 자칫 나라를 빈곤의 수렁으로 빠뜨리는 위험노선인데도, 그런 부정적인 결과는 생각하지도 않고 야당과 여당 그리고 정부는 선거득표만을 의식하여 좌편향 정책을 추종하여 경쟁하려는 추세가 매우 민망하며 개탄스럽다. 이러한 우려를 제기하는 정호열 교수의 중요한 지적 중에서 두 가지만 소개하고자 한다.

1. 좌경사상의 뿌리는 매우 깊고 단순치 않다

좌익사상의 뿌리는 생각보다 깊고 그 도전 또한 무섭게 집요하다는 말, 그 말에 공감하며 정 교수의 지적과 관련하여 더 멀고 깊은 부면도 드러내고자 한다. 한국 사람들의 좌익사상은 6・25 전쟁을 통하여 그 뿌리가 많이 없어졌다. 또 제 2차 세계대전 후의 미소 냉전을 통하여 공산 정권이 무너졌기에 이념대결도 없어졌다. 실제로 순수한 공산국가 마저도 사실상 없어진 상태이므로 이제는 공산주의나 좌경사상도 전혀 염려할 필요가 없어졌다, 이제부터는 반공 따위의 생각도 그만하라, 북한의 김정일 정권도 조만간 없어질 것이니 더 이상 공산주의를 염려하지도 말자 등의 생각으로 마음의 경계심마저 열어져 가는 분위기이다. 이런 생각 때문인지 요즘 언론은 좌파인사들에게는 이상할 정도로 공경, 우대를 하는 경향이 생겨났다. 이처럼 공산주의자들이나 좌경사상에 대해 안이하게 생각하여 그 대비가 소홀해지면 한국 국민이 북한 주민보다 더 유복하며 호화스럽게 잘살고 있음에도 불구하고 한국에서의 종북좌파 세력의 위세는 더욱 커지는 것 같다.

보수우익 세력은 좌파 앞에 서면 할 말이 많음에도 회피하거나 꽁무니를 뺀다. 그 이유 중 하나는 좌파논객들의 대부분이 매우 젊은 데다 신분도 낮은 사람들이기에 대적하기가 창피하고 껄끄럽다는 것이다. 그들이 무서워서 피하는 것이 아니라 더러워서 피한다는 격이다. 그래서 좌파는 싸울 때마다 늘 유리한 입장에 서게 되는 면이 없지 않다. 좌파 세력의 힘은 다수의 젊은 연령층의 동조와 지지를 받는 데서 나온다. 그런 이유로 중산층 이상이나 연로층(年老層)은 모두 그들의 적대 행위나 협박을 두려워하여 피하거나 꽁무니를 빼느라고 매우 바쁜 상태이다.

한국의 보수우익 세력 중에는 대체로 60대 이상의 노인들이 많다. 30~50대에 이르는 장년층 중에는 좌파정서나 사상에 물들어 있는 사람들이 훨씬 더 많다. 아마 40%는 넘지 않을 것이나 보수우파의 40~50대 연령층이 30% 정도를 차지하고 있을 것이다. 그러나 보수우파는 말이 적고 싸우기를 싫어하므로 실질적인 영향력은 10~15% 미만이라 할 수 있다.

전체적으로 보수우익 30%, 진보좌파 30%, 중간(도)파 40%라고 본다고 해도 적극성과 활동성을 갖춘 연령층은 대부분 진보좌파 쪽이므로 그들의 영향력은 60~70%에 육박한다. 특히 언론・출판・문화예술분야, 법조계의 영향력은 거의 절대적이다. 보수우파는 어느 부분에서는 수적으로 50%에 육박한다고 해도 실제로 발휘되는 힘은 수치의 반의반도 되지 않는다. 진보좌파의 언론활동과 영향력이 언제나 보수우파를 제압하는 이유가 바로 여기에 있다.

일반 국민들의 안이한 공산주의관과 진보좌파에 대한 인식 부족에 대하여 언급해야겠다. 흔히들 사회주의사상을 포함한 진보좌파사상이 우연한 역사적 계기에 의해 생겨났다가 사라지는 일시적인 유행병처럼 인식하거나 사회적 유행으로 간주하려는 경향이 있다. 예를 들어 미국의 저명한 식자인 프란시스 후쿠야마 같은 사람은 《역사의 종언》(*The End of History*)이라는 저술에서 20세기 미소의 냉전대립을 거치는 동안 공산주의나 사회주의는 영원히 끝이 났다고 선언한다. 또한 앞으로는 자유민주주의만이 승리를 구가할 것이며 그 제도적 틀 안에서 정치 대립이 해소될 것임을 예견하였다.

그러나 사실은 어떠한가? 공산주의나 사회주의가 지구에서 완전히 종적을 감추었는가? 아니다. 미국 하버드대 새뮤얼 P. 헌팅턴(Samuel P. Huntington) 교수는 아랍지역의 이슬람권 국가들이 중국 공산주의와 연합하여 반미·반서방 정책을 추구하는 경우 이로 인하여 또 하나의 세계대전이 발발할 수 있음을 경고한다.

이러한 사실을 미루어 볼 때 사회주의가 몰락함으로써 자유민주주의와 시장경제가 영구적인 승자로서 남는다는 발상도 근거 없는 주장이 되어 버린 상태이다. 현재 한반도의 자유민주주의나 시장경제제도는 과연 사회주의나 국민복지로의 정치 체제의 잠식을 막아낼 수 있겠는가? 한반도에서 북한의 김정은 체제가 멸망한다고 해도 앞으로 중국의 보호하에 공산 체제는 지속될 것이다. 남북한이 통일될 수 있는 기회가 온다 하더라도 북한의 공산 체제는 그대로 지속될 수 있지만 대한민국의 경우 보혁(保革) 대립이 계속되므로 남북한 역시 자유민주주의에 의한 통일보다는 사회주의에 의한 통일, 다시 말해 남북연방제라는 명목으로 통일될 가능성이 훨씬 높다. 결과적으로 북한 체제의 오랜 숙원이었던 연방제통일의 달성 가능성이 더 커질 수 있다는 이야기이다.

천안함 폭침이 북한 잠수정의 소행이며 세계가 그 사실을 인정하는

데도 종북좌파의 영향하에 있는 한국의 젊은이들, 특히 어린 청소년들은 그 엄연한 사실을 믿지 않고 부인한다. 초·중·고에서 전교조 교사들의 영향력이 크기 때문이다.

요즘 한국 사회를 보아도 친북좌경 세력이 의외로 많다. 좌경사상은 연로층보다 젊은 세대, 특히 어린 청소년들에게 쉽게 퍼지며 한번 입력되면 평생 지워지지 않는 사상으로 남는다. 현재도 야당과 여당은 포퓰리즘 정책으로 국민의 표심을 끌기 위해 경쟁을 벌이고 있다. 남한의 자유민주주의와 시장경제 체제가 유지되고 있다고는 하나 그 뿌리는 포퓰리즘, 곧 민중민주주의에 의하여 크게 오염되고 흔들려 그 안전성을 유지하기도 어렵게 되었다. 또한 남한에 뿌리내렸다고 말하는 자유시장경제 체제 역시 정부의 친서민·반재벌 정책이 계속된다면 대한민국의 정체성은 과연 유지될 수 있을지 의심스럽다.

2012년 국회의원선거와 대통령선거에서도 한나라당이 종북좌파들의 연합 세력에 밀리거나 눌리게 될 것이라는 전망도 심심치 않게 나오고 있었다. 정부나 여당의 정책을 보아도 보수파와는 거리가 멀고 중도우파보다 좌파에 가까워지고 있다는 인상을 받게 된다. 설혹 한나라당이 계속해서 정권을 유지한다 해도 중도우파보다 좌파로 편향된 포퓰리즘이 지속되는 상황에서는 한국의 정치제도 역시 친서민·반재벌의 점진적인 사회주의화(*creeping socialism*) 쪽으로 경사되어 갈 것이 아닌가?

2. 나라를 포퓰리즘과 좌경사상으로부터 구해 내려면

정 교수는 말한다. "… 자유민주주의와 시장경제는 오늘의 한국과 한국인의 정체를 형성한다. 이미 지구촌은 이러한 바탕에서 다방면으로 각축전을 벌이고 있다. 특히 내년에 치를 대선과 총선이 포퓰리즘과의 한판 승부를 통해 이 나라의 정체성을 다시 세우는 무대가 되기를 바라는 마음이 간절하다. … 이런 판국에 … 공짜 밥을 준다, 반값등록금을 보장한다는 저급한 선거전에 몰입해서 대중의 선택을 오도한다면 이 나라의 미래는 없다. … 세계화, 정보화 시대의 나라 앞일을 걱정하면서 시장경제에 바탕을 둔 한국의 비전을 제시하는 경쟁이 이루어져야 한다. 이 과정에서 …" 그러나 정 교수가 바라는 그런 지도자, 곧 좌·우 정치인들의 포퓰리즘에 동요하지 않고 나라의 정체성을 수호함으로써 좌경화의 수렁에서 나라를 건져낼 수 있는 사람이 과연 지도자의 자리에 오를 수 있겠는가?

오랫동안 많은 악업을 지어 온 국민에게 좋은 체제나 바람직한 지도자가 생기기는 어려울 것이다. 공산주의나 진보좌파사상도 어느 시기, 어느 상황에 우연히 생겨났다가 상황이 바뀌면 저절로 없어지는 것이 아님을 우리는 확인하였다. 좌익진보사상의 뿌리는 인간성 내부의 도덕적·정신적 취약성의 뿌리에서 파생된 사상이며 이념이다. 국민 대다수의 도덕성이 높아지지 않는 한 좌파 세력은 계속 강해질 수밖에 없다.

좌경사상이나 공산주의는 어느 역사적인 상황과는 상관없이 국민들의 사회에 대한 부정심리, 곧 불신·증오·질투·원한, 사회에 대한 적개심과 같은 인간본성의 뿌리, 심층심리의 뿌리에서 생겨 자라난 사상이다. 그러므로 사회관계에 대한 불신, 증오, 원한이 심한 사회에서 인간적인 신뢰, 사랑, 이타정신이 강한 지도자가 만들어질 수 없는 것이다. 그런 지도자로 훈련되는 것도 기대할 수 없는 상황인 것이다.

어떤 정치사상이나 체제도 고상하고 양순한 사람들에 의해 운영된다면 좋은 정책, 좋은 제도가 되지만 사악하고 교활한 사람들에 의해 악용되는 경우에는 결함이 크고 폐단이 많은 제도, 정책이 되는 것이다. 민주주의나 권위주의, 시장경제나 사회주의도 국민의 도덕적 자질과 그들의 선택에 의하여 결정된다. 중요한 것은 제도나 정책보다 인간의 자질과 도덕성이 국민들 수준에 달려 있다는 것인데 한국 정치지도자나 언론계에서 그런 문제에 대한 관심이 전무하다는 것은 이 나라의 전도를 불안하게 하고 더 어렵게 하는 것은 아닌지 심히 우려된다.

3. 맺음말

인간은 누구나 더 발전할 수 있는 소질과 가능성을 가지고 태어난다. 그러나 그 소질과 가능성을 과연 어느 정도까지 개발하였는가는 사람마다 다르다. 사람들의 자질과 소양을 고도로 개발한 사람은 현인, 군자, 그리고 보살이 되지만 그 수는 많지 않다. 다만 문제는 그런 선한 사람들이 다수 국민의 추종을 받기가 어렵다는 데 있다.

반면 그 소질을 고도로 개발하지 못한 보통 사람들, 민중 대중 또는 중생들은 오탁악세일수록 목소리가 요란하며 사회에 압도적인 영향력을 행사한다. 어느 나라 어느 국민이나 최고의 지도자를 원하지만 그 지도자의 자질은 국민 대중의 수준을 넘어서기가 어렵다. 국가생활에서 국민 대중의 정신적·도덕적·질적 수준을 얼마나 높일 수 있는가의 여부는 사회 체제의 선과 악, 행과 불행을 결정하는 관건이 된다. 정치사회지도층에 대한 도덕정치교육은 물론 중요하지만 그에 앞서 한국 국민에 대한 국민정신교육과 정치교육을 강화하는 것이 나라의 운명을 결정하는 가장 중요한 요인이 되는 것이다.

중생들이 좌경적인 포퓰리즘을 통하여 사납고 거친 민중으로 정치화되며 민중의 폭력적 수단으로 저질적인 의지를 관철하려고 하는 데 대한 대응책이 있어야 한다. 그것은 무엇이겠는가? 첫째, 중생을 보살도정신이나 신의 뜻을 따르는 신사도정신으로 격상시키는 것이 가장 확실한 방법이다. 그러나 이러한 수준으로 따라올 사람은 많지 않다. 그래서 소수 선량한 엘리트가 지도층을 형성하여 다수 대중이 그들을 존경하며 따를 때 국가와 사회는 정당성과 효율성을 함께 누리며 안정화될 수 있다.

둘째, 국민 대중에게 어떤 고상한 목표를 제시하며 그 숭고한 목적을 달성하려는 국민운동에 합세하도록 권유하는 지도자와 그 세력이 필요하다. 국민 대중에도 고질, 양질의 사람들이 적지 않으나 저질, 악질의 중생들이 더 많다. 고질, 양질의 국민 대중을 세계평화라든가 인류복지 또는 인간의 영성화라는 고상한 목표를 추구하도록 시민운동으로 끌어들인다면 국민들의 질적인 수준은 꾸준히 발전할 것이다. 우리들이 아시아태평양공동체운동과 같은 시민운동을 권장하는 이유도 그것이 국민교육의 가장 좋은 수단이자 방법이라고 믿기 때문이다. 또한 기회가 있을 때마다 필자가 이 같은 주장을 강조하며 되풀이하는 이유도 여기에 있는 것이다.

▪ 요점

정치적 포퓰리즘은 민주주의의 타락된 형태이며 그것은 좌경사상으로 진입하는 출입문이며 바로 망국(亡國)으로 빠지는 전 단계이다. 2천 년 전, 아테네의 민주정치가 100년도 못 가 멸망한 이유도 여기에 있다.

그리스 도시국가의 역사는 약 800년 동안 계속되었다. 영웅시대 · 군주시대가 약 300년, 귀족정치 · 과두정치시대가 약 300년, 페리클레스(Perikles) 민주정치가 약 100년, 그 후 스파르타의 지배에 들어갔다. 그러다가 그리스는 알렉산더 대왕의 침략으로 멸망한다. 민주정치시대는 오로지 100년이었는데 그것이 아테네에게는 패망(敗亡)의 원인이 되었다. 민주정치 체제는 100년도 못 가 멸망하였는데 그들의 타락된 민주정치, 아니 민중정치가 바로 원인이었다.

그럼에도 현대 민주정치는 세계적으로 확산되어 있다. 구미 선진국은 시민들의 지적 · 도덕적 수준이 대체로 높은 편이기 때문에 그 체제는 얼마라도 영속될 수 있다. 그러나 시민들의 지적 · 도덕적 수준이 높지 못한 후진국이나 중진국의 경우 민주정치가 포퓰리즘으로 흐를수록 그 나라는 정치적 · 사회적 불안이 지속되다 결국 멸망하게 된다.

민주정치란 국민 모두가 교양 있고 생활이 윤택하며 사회적으로 이따금 특별한 서비스가 제공되는 분위기 안에서만 유지될 수 있는 정치제도이다. 이성의 통제와 조율 없이 민중의 감정을 마음껏 드러내거나 힘으로 상대방을 밀어붙이는 민중민주주의는 멸망으로 가는 지름길일 뿐이다. 이성과 도덕감정에 의하여 조율되지 않는 정치 체제가 망하는 것은 시간문제이다. 한국의 사회현실이 그 정도로 악화된 상태가 아닌 것은 다행스럽지만 좀더 멋있고 감동스러운 모습을 볼 수 없는 것 또한 아쉬움으로 남으며 마음에 걸린다. 멋있고 희망찬 그리고 신명 나는 모습을 볼 수는 없는 것인가?

필자는 아시아태평양공동체운동이 우리 국민의 도덕성과 질적 수준을 높이는 계기가 되기를 발원한다. 국민 대다수가 자신의 편안과 이익만 챙기려 하고 남에 대한 배려, 보시, 봉사의 정신을 갖지 않으며 나라의 안전과 번영을 적극적으로 챙기는 애국애족 정신을 높이지 않는다면 한반도 통일은 어렵고 나라의 선진화나 국운상승도 기대할 수 없다.

7장

國民統合도 左右화해로 해결될 수 있다

2013년 10월 2일

현재 한국은 1945년 8·15 해방을 맞은 지 68년, 1948년 대한민국이 건국된 지 65년이 지난 시점에 와 있다. 그동안 한국 내의 좌우익 세력의 대립과 남북한의 분단 및 반목은 한국 사회와 국민들에게 엄청난 긴장과 고통을 주었다. 대한민국 건국 후 65년의 역사를 돌이켜 보면 이승만 정권부터 노태우 정권에 이르기까지, 다시 말해 1948년부터 1992년까지 44년 동안은 대체로 보수우파가 지배권력을 장악한 시기였다.

그러나 1993년 김영삼 정권부터 2008년 노무현 정권이 끝날 때까지 15년 동안은 혁신좌파 세력이 정권을 장악하여 국사를 요리할 수 있었다. 그 후 2008년부터 2013년 2월까지 이명박 정권의 중도실용 정권이 권력을 잡았다고 하지만 내용적으로는 좌파 세력이 박아 놓았던 말뚝을 그대로 방치해 두었으므로 좌파 세력의 시기나 다름없었다. 그런 환경에서 정치권력은 박근혜 대통령으로 넘어왔다.

박근혜 정부는 좌파 세력과 권력경쟁을 하다가 52대 48의 비율로 야당과 좌파 세력의 거센 도전을 물리쳐 신승한 셈이었다. 그러나 박근혜 정부를 보수우익 정권이라고 볼 수는 없다. 박근혜 정부는 좌파나 야당의 정치 세력과 척을 짓지 않고 중도통합노선을 추구하는 입장을 견지해 왔기 때문이다. 우선 대통령선거에서 내걸었던 선거공약이나 정책제안이 야당의 정책 못지않게 좌파적·진보적인 성격을 띠고 있었다.

박근혜 대통령은 대선에서 승리한 다음에도 야당 대통령 후보를 지지한 48%의 야당지지 세력을 그대로 수용하며 껴안겠다는 약속을 공언한 바 있다. 이것은 보수우파의 정책노선이 아닌 좌우의 통합노선을 추구하겠다는 뜻을 분명히 한 셈이다. 좌우파의 화해와 협력을 전제하는 노선을 추구하겠다는 박근혜 정부의 정신자세는 바람직하다고 평가해야 한다. 다만 우리는 박근혜 정부의 향후 움직임을 깊이 통찰하며 잘못된 길로 가지 않기만을 바랄 뿐이다.

1. 중도파, 통합파의 여러 가지 입장들

중도노선의 입장이든 통합파의 입장이든 실제로 다음 두 가지의 입장 중 하나를 선택하게 된다. 기본입장을 좌파노선에 두면서 우파 정책을 부차적으로 혼합하는 입장인가, 아니면 기본입장을 우파노선에 두고 좌파 정책을 적당히 혼합하는 입장인가. 사람은 시간과 장소의 제약을 받으며 살아야 하는 존재이다. 사람이 좋은 일을 한다 할지라도 그것이 모두에게 무한히 좋을 수는 없는 법이다. 그러므로 사람은 누구나 그때마다 적절하다고 생각하는 방법 중 하나를 선택하는 수밖에 없다.

달리 말한다면 민주주의의 모토나 표어는 자유・평등・박애의 원리이다. 여기서 정치 세력은 자유와 평등 중 우선하는 가치를 선택한다. 자유를 기본으로 선택하고 여기에 평등을 적당히 섞느냐 아니면 평등을 기본으로 하면서 자유를 적당히 허용하느냐 하는 것이다. 결국 보수를 기본가치로 하고 혁신좌파의 정책도 적당히 혼합하겠다는 선택을 하게 된다. 서양에는 이런 말이 있다. "Good to everybody is not Good to any body."(모두에게 좋다는 것은 누구에게도 좋지 않다) 같은 의미로 동양에는 이런 말이 있다. "都善不如都惡."(도선은 도악만도 못하다) 모두에게 좋은 것이 모두에게 불량한 것이 되기 쉽다는 뜻이다.

필자는 박근혜 대통령이 보수주의를 기본으로 하면서 혁신좌파사상을 양념으로 채택하는 지혜를 가지려는 쪽이라고 믿고 있었다. 또한 앞으로도 그런 입장을 견지하리라고 보았다. 중요한 것은 어느 사상에도 경직되거나 구애받지 말아야 한다는 것이다. 불교철학에서는 어떤 관념이나 사상도 본래 없는 것이다. 그러므로 허상에 사로잡힐 필요가 없다는 것이다. 아공법공은 불교철학의 핵심이다. 내가 있다는 것, 진리에 서 있다는 것도 모두 착각이라는 뜻이다.

2. 보수주의와 혁신좌파사상은 철학적으로 통합될 수 없는가?

보수주의가 무엇이냐? 필자는 여기서 전통사상과 현대사상을 비교하며 그 차이를 명확하게 부각해 보고자 한다. 전통문화의 핵심은 무엇이었는가? 보수주의는 전통문화를 지키려 하며 충효예의 세 가지 덕목을 매우 중요하게 받드는 입장이다. 국가에 대한 충성, 조상과 부모에 대한 효성, 사회의 윗사람에 대한 예의로 전통사회에서는 이 세 가지가 모든 인간을 평가하는 기준이었다.

그런데 현대사회에 와서는 이런 덕목이 낡은 시대의 도덕관이라 하여 부정하려는 경향이 있다. 이처럼 과거시대의 덕목을 부정하고 타파하는 것이 근대화이다. 그런 구식 문화로부터 해방되는 것이 현대사회의 특징이며 자유민주주의사상의 특징이었다. 현대의 정신문화는 전통문화로부터 크게 이탈, 변질되어 왔다. 현대의 자유민주주의사상도 전통주의에서 벗어난 사상이며 거기서 멀리 벗어날수록 진보적 사상으로 간주되는 경향을 보였다. 그 과정에서 사회주의·공산주의·무정부주의사상이 나오게 되었다. 이들은 자유민주주의의 사상마저 적대하려는 과격사상이다.

현대사회의 진보사상은 사회주의로 공산주의 등을 포함한다. 진보사상이란 것은 국가에 대한 불충, 조상과 부모에 대한 불효, 그리고 사회질서를 부인하며 사회적 상위자들에 대한 무례와 반항을 현대 교육을 통하여 전파해 왔다. 이런 교육을 담당해 온 주역(主役)이 대학가의 운동권 세력이었다. 또한 그런 사상과 이념을 어린 세대에게 확산해 온 이들이 초·중·고교의 전교조(全敎組) 세력이었다.

특히 이들은 초등교육부터 아동들에게 반전통교육을 통하여 나라에 대한 불충, 조상과 부모들에 대한 불효, 그리고 사회적 상위자들에 대한 무례와 패악행위를 체계적으로 조장해 온 사람들이다. 그런 교육에 보조를 맞추어서 많은 언론매체들 역시 한국의 정치사회의 비리를 고발하고 비방하여 왔으며 좌익사상과 친북노선에 영합과 추종을 부추겨 온 것이다. 더구나 8·15 해방 이후 한국의 문화예술이나 문학도 그런 반전통적이며 과격주의적인 문화를 내면화하는 활동을 변함없이 계속 해 왔다. 이것이 한국의 사회불안과 가치관의 혼란을 심화시킴으로써 요즘 같은 사회붕괴 및 불안의 근본원인이 되었다.

3. 보수성향과 진보성향의 화해는 도덕성의 바탕에서만 가능하다

한국에는 현재 보수성향의 국민도 있고 진보성향의 국민도 있기 때문에 이들 간의 갈등과 대립은 날이 갈수록 심해지고 있다. 이들 간의 화해와 통합이 가능하겠는가 하는 것이 매우 의심스러운 상황인데, 이 두 계파 간의 입장 차이는 어디서 연유하는 것일까?

가장 뚜렷한 차이는 한국의 전통문화에 대한 견해와 태도의 차이에서 비롯된다. 보수성향의 사람들은 전통문화를 그대로 따르진 않더라도 늘 존중하며 가급적이면 지켜보려고 노력한다. 국가나 직장에 대한 충성, 조상과 부모에 대한 효와 가족이나 자손에 대한 사랑과 애정, 사회 또는 선배에 대한 의리나 예의를 존중하는 정신자세는 노년층이나 보수우익 세력이 추구해 온 가치였다.

반면 진보성향의 사람들은 전통문화를 구시대의 악습이라고 보며 전통적인 가치인 충효에에 구애받지 않으려고 한다. 요즘의 젊은 세대는 보다 더 개인주의적이며 감성주의적인 성향을 보인다. 게다가 진보성향의 사람들은 국가란 상층, 부유층 위주의 사회질서라 하여 백안시하려고 든다. 이에 기인한 국가질서에 대한 적개심과 증오심이 국가사회의 안전을 무너뜨려 온 것이다.

또한 공산주의자 중에서 도덕성이 밑받침되지 못하고 오로지 증오와 파괴의 사상으로 활동할 뿐, 인격적으로 점잖지 못하며 교활하고 비열한 권력지상주의자들도 문제이다. 진보좌파라고 하여 모두 인격적으로 불완전한 사람들인 것은 아니다. 사상이 보수적이든 진보적이든 도덕적 인간성을 가진 사람들만이 서로 화해하며 통합을 유지해 나갈 수 있다. 좌우편향의 수준을 결정하는 것도 국민의 도덕성이다. 고로 국민의 도덕성을 높이는 것이 모든 문제해결의 열쇠이며 왕도(王道)임을 알아야 한다.

▪ 요점

좌우화해를 해야 하지만 만약 그렇게 되지 못한다면 그 이유는 여야가 과거의 입장에 집착하기 때문이다. 벌을 받아야 할 그 집착이 녹아 없어져야 통합이 가능하다. 그렇다면 좌우익의 화해사고의 논리 자체를 버리라는 뜻인가?

아니다. 자신의 원칙을 버리지는 않되 상대방을 포용하고 용서하라는 뜻이다. 어른이 어린이의 투정에 양보하고 포용하듯이 다른 사람을 대하면 세상에는 싸울 일이 적어진다. 민주정치는 상호 양보와 포용에 의해 유지된다. 자유나 평등보다도 박애가 더 중요한 원리임을 알아야 한다.

국민복지의 시대는 경제성장으로 인한 물자의 풍요와 국민의 도덕성이 높아짐으로써 가능해진다. 박근혜 대통령이 국민복지를 강조하고 국민행복의 시대를 열겠다고는 했지만 그것을 밑받침할 수 있는 국민의 도덕성 고양을 강조하지 않은 것은 아쉬운 일이라 하겠다. 학교에서 무상급식을 강행하기보다 도덕교육을 강화하는 것이 도리어 더 중요한 일인 데도 말이다.

제2부

대한민국과 아시아태평양공동체

1. 아시아태평양공동체는 대한민국의 활동무대가 되어야 한다
2. 21세기 세계는 아시아태평양공동체의 목표달성에 유리한 환경을 제공한다
3. 아시아태평양공동체 창설의 선언기회는 러시아에게 양보할 수도
4. 아시아태평양공동체시민운동, 누가 어디서 시작할 수 있는가?

1장

아시아태평양공동체는 대한민국의 활동무대가 되어야 한다

2014년 9월 2일

대한민국 정부가 이 세상에 태어난 지 70년이 되어 간다. 그동안 신생국 중에서도 가장 빛나는 족적을 남겼던 정부임에도 국토분단이라는 저주에 걸려 여태껏 그 빛을 더 발하지 못한 것이 너무나 한스럽다. 그동안 나라의 주권, 영토, 국민의 반을 공산주의라는 악령에 빼앗겼다. 이것이 어찌 예사로운 일인가? 게다가 그동안 빼앗겼던 반 토막 사이비 국가의 위협 아래에서 늘 안보위기에 시달려 왔음도 남부끄러운 일이다. 그동안 미국을 비롯한 외세(外勢)의 보호와 지원에 의존하여 겨우 존속해 왔다는 점에서 대한민국은 아직도 완전한 자주(自主)국가가 되지 못하였음을 증명하는 것이 아닌가?

1. 분단국가라는 덫에서 벗어나지 못한 한국

이런 불완전 국가를 어떻게 하면 완전한 자주독립국가로 구실할 수 있도록 만들 수 있는가? 어떤 사람은 한국이 영세중립국가가 되어야만 외세의 침략에서 벗어날 수 있다고 주장한다. 그러나 영세중립국가의 지위는 누구나 원한다고 해서 마음대로 가질 수 있는 것이 아니다. 한국 국민이 아무리 중립(中立)하겠다고 외쳐도 영세중립국이라는 국제법적인 지위란 세계가 보장하는 것이어야 한다. 한국이 홀로 희망한다고 하여 지킬 수 있는 지위가 아닌 것이다.

남북한 국가와 국민들이 요행히 자주적인 통일에 합의한다고 해도 되는 문제이던가? 그동안 남한을 강제점거하여 흡수통일하고자 집요하게 공작해 온 북한정권이다. 남측이 아무리 좋은 평화통일방안을 제안하더라도 북한 공산주의자들이 바라는 것은 일방적인 공산화 통일뿐이다. 좌파들에 의한 강제 또는 무력에 의한 적화통일, 그 목적을 위해서 북한은 계속해서 주한미군 철수를 요구해 왔다.

남북한이 서로 강제 또는 흡수통일을 기도하는 상황에서 남북한의 합의통일은 생각하기 어렵다. 만일 남북한이 기어코 합의통일을 이룩하겠다면 평화통일을 보장하는 튼튼한 국제적 보증기구가 뒷받침되어야 할 것이다. 다시 말해 미국이나 중국 이외에도 보증할 수 있는 강력한 국가 집단(다자안보협력기구)이 있어야 한다는 뜻이다. 그런데 세계의 어느 나라가 남북통일의 합의통일과정을 면밀하게 지켜보며 그 결과에 대하여 책임을 지려고 하겠는가?

2. 지역공동체 창설이 남북한 평화통일의 첩경이다

이런 경우에는 어느 강대국도 크게 믿을 수 없다. 미국, 러시아, 중국의 경우 남북한의 통일문제로 손해를 볼 수 없다고 여길 것이기에 우리나라의 통일에 큰 역할을 해줄 나라가 아닌 것이다. 이런 상황에는 특정 강대국이 아닌 지역국가 전체가 단결하여 그 과정을 살피며 결과에 대해 함께 보증을 서야 한다. 남북한의 통일은 남북한 당사자들은 물론 주변국 모두가 책임을 함께하겠다고 보증을 서는 전제(前提) 하에서만 가능하다. 그동안 남북한은 양자회담, 4자회담, 6자회담 등의 대화와 합의를 모두 겪었다. 그러나 양자회담은 물론 4자회담, 6자회담 역시 남북대화나 통일합의에 아무런 효험(效驗)을 보여 준 바가 없다.

그러나 만일 아시아태평양공동체란 지역공동체가 생겨나 남북한을 그 품에 안으며 통일에 합의하며 보증을 서겠다고 공약한다면 사정이 달라진다. 그런 경우라면 그 지역공동체 국가들은 각자의 명예를 걸고 남북한의 평화통일을 촉진하며 그 결과에 책임지려고 하지 않겠는가? 특히 남북한 양국이 이 지역공동체에 정식으로 가입한 회원국이라면 국가통합은 모면할 수 없다. 이렇게 되면 남북한은 오랫동안 바라기만 하고 성취하지 못했던 통합과 통일도 피할 수 없을 것이며 이것만으로도 남북통일은 기정사실이 되는 것이 아니겠는가?

아시아태평양공동체가 설립되었을 경우에 남북한도 서로 무관심하거나 냉담할 수 없는 입장에 서게 된다. 그런 지역공동체가 생긴다면 그 회원국으로 포용되기 위해서라도 남북 간의 화해와 단결을 망치는 여러 행동들도 삼가게 될 것이다. 사실상 이보다 더 확실하게 남북한의 화해와 단결을 촉진하며 강화하는 계기와 방법이 있을 수 있겠는가?

3. 아시아태평양공동체4의 創建主役은 대한민국이다

그러면 대한민국이 아시아태평양공동체를 어떻게 만들어 낼 수 있다는 것인가? 앞에서 대한민국을 만든 힘은 긍정, 용서, 그리고 포용이라고 하지 않았던가? 이것은 북한 공산주의의 무서운 힘인 부정과 배제, 증오와 파괴의 힘과 크게 대조된다. 북한 사회는 공산주의라는 명분과 세계의 공인을 받지 못한 빗나간 도덕감정으로 가득 찬 국가사회이다.

북한의 통치 집단인 북조선노동당은 대한민국의 건국을 한사코 반대했다. 또한 1946년 9월에는 남한 정권을 무너뜨리고 그 국가조직을 대체할 목적으로 조선민주주의인민공화국이란 국가를 황급히 만들어 낸 공산 집단이다. 1950년 6월에 일어난 6 · 25 전쟁은 대한민국 정부를 무력으로 타도하고 조선민주주의인민공화국으로 통합할 목적으로 북한 공산 정권이 저지른 전쟁이었다.

북한의 공산 정권과 비교할 때 대한민국이란 나라는 어떠한 특징과 특질을 가진 국가이며 정부일까? 그 내용은 본서 제 1장에서 상세하게 설명하였다. 그 국가적인 특성과 본바탕이 어떠한 특징을 갖는가 하는 문제는 여기서 되풀이하지 않겠다. 다만 하나의 실화(實話)를 가지고 이 나라의 특성을 서술하고자 한다. 그 좋은 사례로서 필자는 동국대 경제학과 교수로 지내다가 퇴직 후 작고한 장 모 교수의 소행에 대해서 말하고자 한다.

그는 서울대 경제학부를 졸업한 한국의 제일급 마르크스 경제학자였

4 아시아태평양공동체의 약자로 '아태공동체' 혹은 '아태공'이란 명칭이 쓰일 것이며, 동아시아공동체 등의 명칭이 나오더라도 같은 의미로 사용되었으므로 독자 제현의 양해를 바란다. 한승조(2011), 《아시아태평양 공동체와 한국》, 나남, 31쪽 참조.

다. 그는 해방 후 사상적 혼란기에 공산주의사상에 심취하여 지리산을 비롯한 여러 산에서 공산당 빨치산 투쟁에 가담했다가 국군에 체포되어 몇 년의 형무소 생활을 겪은 후, 형기 만료로 석방되었다.

그 후 대학에 복직하였는데 어디서 술 한잔 하고 거나하게 취하기만 하면 자신이 빨치산 투사활동을 했을 때의 이야기를 즐겨 꺼냈으며 당시 즐겨 부르던 노래를 소리 내어 불렀다고 한다. 그 주변에 정보부 요원이나 경찰의 정보계 사람들이 없었을 리 만무하다. 그럼에도 그를 다시 잡아들이지 않았다. 북한 같으면 그는 물론 그의 말과 노래를 들었던 사람들까지 모조리 잡아 가혹한 고문 끝에 교화소로 보내 사형을 선고했을 것이다. 이것이 바로 대한민국과 조선인민공화국의 차이점인 것이다.

대한민국은 바로 용서와 포용의 공화국이다. 그에 비하면 북한은 불신과 증오, 원한(怨恨)과 보복의 해악심리로 가득 찬 공화국이다. 그 교수의 말이나 노래를 들었던 사람들은 "저 사람 또 술 취했구나!" 하며 그냥 두었지, 당신은 어디서 그런 공산군 게릴라 일당이 총 들고 싸웠을 때 하던 이야기나 노래를 하느냐고 시비를 걸거나 경찰에 신고하려고 하지 않았다. 한국 사회는 그 정도로 긍정과 선의, 포용과 용서가 넘치는 사회임을 말해 주는 것이다.

대한민국이란 나라에서는 긍정과 포용의 정신은 신불에 대한 공경과 봉사정신, 지구상의 평화와 인류의 번영에 대한 염원이나 봉사정신으로 나타난다. 한국 사람들의 이타심(利他心), 특히 홍익인간 정신은 필연적으로 세계평화를 위한 봉사정신으로 발전한다. 세계평화에 대한 바람과 봉사정신은 자연스럽게 아시아 지역에 대한 봉사 및 희사, 보시의 정신으로 구체화되는 것이 보통이다.

대한민국이 아시아태평양공동체를 만드는 일의 주역을 맡겠다고 한다면 아마도 경쟁하려는 국가는 없을 것이다. 그것이 매우 어렵고 힘든 일이며 눈에 보이는 이익이 없는 일임을 잘 알기 때문이다. 우리나라와 정부가 그런 일을 주도하겠다고 나선다 하더라도 국제사회에서 그것을 시기하며 그 봉사업무를 빼앗으려는 나라는 거의 없을 것 같다.

일은 할수록 늘어나며 힘도 돈도 한정 없이 모자란데, 개인적인 손해를 뻔히 알면서도 그런 일을 빼앗아 자신의 등에 업으려는 사람들이 어디 있겠는가? 이런 일은 보통 바보 천치들이나 종교적인 신앙을 가지고 사는 사람들이 아니면 모두 외면할 것이다. 그래서 하나님이나 부처님에게 모든 영광을 돌리려고 할 뿐 자신에게 돌아올 이익을 계산하지 않는 사람들이라야 이런 노고를 감당할 수 있다.

그래서 이러한 선행(善行)과 미담은 한국이 거의 독점하다시피 하게 된다면 한국인에 대한 이미지는 더욱 좋아질 것이고 그에 대한 감사와 존경의 표현은 시간이 흐를수록 쌓이고 깊어질 것이다. 한국 사람들은 사소한 이해타산보다는 기분 내기를 좋아한다. 그리고 성공을 하여도 하나님과 부처님께 영광을 돌리는 것에 만족하는 자세로 살아가는 사람들도 적지 않다. 아무나 할 수 없는 이런 일을 한국이 맡아서 한다면 어느 나라가 경쟁하겠다고 나서겠는가?

4. 재외동포들의 世界史적인 사명과 역할

현재 해외에 거주하는 한인(韓人)교포 수는 750만에 달한다고 한다. 이들 한인교포들은 그 마음가짐에 따라 엄청난 국가자원이 될 수 있다. 적어도 조국에 부담이 되거나 걱정거리가 되지는 말아야 한다. 여러 가지 사정으로 고국을 떠나 해외에서 살게 되면 개개인의 자질이나 능력보다는 개인의 인종이나 국가배경이 더 중요하게 작용한다. 그로 인하여 득도 보지만 손해를 보는 경우도 생긴다. 그래서 사람들이 외국에서 살게 되면 자신도 모르게 애국자가 된다고 하지 않는가?

현재 한국인의 국제적 지위는 하위에 속했던 옛날과는 많이 달라졌다. 과거처럼 무조건 괄시나 천대를 받는 위치는 이미 모면한 상태이다. 오히려 자칭 10대 경제대국에 오름을 자랑하며 선진국 대열에 끼어들 기세를 과시하는 사람도 적지 않다. 그러나 여러 가지 부면에서 세계의 강대국, 선진국 대열에 오르지 못하고 있는 것이 한국의 현실이다. 그 이유는 한민족이 아직도 정치・외교・군사인 안전보장능력, 과학기술과 철학적 사상이나 이념상의 영향력 등에서 종속적인 위치를 면하지 못하는 실정 때문이다.

최근 필자는 1994년 서울대 출판부에서 간행한 이광규 교수의《한민족의 세계사적 소명》을 읽어볼 기회가 있었다. 아시아태평양공동체의 문제에 많은 관심을 가지고 지난 15년 동안 많은 책을 읽고 글을 써왔지만, 이러한 책이 대학교양총서로 근 20년 전에 간행되었다는 사실을 모르고 있었다.

그동안 이 책이 어떤 사람들에게 얼마나 많이 읽혔는지는 알 수 없으나 그 후계자를 만나는 데 20년이 걸렸구나 하는 생각이 들었다. 이 책의 저자는 오래전부터 전 세계에 흩어져 고달픈 인생을 살고 있는 동포들이 언젠가는 한민족과 세계를 위해 엄청난 기여를 할 수 있는 자산(資産)임을 강조했다. 그동안 이 책을 읽은 독자들이 얼마나 깊은 감명을 받으며 공감을 느꼈는지 궁금해졌다. 이 책에 다음과 같은 내용들이 있어 소개하고자 한다.

… 우리 해외교포들은 전통과 문화가 다른 환경에 적응하기 위해 본국 사람들은 상상도 못하는 어려움을 경험하고 있다. 미국과 같은 자유스러운 나라, 그리고 이민으로 이루어진 나라에도 적응의 고통과 시련이 있고, 아직도 인종문제, 민족문제에 휩싸여 우리 교포들은 엉뚱한 피해를 당하고 있다.

우리는 다른 나라에 거주하는 우리 교포들의 시련이 얼마나 심한지 이제 짐작할 수 있을 것이다. 앞서 재일·재미·재소련 교포의 역사에서 본 것처럼 그들은 우리의 몇십 배의 심하고 어려운 고생을 하고 있는 것이다. … 우리 해외교포들은 우리 민족이 국제화 시대를 맞는 데 필요한 것을 준비하기 위해 모든 시련과 고통을 극복해 왔으며, 이는 국내외의 동포가 한마음으로 뭉쳐 민족의식을 갖는 순간을 학수고대했다.

또 우리 한민족이 모든 힘을 합하여 세계사에 기여하는 그 날을 위해 모범민족의 자리를 지켜왔으며, 우리 민족이 우수한 민족이고, 세계사에 기여할 자질을 충분히 갖춘 민족임을 증명하기 위해 여태껏 그 모든 어려움을 극복해 온 것이다. 우리는 모든 민족의 역량을 총동원해서 잘 사는 민족이 되어야 하고 나아가 세계사에 기여해야 하겠다.

운명의 여신은 100년 전 일본을 택해서 유색인종의 선각자 역할을 맡겼다. … 일본은 운명의 여신의 뜻을 저버리고 인류역사 발전에 역행하는 우를 범했다. … 일본이 못한 일을 우리가 하도록 운명의 여신은 우리를 선택하여 우리의 인구를 7천만으로 늘렸고, 우리 민족을 세계 여러 곳에 살게 했으며, 우리를 농업민에서 공업민으로 바꾸어 놓았다. 식민지 시대의 쓰라린 경험도, 오늘날 이처럼 심한 국제경쟁에서 뼈를 깎는 시련도 겪도록 한 것은 한민족을 더 키우기 위해서이다.

우리가 이처럼 시련을 극복하고 일본을 따라가는 것은 일본을 모방하기 위해서가 아니다. 일본이 하지 못한 일을 더 잘 수행하기 위해서이다.

우리가 선진국이 되는 것도 인류공동의 번영을 위한 것이다. …

필자는 이광규 교수와 지면이 없었으며 인사를 나눈 적도 대화나 토론을 한 일도 없다. 그럼에도 어떻게 필자와 생각이 이렇게 똑같을 수 있는지 도대체 알 수가 없다. 그의 글은 어느 특정인의 사상이 아니라 동시대를 살아온 개개인들의 생각을 초월한 하나의 민족적 시대정신으로 보아도 좋은 것이 아닐까? 그렇다면 이런 생각이나 민족사의 비전을 듣고는 공명하며 호응할 사람들이 우리 둘 외에도 수없이 많다는 것이다. 그 저자의 생각을 읽는 데 그치지 않고 실제로 세계평화운동이나 아시아태평양공동체 창설을 통해 실천에 옮기려는 사람들이 앞으로 많이 나올 것이라 예상한다.

구체적으로 아시아태평양공동체라는 단체가 생겨 이러한 세계적인 사업을 추진하려는 경우에는 정부와 국내외에서 지대한 관심과 연구 그리고 꾸준한 활동을 통해 뒷받침해 주어야 한다. 그런데 "공동책임은 무책임"(Everybody's business is no body's business) 이란 말이 있듯이 그동안 각기 고유의 업무에 매달려 있는 관계로 아시아태평양공동체의 문제에 관심을 가질 수 없었으니 협조를 할 수 있는 형편이 아니었던 것이다. 그동안 한국에서는 관(官) 이 아니면 아무 일도 하지 말라는 태도가 지배적이었다. 이것은 민주주의가 아니라 관치주의 체제임을 보여 준다. 관피아라는 말은 요즘에 와서야 들리기 시작했다. 대한민국이 관권으로 일어났으니 관으로 망한다는 말을 꼭 들어야만 하겠는가?

사람들은 누구나 정도의 차이는 있어도 '제 잘난 맛'에 산다. 설사 자신은 특별히 잘나지 않았다 하더라도 자신의 집안이나 조국은 자랑하고 싶은 것이 인지상정이다. 그러나 아직도 한국의 국위(國威) 에 대하여 큰 자랑거리가 되지 못한다는 생각에 아쉬움이 남아 있었다. 우리가 어떻게 하면 그리고 언제쯤이면 세계의 선진대열에 끼어서 세계의 정상국가와 어깨를 나란히 하며 살 수 있겠는가?

이런 문제에 대하여 필자는 가장 손쉽고 빠르며 확실한 방법으로 제언을 하고자 한다. 한국 국민과 정부가 한인교포들의 힘을 빌려 아시아태평양공동체 창립을 선도하는 데 국론(國論)을 모으고, 국내외에서 힘을 합치며 협력하는 것이다. 그 지역기구를 출범시키는 활동이 이 시점에서 가장 효과적이며 유망한 국위선양 방법일 것이며 한국이 중진국병을 치유하고 선진국 대열에 들 수 있는 방법이라 할 수 있다.

아시아태평양공동체의 창설은 지구의 동반구(東半球)에 평화와 번영을 가져올 수 있는 가장 확실한 길이다. 현재 세계의 여러 가지 국제적인 여건이나 사정을 보아서는 이런 큰일을 해낼 수 있는 적임국가는 한국뿐인 것 같다. 왜냐하면 해외에 거주하는 750만의 교민들이 마음을 모은다면 결정적인 역할과 기여를 할 수 있다고 믿기 때문이다.

그렇다면 마음을 모아 아시아태평양공동체 창건을 주도함으로써 세계평화에 기여할 수 있도록 공덕을 쌓는 활동이 한국 교민들에게 어떤 직접적인 이익과 혜택을 가져다 줄 수 있겠는가? 첫째, 교민들이 서로 화합하고 대화하는 기회를 만드는 것이 어렵지 않을 것이다. 또 교민들의 친목과 단합의 기회가 세계평화운동을 주도하게 되는 경우에 세계 여러 나라에 좋은 인상을 줄 수 있다. 뿐만 아니라 이런 역할로 인하여 국가 이미지나 민족적 자존심은 더욱 고양될 것이다. 둘째, 국제정치와 경제 및 문화를 한국인들이 더 깊이 이해하게 됨으로써 세계 지식층의 호응과 협력을 얻을 수 있을 것이다. 셋째, 한국 교민들이 세계평화에 크게 기여하게 됨으로써 한국인들의 이미지도 높아질 것이다. 한국인에 대한 세계의 인식이 좋아지면 한국인의 사회적 지위 또한 높아질 것이고 한국 제품들도 훨씬 더 많이 수출되며 한류는 더욱 활성화될 것이다.

해외에서 한국인의 위상(位相)이 높아지는 것은 단순히 한국 제품의 판매나 수출 증가만을 의미하는 것이 아니다. 젊은 세대들의 해외진출의 기회도 많아지며 한류(韓流)도 더 광범하게 활성화되어 세계로 퍼져 나갈 것이다. 한국인의 이미지와 국격(國格)이 높아질수록 대한민국 정부에 대한 인식도 좋아지며 영향력도 높아진다. 전 세계 각국 각처에서 활동하는 750만 교민들의 위상이 높아질수록 모든 분야에서 활개를 칠 수 있는 것이 아니겠는가?

최근 외교부 소속 재외동포재단의 조직활동이 활발해진 것은 다행스러운 일이다. 최근 재외동포재단은 세계한상(韓商)대회를 열어 세계 각국에서 한국의 기업인들이 모여 상호 친목과 협력에 큰 성과를 올릴 수 있었다고 한다. 또한 들리는 말에는 민주평화통일자문회의도 교포사회에 국어교육과 국사교육을 보급하는 데 좋은 성과를 올리고 있다고 한다. 이런 활동 역시 매우 중요한 일이며 반가운 소식이지만 이 시점에서 발상의 전환에 의해 한국인의 위상은 훨씬 더 높아질 수 있다. '이제는 경제보다 외교다'라는 목소리가 크게 울려 퍼지고 있다. 이런 발상을 가지고 활동할수록 한국의 영향력 증가는 더욱 박차를 가하게 된다.

그것이 무슨 말인가? 세계 각국에 거주하며 활동하는 750만 한인교포들이 민주평화통일자문회의, 재향군인회, 자유총연맹, 재외동포재단을 중심으로 단결함으로써 아시아태평양공동체운동은 더 적극적으로 활성화될 것이기 때문이다. 그 노력으로 인하여 세계평화와 번영의 전망이 더욱 밝아질 때 해외동포가 조국인 한국에 대해 큰 자부심을 느끼게 되며 세계평화에 대한 기여도 저절로 커지는 것이 아니겠는가?

물론 그동안 동아시아공동체 창설에 대한 논의는 계속 진행되어 왔다. 그러나 민간인의 활동에 의하여 아시아태평양공동체 창설의 전망이 훨씬 더 밝아지고 손쉽게 이루어질 수 있다. 현존하는 아시아태평양경제협력체를 비롯한 수많은 국제기구를 확대하고 개편하는 것은 어려운 일이 아니다. 한국 정부와 한국 국민 특히 해외 교민들의 적극적인 지원과 격려가 그 성과를 더욱 올리게 될 것이니 말이다.

▪ 요점

아시아태평양공동체를 한국이 주도해야 하는 이유는 평화통일을 이룩할 수 있는 가장 확실한 길이기 때문이다. 또한 오랜 역사를 통하여 축적된 한민족의 과거 업장을 씻어내며 미래에 받을 복(福)을 위하여 선업을 쌓는 일이기 때문이다. 우물파기가 아무리 어려워도 목마른 사람일수록 물러서지 않고 땅속 깊이 파고드는 것과 같은 이치이다.

750만 명의 재외동포들이 세계평화의 주력부대가 되어 준다면 한국인의 명예와 대한민국의 국제적 리더십은 한결 높아질 수 있다. 다만 외교부가 공로를 세우려고 교민들을 이용한다는 말은 들리지 않았으면 좋겠다.

이 사업이 추진되면 대통령과 정부의 위상은 자연스럽게 높아진다. 그러나 대통령과 정부가 서두를수록 야당과 재야 세력이 적극적으로 활동하기를 꺼릴 것이다. 국제적 협력사업이 민간주도로 진행되고 정부가 이를 뒷받침한다면 대한민국과 국민들의 위상은 무한히 높아질 수 있음을 알아야 한다.

2장

21세기 세계는 아시아태평양공동체의 목표달성에 유리한 환경을 제공한다

2013년 3월 15일

1. 古代社會로부터 계속되어 왔던 理想社會 실현의 꿈

아시아태평양공동체는 현재 우리가 추진하고자 하는 국제적 교류·협력활동의 목표이며 이상(理想)이다. 기독교인의 초기신앙과 결부시켜 본다면 하나님의 나라, 곧 천당을 지상에서 실현하고자 한 많은 노력에 비유할 수 있다. 성서에 의하면 우주를 창조하신 하나님은 우주창조의 일을 마친 후 만족하시어 그것 참 좋다고 말씀하셨다. 하늘나라의 질서가 우리의 지상세계에서 그대로 실현된 것은 아니겠지만 지상낙원의 꿈이 인류멸망과 인류 최후의 심판 후에나 가능한 것이 아니라는 생각도 해봄 직한 일이 아닌가?

무릇 사람들의 미래는 미리 장담할 일이 아니라고 한다. 그러나 우리의 꿈은 하나님의 심판으로 인류가 멸망하고 예수 부활과 재림 후에

나 기대되는 것이 아니다. 인류가 가질 수 있는 양식(良識)과 노력에 의해 적극적으로 하늘나라에 준하는 좋은 세상을 앞당길 수 있기 때문이다. 이것이 하나님의 뜻이며 우리의 소임이 아니냐는 것이다.

인류가 핵(核) 전쟁이나 기타 자연재해로 인해 멸망한다면 인류의 부활 재기(再起)는 거의 불가능할 것이다. 그러므로 많은 사람들의 노력과 협력을 통하여 평화를 유지하는 가운데 하늘나라에 버금가는 좋은 세상을 앞당기도록 노력해야 한다.

아시아태평양공동체의 미래비전은 동양사상, 그중에서도 특히 불교인 사이에서 계속 간직되어 온 꿈이며 미래상이었다. 사람들이 모두 근심 걱정 없이 즐겁게 지내며 국가 간의 전쟁도 없이 평화롭게 화해·공존·협력하며 지낼 수 있는 좋은 세계, 행복한 사회가 바로 모든 사람들이 희원하던 불국정토(佛國淨土)이며 불교적인 이상세계(理想世界)인 극락(極樂) 세계가 아니었던가?

이러한 이상사회나 바람직한 복지국가는 인류의 꾸준한 연구와 노력 그리고 투쟁으로 진화한 것이며 어느 날 갑자기 출현했다가 사라지는 것이 아니다. 한국의 주변 환경은 조화로워야 하며 주변국과의 불화와 갈등으로 긴장이 고조된 상태에서 한국 혼자만 안정되고 평화로운 사회를 기대할 수는 없다. 우리가 그동안 아시아태평양공동체의 비전과 구상(構想)을 만들고 다듬어 온 것도 국제적 갈등이나 전쟁에서 벗어날 수 있는 평화사회의 제도적인 장치를 만들어야겠다는 사람들의 바람과 노력 그리고 정진에 의한 결과이다. 그러나 이런 바람이 과연 실현될 수 있는가 하는 의문도 만만찮다. 왜냐하면 세상일은 사람들이 원하는 대로 되어 가는 것이 아니며, 그 반대방향으로 가는 경우 또한 많기 때문이다.

이러한 인간사회나 국가관계에도 만인(萬人)에 대한 만인의 투쟁이 벌어지던 원시적인 자연상태(自然狀態)가 있었다. 또 수많은 민족국가들이 생겨나 약육강식이 보편화되었던 시기도 있었다. 특히 18~19세기의 세계가 이런 시기였다고 말할 수 있다. 그러나 UN 기구가 출현한 20세기 후반부터는 국제사회의 규범이 생겨나 과거와 같은 무법적 혼란상태가 허용되지 않게 되었다. 그동안의 인류사회는 장기간에 걸쳐 진화와 발전을 거듭해 온 결과물이다. 그리고 앞으로 과거에는 기대할 수 없었던 성장과 발전이 기대되고 있다. 아시아태평양공동체에 대한 연구와 논의가 활발해지고 있는 것 역시 이러한 시대사회의 발전을 반영한 현상이라고 보아야 할 일이다.

2. 21세기 세계와 理想社會 건설노력은 계속 강화되어야

현재는 민족주의의 극단화된 형태인 제국주의도 민족주의와 함께 퇴조기에 들어섰다. 그에 따라 지역화의 추세가 고개를 들게 된 것인데, 유럽의 EU와 북중부 아메리카의 NAFTA에 이어 동아시아에서도 동아시아공동체 비전이 논의되기 시작하였다. 오늘에 와서도 그 논의와 노력은 계속되고 있다. 다만 미국과 중국, 일본과 러시아 등 세계 4강이 대치하고 있으며 남북한이 대립하는 동아시아 지역에서 이 지역의 여러 복합국가기구가 국가 간의 합의에 의하여 출현하기는 매우 어려운 것이 현실이다.

이런 상황에서 민족주의와 제국주의의 혼전상태가 완화되어 이러한 질곡에서 벗어나려면 어떻게 해야겠는가? 이러한 국가 간의 갈등 속에서 공식적인 국가기구를 통한 국제적인 합의나 협약은 매우 어려울 것이다. 그래서 국가 간의 교류 협력이나 지역공동체 창설의 노력도 비정부단체(NGO)나 비영리민간단체(NPO) 수준에서 추진하는 수밖에 없다. 초기에는 그것이 제한된 범위 내에서 효과를 발휘하다가 여건이 좋아지면서 관민협동기구로 발전하게 된다. 거번먼트(*government*) 수준은 아니라도 거버넌스(*governance*) 차원에서 국제적인 교류 협력이 확대되어 갈 수 있는데, 이것을 지역공동체운동의 트랙 II 접근법이라 한다.

또 아시아태평양공동체가 설립되려면 그 중심적인 역할을 할 수 있는 나라는 중국, 일본, 그리고 한국일 것 같다. 이 중에서 중국이 주도권을 갖게 된다면 이에 긴장하고 불안해할 나라들이 많을 것이다. 일본은 이미 제2차 세계대전 중에 대동아공영권(大東亞共榮圈)이라는 지역기구를 시도한 바가 있다. 그래서 일본을 믿고 따라나서는 나라가 많지 않을 것이다. 그러니 3국 중에서 대한민국이야말로 이런 과업을 주도하는 데 적합할 것 같다.

그러나 대한민국 정부도 이웃 나라 정부에 이래라저래라 그 추종을 지시하거나 협조를 강요할 처지에 있지는 않다. 그렇지만 한국인이 많은 비영리민간단체나 비정부단체 관련 시민운동기구들이 나서서 국제적 시민운동과 연계하여 추세를 확산한다면 한국인 주도의 제안에 따라 동조할 세계인들은 얼마든지 많아질 것이다.

3. 아시아태평양공동체 국제시민운동이 추진동력을 얻으려면

한국인이 아태공(亞太共) 시민운동을 주도한다는 전제하에 다음과 같은 추진동력과 필수적인 요인들은 우선적으로 재점검되어야 하며 정리되어야 한다. 그러한 작업에 앞서 우선 아시아태평양지역'공동체'라는 말의 뜻부터 밝혀야 한다. 여기서 사용하는 공동체(共同體) 라는 말은 영어로는 커뮤니티(*community*) 라고 하지만 그 원의(原義) 는 공동사회, 독일어의 게마인샤프트(*Gemeinschaft*) 에서 연유했다. 이 말은 이익사회, 게젤샤프트(*Gesellschaft*) 란 말과 대조된다. 게젤샤프트와 구별이 되는 공동체는 정신적 · 도덕적 · 운명적 공동체란 뜻을 내포한다. 이 말이 이익사회란 말과 엄격히 구별되어야 함에도 불구하고 커뮤니티란 말은 일상적으로 너무 자주 사용되는 바람에 그 의미가 희석화되어 모호해진 면이 없지 않다. 그러나 그 말의 원의, 즉 그 뜻을 중요시한다는 뜻에서 아시아태평양공동체는 본질적으로 다음과 같은 특징으로 예견될 수 있다.

첫째, 아시아태평양공동체시민운동은 기독교의 성도(聖徒) 나 신사도(紳使徒) 정신, 불교의 보살도정신이 밑받침됨이 바람직하다. 그리고 국제적인 교류 · 협력사업으로 추진되어야 한다. 물론 모든 참여자들이 기독교나 불교신자이어야 하는 것은 아니다. 다만 그 모임의 지도층의 정신상태가 숭고한 경천애인(敬天愛人) 적 자세나 보살도정신 및 경건한 이타주의에 기초해야 바람직하다.

둘째, 세계평화를 다지기 위해서도 국가 간, 지역 간에 화해와 협력을 증진하는 제반조치가 강구되어야 한다. 이를 위해서는 국가 간의 인적·물적 교류 협력사업은 홍익인간의 정신에 따라 추진되어야 한다. 공동체 지역 내부에서 비교적 낙후된 나라나 그 주민들이 경제발전부터 촉진할 수 있도록 배려해야 한다. 따라서 OECD 자금이나 KOICA 자금 같은 대외원조자금이 상대적으로 낙후된 지역사회에 우선적으로 할당되어야 하며 이러한 활동은 앞으로 한중일 3국의 대표자들의 협의하에 추진되어야 할 것이다.

셋째, 이웃 나라 상호 간의 오해나 잘못된 인식을 시정하며 오해된 부분을 감소하려면 우선 아시아태평양공동체의 중심이 되어야 할 한중일 3국이 상호 협의하며 서로를 도울 수 있어야 한다. 한중일 3국은 그동안 서로 간에 오래되고 적지 않은 갈등관계를 유지해 왔다. 그리고 과거의 원한관계로 인하여 서로 나쁜 이미지를 쌓고 살아왔다. 이제 그런 이미지나 오해를 깨끗이 씻어내야 한다. 그러자면 오랜 악연으로 인한 오해나 비난의 유래부터 철저히 연구해야 하며 서로의 잘못을 이해하는 한편, 잘못 알려진 역사적 사실을 시정하는 데 주력해야 한다. 근거가 불확실한 오해나 비난, 비판을 불식하는 것도 중요하다. 이를 위해 공개적인 책자나 영상물 제작 및 보급도 필요할 것이다.

넷째, 아시아태평양공동체의 회원국과 그 국민들은 자신들의 내면적 정화(淨化)와 과오(過誤) 교정의 활동을 권장하며 촉진해야 한다. 인간은 본시 매우 존귀(尊貴)한 존재이며 신적(神的)인 자질을 간직하고 있지만 한편에는 탐욕스럽고 위선적이며 교활하고 사악한 면도 없지 않다. 거짓이나 불량이 남아 있는 상태에서 정신·도덕·운명공동체가 견고하게 유지될 수는 없을 것이다.

다섯째, 지역 내 국민들의 자질향상과 정치문화의 고양을 위한 프로그램도 개발하며 개선을 위해 일상적으로 꾸준히 노력해야 한다. 아시아태평양공동체의 주민들은 아마도 문맹(文盲)부터 퇴치해야 할 것이며 이런 사회교육은 정신도덕교육으로 상승 발전하여야 할 것이다. 아시아태평양공동체는 정화되고 격상된 인간들에 의하여 유지되고 상승, 확대되는 정신적・도덕적 공동체라는 점에서 국가 간의 공식기구가 합의하여 추진하는 트랙 I 접근법(Track I approach)이 작동하더라도 국제적 시민운동이라는 트랙 II 접근법(Track II approach)도 변함없이 가동하여 트랙 I 접근법을 밑받침해 지도해 나갈 수 있도록 노력해야 할 것이다.

▪ 요점

이상사회의 건설은 과거에는 한중일 3국의 공동목표가 될 수 없었다. 그 이유는 과거 중국은 우리나라 조상들이 떠받들고 신종(臣從)하던 상위국가였기 때문이다. 또한 일본은 한국인을 무력으로 제압하며 지배한 지배국가였다. 하위신종국가나 피지배국가가 어떻게 상위국가와 대등한 위치에서 이상사회 건설을 논할 수 있었겠는가?

그러나 지금은 상황이 다르다. 현재 한국은 중국과 일본에게 종속된 피지배국가가 아니다. 오히려 피차 얼굴을 붉으락푸르락하며 싸우는 중국과 일본을 달래 주며 우리가 원하는 평화의 방향으로 설득하고 유도할 수 있는 위치에 있다.

외관상으로 볼 때 대한민국은 중국과 똑같은 동(東)아시아의 독립국가이다. 또 중국, 일본과 대등한 위치에서 대화하고 거래할 수 있는 위치로 올라서 있다. 한국은 일본만큼 부유하지는 않아도 중국보다 훨씬 먼저 현대화되었으며 한중관계는 현재 형제국가라고 해도 좋을 만큼 점점 가까워지고 있다.

사람과 사회는 방치하면 나빠지기 쉽다. 사람과 사회가 악화되고 위험해지는 것을 방지하려면 좋은 사회, 이상사회를 만드는 데 합의하고 협력하는 활동을 시작하는 것이 상책이다. 평화세계를 만들기 위해서는 아시아 지역공동체 건설을 시작해야 하는데, 이는 한국이 단독으로 착수할 수 없으므로 한중일 3국의 합의와 협력을 통해 이루어지는 것이 매우 중요하다. 다만 이런 일을 한국이 먼저 주도해 보자는 것이다.

3장

아시아태평양공동체 창설의 선언기회는 러시아에게 양보할 수도

2015년 2월 20일

필자는 아시아태평양공동체를 창설하는 데 있어 러시아를 이 지역공동체를 준비하는 데 지도적 역할을 담당하도록 권유해야 한다고 생각해왔다. 그 이유는 무엇인가?

첫째, 러시아는 한반도의 분열과 대립의 원인을 제공한 나라이다. 그러므로 그에 대하여 최소한의 도덕적 책임을 져야 하는 처지이다. 물론 한반도의 분단책임을 러시아 혼자 져야 하는 것은 아니다. 왜냐하면 미국 역시 공범자이기 때문이다. 그러나 북한이라는 분단국가를 창건하는 데 주역을 담당한 것이 러시아였다. 그러므로 한반도 통일에 크게 기여하게 될 지역공동체를 만드는 데 그 도덕적 책임을 수행할 의무를 져야하는 것이 아닌가 하는 것이다.

둘째, 아시아태평양공동체를 창건하는 데 있어 러시아는 어느 정도 넓이의 국토를 제공하는 의무를 수행해야 할 것 같다. 러시아 외에 그

만한 토지를 가진 나라가 없으니 이런 일을 담당할 국가는 러시아밖에 없다. 이러한 조치는 장차 러시아 경제성장에 크게 기여할 것이므로 경제를 살리는 계기도 될 것이다. 그러므로 러시아는 이를 크게 환영할 것이라는 생각이 든다. 러시아의 기여는 이 지역공동체의 성공에도 결정적인 역할을 하게 될 것이다.

셋째, 러시아는 왕년에는 러시아 정교회의 본국으로 인류의 구원에 결정적인 역할을 할 나라로 자처해 왔다. 아시아태평양공동체의 창설은 이러한 러시아 민족의 전통적인 신앙생활과 밀접한 관련성을 가지고 있으며, 그에 적합한 국제기구를 만드는 것도 러시아인들의 전통적 신앙의 계승일 뿐만 아니라 러시아 민족의 세계평화에 대한 기여를 통해 상처 입은 국가권위를 치유하고 회복하는 계기도 될 것이다.

위에서 말한 세 가지 이유 때문에 러시아는 앞으로 생길 아시아태평양공동체를 창건할 국제적 의무를 지게 되며 또 그런 국제사업을 주도하고 선언할 도의적·정치적 의무도 져야 한다는 것이 필자의 소견이다. 필자는 이런 문제와 관련하여 러시아 푸틴 대통령에게 편지를 써서 설득하고자 생각 중이다.

1. 《카라마조프네 형제들》에 암시된 러시아 민족의 운명

필자는 어렸을 때 읽은 도스토예프스키의 《카라마조프네 형제들》을 상기해 본다. 이 소설은 세계적인 명작으로 그 내용을 살펴보면 러시아 민족의 운명을 암시한 책이라는 느낌을 갖게 된다.

필자가 20대 시절에 읽었던지라 그 내용을 정확하게 기억하고 있는

지 의심이 되기도 하지만 왜 그렇게 생각하는지 내용을 회상해 보겠다.

《카라마조프네 형제들》에는 세 아들이 등장한다. 장남 드미트리 카라마조프, 차남 이반 카라마조프, 삼남 알렉세이 카라마조프의 이야기를 엮은 작품이다.

장남 드미트리는 매우 남자답고 정열적인 나머지 난폭하며 주색에 빠지는 등 일을 크게 저지르는 성격이다. 차남인 이반은 머리가 매우 좋은 대신 차갑고 이념성향이 강한 나머지 사회개조에 뜻을 가지며 늘 긴장 속에서 머리를 쓰며 활동하는 혁명가 타입의 성격을 지녔다. 그런데 삼남 알렉세이는 성품이 매우 착하고 러시아의 그리스 정교 신앙에 깊이 빠져 인류구원의 사명을 지니고 사는 성인(聖人) 유형의 젊고 모범적인 신앙인이다.

그러고 보면 장남은 제정러시아 시대의 전형적 러시아인을 대표한다. 차남은 공산주의시대, 러시아혁명시대, 소비에트 정권을 지배했던 공산당원 유형의 지식인이다. 반면 삼남 알렉세이 카라마조프는 21세기 러시아의 기독교 신앙인을 상징하는, 매우 숭고한 목적을 가슴에 품고 사는 선량하며 모범적인 젊은이이다. 이런 역사적 의미를 지닌 소설을 19세기 후반 제정러시아 시대에 도스토예프스키가 쓴 것을 보면 그 작가는 보통 이상의 역사적 혜안을 가진 지성인이었음이 틀림없다.

자고로 러시아인들은 자민족이 옛날부터 세계평화와 인류개조의 역사적 사명을 가지고 살아온 이상주의적 성향의 민족이었다고 생각하는 것 같다. 그래서 전통적인 신앙으로 하나님을 섬기며 살아온 민족이었다고 말해도 되는 것이 아닌가? 그렇게 인류의 이상을 가슴에 품고 살아온 민족이기에 한때의 잘못된 사상으로 공산주의의 모국 노릇을 했던 것이 아닌가 하는 생각도 하게 된다. 그러다가 마르크스-레닌주의가 자기들의 이상이 아니었음을 깨닫고는 아무런 미련 없이 마르크스-레닌주의를 버렸지만 그로 인하여 요즘 같은 혼란 속에서 어려운 삶을 이어가고 있는 것은 아닌가 하는 생각을 해본다.

2. 소련 붕괴 후 러시아의 회복을 도모하는 푸틴 대통령의 정치적 선택

소련은 1989년까지만 해도 소비에트연방이란 이름으로 세계를 주름잡은 초강대국 중 하나였다. 그러한 나라가 갑자기 해체되더니 오늘의 러시아로 오그라들었지만 오늘의 러시아는 여전히 큰 나라이다.

소련이 해체된 후 러시아는 미련한 곰의 본모습으로 돌아왔다. 덩치만 크고 미련한 곰이 강대국, 선진국 자리에서 갑자기 굴러떨어졌으니 나라꼴이 엉망이 되어 사방에 '못난 꼴'을 보인 것이다. 과거 소련의 비밀경찰 간부였던 푸틴 대통령이 나서서 러시아를 다시 강대국 자리로 끌어올리기 위해 무진 애를 쓰고 있음을 볼 수가 있다.

우선 러시아의 무너진 경제부터 살리기 위해 백방으로 애를 쓰고 있지만 경제전문가도 아닌 그에게 무슨 뾰족한 수가 있겠는가? 러시아는 군사과학기술 수준은 1등급이지만 일상생활의 과학기술은 여전히 후진국 수준에 머물러 있어 나라의 경제를 밑받침하지 못하는 실정이다. 당국의 전문인력마저도 정부로부터 제대로 월급을 받지 못해 해외에 나가 밥벌이를 해야 할 처지였기에, 아마도 핵무기 기술자들은 북한이나 기타 국가로 나가 핵무기 개발을 도와준 것이며, 대륙간탄도미사일 기술자는 한국 정부의 부탁을 받아 한국의 인공위성 개발을 도운 것으로 모두가 알고 있다.

소련이 해체된 후 과거의 지분국들은 각기 독립하였지만 살길이 어렵고 막막하기는 매한가지였을 것이다. 지분국의 독립 중 소련이 가장 아쉬웠던 것은 아마도 우크라이나의 독립이었을 것 같다. 우크라이나는 곡창지대일 뿐만 아니라 석유매장량이 많아 러시아에게는 놓아 버리기가 매우 어려운 곳이었을 것이다. 그래서 우크라이나의 독립성 유지를 방해하기 위하여 무력분규를 부채질했는데, 이로 인하여 미국과 EU로부터 외교상의 큰 압력을 받아 허덕이고 있다.

현재 러시아의 경제성장은 풍부한 석유와 가스연료의 해외수출에 온전히 의존해야만 하는 처지이다. 따라서 시베리아의 철도와 송유관 설치를 확대해야 하는데 자금이 부족하다. 그래서 아시아의 강국인 중국과 한국의 도움을 받고자 머리를 쓰고 있는 듯 보인다. 중국은 이미 러시아의 제안을 받아들여 러시아에게 거액의 출자를 약속한 것으로 알고 있다.

또 한편으로 한국은 러시아, 중국과 합자로 두만강유역개발 제안을 검토 중인 것으로 알고 있다. 들리는 말에 의하면 러시아 정부는 이 문제를 포함하여 한국의 박근혜 대통령과 북한의 김정은 제 1위원장을 러시아로 초청한 것으로 알고 있다. 그 결과는 미지수이지만 쉽게 풀리기는 어려울 것이다. 한국 정부가 이런 일에 머리를 써야 할 처지이므로 아시아태평양공동체 창건 준비는 잠시 러시아에게 맡겨 두는 것도 좋은 일이 아닌가?

3. 아시아태평양공동체의 선언

아마도 모스크바에서 열릴 아시아 국가의 정상회의에서 박근혜 대통령과 김정은 제1위원장의 만남이 이루어질 것인지는 알 수 없는 일이나 필자는 이 기회에 러시아 푸틴 대통령의 아시아태평양공동체 제안이 이루어지기를 바라는 바이다. 아시다시피 아시아태평양공동체 창립을 위한 제안은 이미 여러 번 이루어진 바 있다. 2001년 김대중 대통령이 ASEAN+3 회의에서 제일 먼저 공표한 바 있다. 2005년에는 노무현 대통령이 동아시아정상회의(EAS)에서 다시 발언하였다. 2008년에는 오스트레일리아 케빈 러드(Kevin Rudd) 총리가 아시아학회(Asia Society)에서 아시아태평양공동체의 창설을 제안하였다. 그리고 2009년에는 일본 하토야마(鳩山) 총리가 동아시아공동체안을 구체적으로 제안하였다.

그러므로 이번에 푸틴 대통령이 아시아태평양공동체 설립을 제안한다면 다섯 번째 제안이 되는 격이다. 아시아태평양공동체 창설을 러시아가 하더라도 그 일을 추진하고 성사시키는 것은 한중일 3국이다. 3국 간의 화해와 협력이 동아시아의 평화와 번영을 주도해 나갈 것이며 그 주역들 중 진짜 주역은 대한민국임을 알고 있어야 한다.

4. 주한러시아연방공화국 대사에게 보내는 편지

저는 고려대학교 명예교수 한승조입니다. 작년에도 러시아 정부의 정책문제로 편지를 보낸 적이 있는데 혹시 기억하실는지요? 이번에도 러시아 대사님께 큰 정책 제안을 하는 것이오니 귀담아들어 보시고 검토하신 후, 이러한 정책구상이 러시아연방공화국에도 큰 이익이 된다고 판단하신다면 푸틴 대통령에게 저의 소견과 정책건의를 전달해 주시기를 바랍니다.

저는 미국 캘리포니아주립대 버클리캠퍼스에서 정치학 박사학위를 받고 전후 30여 년 동안 고려대학교 정외과 교수를 지내다가 오래전에 정년퇴임을 한 사람입니다. 다만 러시아정치를 전공한 사람이 아니기에 귀국의 국내사정에 매우 제한된 지식밖에 없지만 본인이 소망하는 아시아태평양공동체의 설립과 발전을 위하여 러시아연방이 매우 적합한 국가이며, 동아시아의 지역공동체를 설립하고 발전시키는 데 매우 중요한 역할을 할 수 있다고 믿어지기에 편지를 보냅니다.

러시아 푸틴 대통령께서 국제회의석상에서 아시아태평양공동체의 설립을 주장하신다면 그는 동아시아의 지역공동체를 국제회의석상에서 제안하는 다섯 번째 국가원수가 되는 것입니다. 첫 번째 제안자는 한국의 김대중 대통령(2001년), 두 번째 제안자는 한국의 노무현 대통령(2005년), 세 번째 제안자는 오스트레일리아 케빈 러드 총리(2008년), 네 번째 제안자는 일본의 하토야마 총리(2009년) 였지요. 러시아의 푸틴 대통령도 저의 구상을 충분히 검토하신 후에 어떤 국제회의장에서든 제안해 주실 것을 권고해 드리는 바입니다.

러시아의 푸틴 대통령께서 동아시아 지역공동체 제안을 하는 다섯 번째 대통령이 되어서 안 된다는 법이 있겠습니까? 또한 이번 러시아연방 정부의 제안이 그 전 다른 국가원수들의 제안과 다른 점은 러시아가 처음으로 아시아태평양공동체라는 국제기구의 부지로 50에이커 정도의 넓이를 제공하면서 제안하신다는 점일 것입니다.

물론 아시아에 지역공동체가 설립되는 경우에 이를 위한 부지는 아시아태평양 국가 중 여러 곳에서 만들어질 것이지만 다른 나라에는 러시아처럼 광활한 면적의 부지를 제공하는 나라가 없을 것 같습니다. 물론 러시아의 그 넓은 국토는 무료가 아니라 기한부 임대로 제공하는 것으로 처음 50년 내지 100년은 무상으로 제공하는 것이 외국인 투자의 큰 유인이 될 수 있을 것 같습니다. 그 부지 근처에 신도시나 산업시설, 또는 농장들이 들어서면 그 땅의 가치는 더 높아지는 것이 아닙니까?

그 넓은 국토에 건설되는 신도시, 산업지구, 농장, 비행장 등의 교통시설들이 러시아 정부의 직접투자가 없음에도 마구 들어설 것이니 러시아의 성장 발전은 저절로 촉진되는 결과를 가져올 것입니다. 이 새로운 지역공동체를 창설하는 회의에는 각국의 정부대표만이 아니라 기업 대표들이나 민간단체에서도 참석할 수 있도록 조치하시면 지역공동체 설립은 훨씬 빨라질 것입니다.

참고로 말씀드리고자 하는 것은 이런 제안은 곧 간행될 저의 신간 저서인《대한민국의 正體性과 價値》의 일부이나, 러시아 정부는 저의 저술에 구애받지 말고 자유롭게 추진하실 것을 제안 드립니다.

▪ 요점

아시아태평양공동체 설립은 한국이 러시아의 도움을 얻어 할 수도 있고, 러시아와 한국이 공동으로 추진할 수도 있다. 러시아는 기존의 미움을 받는 역할에서 벗어나 존경과 사랑을 받는 역할로 전환할 수 있게 되니 얼마나 기쁘겠는가?

러시아의 광활한 토지는 농장·공장부지로 주로 쓰이는데, 치외법권 지역이 될 수도 있다. 주변에 빌딩을 지어 아시아태평양공동체 본부와 다국적 기업체가 들어올 수 있도록 하여 국제도시지역이 되도록 건설하는 조치가 바람직하다.

이러한 치외법권 지역을 설치함으로써 러시아는 잃는 것보다 얻는 것이 훨씬 많아질 것이고, 어쩌면 러시아의 성장 발전 동력 역할을 할 수도 있지 않겠는가?

4장

아시아태평양공동체시민운동, 누가 어디서 시작할 수 있는가?

2012년 9월 30일

1. 동아시아 지역공동체 논의가 활발해지다 중단된 이유

역사적으로 볼 때 19~20세기는 민족주의가 기승을 부린 시기였다. 강대국은 모두 군사력, 경제력을 증강시켜 국가이익을 최대화하고자 국력팽창을 위한 영토확장에 혈안이 되어 있었다. 그 결과로 약소국들은 강대국에 의해 침략을 당하고 억압당했다.

그러나 20세기에 와서는 사정이 달라졌다. 제 1, 2차 세계대전 후 강대국들은 무력팽창과 타국에 대한 억압착취를 자제하면서 지역평화에 유념하게 되었다. 오히려 주변국들의 성장 발전을 도와 자국의 이익을 최대화하려는 방향으로 변하기 시작한 것이다. 그 과정에서 주변국과 지역공동체를 형성하려는 구상과 노력이 현저해 가는 추세이다. 시대가 달라졌기 때문이다.

2001년 김대중 대통령은 동아시아공동체안을 ASEAN+3 국제회의석상에 정식으로 제안하였다. 이어서 2005년 노무현 대통령은 동아시아의 원탁회의에서 다시 제안을 하였으나 미국을 비롯한 초강대국회의는 이러한 제안에 적극성을 보이지 않았다. 마음의 준비가 아직 되지 않았기 때문이었다.[5]

2008년에는 오스트레일리아 케빈 러드 총리가 아시아태평양공동체를 제안하고 나섰다. 그러나 한국과 일본 측은 그에 대하여 아무런 반응을 보이지 않았다. 그것은 아마도 중국을 의식하였기 때문인지도 모른다. 2009년 일본의 하토야마 총리가 동아시아공동체안을 다시 제안하고 나섰는데 중국과 한국은 그 제안에 적극적으로 호응하는 시늉을 보였다. 그러나 중국과 일본의 영토분쟁이 다시 붉어져 지역공동체 논의는 가시적인 진전을 이루지 못한 것이다.[6]

이와 같이 민족국가를 초월하여 전쟁방지와 평화유지를 위한 국제기구를 만들어야 한다는 주장은 18세기 말과 19세기 초 나폴레옹전쟁을 겪은 독일에서 나온 것이다. 독일 철학자 칸트(Immanuel Kant)의 《영구평화론》(*Zum ewigen Frieden*)을 통하여 발표된 사상이 200년 후 실천의 단계로 옮겨졌음에 우리는 주목해야 한다.[7]

---

5 한승조(2011), 《아시아태평양 공동체와 한국》, 나남, 21, 250쪽.

6 한승조(2011), 앞의 책, 22, 250~251쪽.

7 박봉현(2004), 《칸트와 동북아시아 평화》, 오름.

2. 아시아태평양공동체의 창설은 민간기구가 대행할 수도

전통적으로 아시아 대륙의 패권자(覇權者)로 군림해 온 중국은 과거의 패권의식에서 벗어나지 못하고 있다. 중국은 현재 미국을 대신하여 세계의 유일한 초강대국이 될 것이라는 꿈에 부풀어 있다. 그래서 세계 최강국인 중국이 그들의 마음대로 세상을 지배하려는 야망을 억지하지 못하여 여러 가지 국제정치상의 마찰을 일으키고 있다.

중국이 세계 최강의 군사력과 경제력을 가지고 세계를 좌지우지할 수 있다면 팍스 시니카(*Pax Sinica*, 중국의 주권에 의한 평화)로 국가 간 합의에 의한 지역공동체의 창설은 불필요하다. 현재 세계 약 200여 개 국가의 합의로써 세계정부가 만들어지기도 어려운 일이다. 그러나 세계평화의 유지와 경영은 필요하며 또 중요하다.

현재와 같이 국가 간 합의로써 국제적인 권력기구가 만들어지기 어려운 상황이라면 비정부기구가 그 역할을 대신하는 수밖에 없다. 국가권력기구를 대신하여 비정부기구는 어떠한 동기와 경로를 통해 만들어지는 것인가? 과거에는 그런 대응조치가 불가능했지만 현대사회에서는 그것이 가능할 뿐만 아니라 국가권력이 강력하게 제지하지 않으면 얼마든지 대체 가능하다고 믿어진다.

현대 민주주의 사회에서는 국가권력이 시민들의 합의를 무시하고 그 절대성을 내세울 수 없다. 현대사회에서는 오히려 국가권력이 시민단체들로 구성되는 준국가기구에 의존해야 하며 국가기능을 대행케 하는 경향이 증가하고 있다. 이제는 비정부기구가 정부 못지않은 중요한 기능을 수행하는 시대로 바뀌어 가고 있는 것이다. 사람이 있어야 정부가 있는 것이지 정부가 있어 사람이 생긴 것은 아니지 않는가?

더 구체적으로 말한다면 국가권력도 개인의 자유와 인권을 명시한 헌법규정에 구속받는다. 입법과 행정기능도 국회의 의결에 의하여 비정부기관으로 위양될 수 있다. 국가권력기구가 하지 못하는 업무들을 지방자치단체나 비정부기구가 얼마든지 대행할 수 있다. 이것은 이미 저지할 수 없는 사회변화의 현상인 것이다.

아시아태평양공동체는 이 지역의 여러 나라와 국민들의 국제적 협의기구이다. 국가권력기구와 그 대표자들이 모여 국가 간 교류 협력에 합의하지 않더라도 민간단체 대표들이 국제적 회합을 열어 합의한다면 어떤 일이라도 해결할 수 있다. 오히려 정부의 대표자들은 민간단체의 임원들이 교류나 교역증대를 함으로써 실익을 거둘 수만 있다면 그들의 활동을 부추기며 자신들의 업무마저 대행(代行)하게 하는 경우가 증가하고 있다. 이러한 것을 관민협동기구(*governance*)라고 하는데 이것이 우리 시대의 추세임이 틀림없다.

현재 한국은 OECD 기구에 가입함으로써 연간 수백억 원의 해외원조를 제공하고 있다. 외교통상부는 외교활동의 방향과 예산만 책정할 뿐 실제적인 원조나 지원활동은 대부분 한국국제협력단(KOICA), 새마을운동본부나 월드투게더와 같은 민간단체에 위촉하여 업무를 대행하고 있다.

최근 한일관계는 독도 문제로 인하여 급격히 악화되고 있다. 우리는 국제문제를 연구할 때에 이를 시간적·공간적·정책효과적 차원으로 나누어 볼 수 있다. 첫째, 한일관계를 미래지향적으로 보느냐 과거지향적으로 보느냐 하는 것이다. 일본은 한일관계를 미래지향적으로 보기를 원하는 데 비해 한국은 과거사부터 정리할 것을 요구한다. 한국이 과거지향성을 유지하겠다는 것은 갈등관계를 좀더 지속하겠다는 의사 표시임을 알아야 한다.

둘째, 공간적 차원에서 일본은 한국과 긴밀하게 협력하려는 자세를 보였음에도 한국 정부의 태도는 일본의 침략행위를 경계하는 모양이다. 한일 양국의 관계는 너무 멀지도 가깝지도 않아야 한다.

셋째, 정책효과적 차원에서는 긍정적 차원이냐 부정적 차원이냐 하는 문제에서 한국은 완전한 긍정도 부정도 아닌 양수겸장의 태도를 유지하려는 것을 보면 아직도 일본에 대한 미련이나 앙금이 풀리지 않았음을 알 수 있다. 못난 사람들의 소견인 것 같아 그런 광경을 보는 마음이 편치 않다.

아시아태평양공동체는 한중일 3국의 긴밀한 협력을 전제로 성립할 수 있다. 한국의 입장이 이렇게 비우호적으로 나간다면 아시아태평양공동체의 전망은 비관적일 수밖에 없다. 특히 일본마저 '그래. 우리는 늘 서로 따로 놀지 않았느냐. 앞으로도 그렇게 지내자'라는 식의 냉담한 태도로 돌아간다면 지역공동체의 출현은 끝난 일이다.

결론적으로 한일 양국은 과거문제를 깨끗이 폐기하면서까지 미래문제로 달려들지 않을 것이다. 이처럼 한일 양국이 계속해서 협력관계로 접근하기보다는 자국의 이익만 챙기려 한다면 아시아태평양공동체는 물론 동아시아의 평화(平和)가 깨지는 것도 시간문제일 것이다.

1) 韓日관계의 특수성

차제에 한일관계의 역사를 되돌아보면 양국관계가 어려울 수밖에 없는 원인을 보다 깊이 이해할 필요가 있다. 한일관계는 본래 동조동근(同

祖同根)의 관계였다. 일본은 본래 한반도(韓半島)를 거쳐 들어간 도래인(渡來人)들이 주종(主種)을 이루며 지배한 나라이다. 그런데 왜 한일 간에는 동족의식이나 친근감은 전혀 찾아볼 수 없고 경쟁심과 질투심만이 두드러져 보이는 것인가?

그것은 도래인들 대부분이 한반도 생활에서 푸대접을 받고 밀려나거나 억울한 꼴을 당해 서자(庶子) 취급을 받아온 데 대한 분한 마음을 가슴에 담은 채 일본으로 탈출한 사람들이기 때문이다. 그래서 일본인들은 자신들이 떠나온 본국(本國)에 대한 시기, 경쟁, 보복, 그리고 가슴 한구석에 남은 그리움과 애환 등의 미련을 가지고 있다. 일본은 한반도에 대하여 왜구(倭寇)의 노략질로 계속 괴롭혔으면서도 백제가 멸망할 무렵에는 1천여 척의 배에 수천 명의 지원군을 보내 백제를 도우려 했다가 전멸당하기도 하였다.

19세기에 와서 일본은 구미열강의 압력에 굴하여 근대화・서구화 개혁에 앞장섰다. 그리고 근대화 개혁을 통하여 아시아 유일의 강대국으로 발돋움할 수 있었다. 일본은 좁은 국토와 1억 미만의 인구를 가지고 서구 열강과 싸우는 것은 승산이 없다고 판단하였다. 그래서 한반도를 일본국토로 병탄, 흡수하기 위해 강제력으로 한반도를 합방한 것이다. 이것은 한국의 과오이며 일본의 죄업(罪業)이 되었다.

게다가 일본 제국주의는 주변국을 침략하거나 합방하는 데 있어서 큰 죄책감을 갖지 않았다. 그 이유 중 하나는 일본은 자국의 이익을 위해 주변국을 침략한 것이 아니라고 생각했기 때문이다. 서양인들의 아시아 침략과 동양 정복을 저지하고 아시아의 정신도덕・문화를 지키기 위하여 주변국에 대하여 군사활동을 한다는 명분을 내세웠던 것이다. 그러한 일본의 침략구실과 명분을 믿고 따르는 세력도 적지 않았다.

이러한 일본의 한반도 침략행위를 영국의 반미 정책과 비교해 본다면 흥미 있는 차이점을 발견하게 된다. 영국은 식민지였던 미국의 독립을 막지 못하게 되자 도리어 미국을 구슬려 국력을 키우게 했다. 그리고 미국의 경제력과 군사력을 이용하여 유럽을 평정하였을 뿐만 아니라 일본도 굴복시켜 세계를 영미연합 체제의 통제 아래에서 장악한 것이다. 영국은 일본보다 훨씬 노회(老獪)하고 지혜로웠으며 세계 경영의 최선진국 행세를 해왔음을 알 수 있다. 영국의 식민지였던 나라 중에서 영국을 원망하고 원수취급한 나라가 거의 없다는 것을 일본은 배웠어야 했다.

2)최근 독도 문제를 둘러싼 한일 간의 感情대립

최근 벌어지고 있는 독도 관련 한일 간의 감정대립에 대하여 필자는 사견(私見)을 솔직하게 개진하고자 한다. 일본이 그들의 정부가 제시한 동아시아공동체안의 관철을 열심히 바라고 있는 것은 틀림없는 사실이다. 현재 그 안은 한국 외교통상부가 보관하고 있는데 일본 측에서는 이런 제안을 강력하게 추진할 의도를 가지고 일본 천황의 한국 방문계획을 알렸던 모양이다. 이에 대해 이명박 대통령의 반응은 차가운 데 그치지 않고 다분히 악의적이었다.

일본 천황이 위안부나 독립운동가의 가정을 찾아다니며 사과한다면 모를까, 과거처럼 통석의 마음(念)을 느낀다는 따위의 사탕발림이나 하려거든 한국에 올 필요가 없다는 말을 하였고 이것이 언론을 통해 알려지자 일본은 발칵 뒤집혔다. 일본에서 신성시하는 국가원수에 대해 그처럼 모진 말을 했어야 했는가? 설사 이런 말이 나왔다고 하더라도 대통령의 품위를 염려했다면 언론기관은 그렇게 빨리 보도하지 말았어야 했다. 또한 틀린 말이 아니었다 해도 나라의 품위와 안전을 생각해야 하는 국가원수가 할 말은 아니었다.

나중에 이명박 대통령은 어느 강연에서 생각하지 않았던 질문을 받아 즉석에서 답변하다가 나온 말이었으며 깊이 생각하고 한 말이 아니었다고 해명하였다. 필자는 한국 언론의 미성숙을 탓하고 싶다. 할 말이 있고 하지 말아야 할 말이 있는 것이다. 마찬가지로 언론은 보도할 것과 보도하지 말아야 할 것이 있다. 이런 면에서 한국의 언론은 아직 성숙하다고 볼 수 없다.

이 사건에 대한 필자의 해석은 두 가지이다. 정권 말기에 이명박 정권의 인기는 20% 미만으로 떨어졌다. 그래서 인기(人氣) 회복을 위해 그런 말을 한 것이 아니겠는가? 또 하나의 추측은 미국 국무부 장관 힐러리 클린턴이 2011년 4월 방한했을 때 그와 너무 다정한 포즈를 취했던 것이 마음에 걸렸던 것일까? 그래서 중국 측의 환심을 얻고자 지나친 소리를 내뱉은 것인지도 모르겠다. 이명박 대통령의 일본에 대한 결례는 노다 총리의 "독도(獨島)는 일본 땅"이라는 공언을 불러왔다. 일본 측은 정면대결을 결심하고 독도 문제를 국제사법재판소에 제소하겠다고 나선 것이다.

그 결과 독도 문제를 둘러싸고 그동안 서로 억제해 온 한일 감정은 크게 고조(高潮)되고 만 것이다. 바다 한가운데 튀어나온 암석바위를 가지고 왜들 그러시나? 그것으로 한일 어느 한쪽의 경제적 이익이 되겠는가 아니면 국격이나 명예를 높이는 데 보탬이 될 것인가? 아시아태평양공동체가 출현하면 그 단체의 소관사항이 되기 때문에 저절로 해결될 문제를 가지고 세계의 선진국임을 자처하는 한일 양국이 무슨 큰 재앙을 불러일으키려는 것인가? 필자는 독도 문제가 한일 양국의 영적 성장과 세계평화의 기폭제 구실을 할 수 있기를 기원하겠다.

사람의 영혼을 정화하는 가장 효험 있는 약재(藥材)가 있다면 그것은 무엇인가? 바로 자비와 용서의 정신이다. 자비와 용서는 모든 죄악과 장애를 씻어내는 영약(靈藥)이라고 전해진다. 한일 양국의 화해와 협조를 방해하는 문제도 이 영약으로 해결해 나가야 한다. 그러자면 한일 양국의 국민들은 지적 수준이나 도덕적 자질이 현재 수준보다 훨씬 높아져야 한다.

3. 아시아태평양공동체 출현의 成敗도 시민운동단체에 달려 있다

이 지역공동체시민운동이 벌이는 업무는 세 가지 차원에서 분류될 수 있다. 첫째는 시간적 차원, 둘째는 공간적 차원, 셋째는 국가의 정책방향적 차원이다. 시간적 차원의 경우 미래지향적인가 과거지향적인가 그리고 장기적·점진적으로 추진할 일인가 아니면 단기간에 급속히 처리하여 할 문제인가로 분류한다. 공간적 차원에서는 일국 중심으로 하는가 아니면 지역 중심 또는 집단적으로 추진할 일인가로 분류한다. 국가의 정책방향적 차원에서는 양국관계를 긍정적·낙관적으로 보는가 아니면 비관적·부정적으로 보는가에 따라 분류한다.

국가권력기구는 해당 정부의 임기가 정해져 있으므로 국회나 언론의 비판이나 힐책을 염려하지 않을 수 없다. 그래서 장기 정책보다는 가시적인 성과를 거두는 단기나 중기적인 기획업무를 다루기를 선호하는가? 또한 국제적 연대에 의한 업무보다는 국가 정책의 추진을 선호하며 국가 정책의 결과와 평가에만 민감한 반응을 보이는가?

반면 시민운동이나 비정부단체는 법적 권한이 없는 대신 책임도 없다. 그러므로 과거지향적이기보다는 미래지향적이며 단기적 · 시간제한적인 업무보다는 장기적이며 점진적인 정책에 많은 관심을 갖게 된다. 정책 또한 일국 중심으로 하는 일에 관심을 가지지만 지역 중심이며 집단적인 업무에도 관심을 확대하기를 좋아한다. 지역공동체의 사업계획이나 추진은 시민단체나 비정부기구가 아니면 업무계획이 만들어질 수도 추진될 수도 없는 것이 오늘의 현실이다.

아시아태평양공동체의 업무를 추진하는 데 그 국제기구가 정식으로 설립되고 해당 조직기능이 입법절차에 따라 가동되지 않으면 사람들은 이 공동체가 아직 존재(存在)하지 않는다고 인식한다. 따라서 그 문제에 대하여 생각하는 것조차 회피하려고 한다. 이것은 결과에는 관심을 가지지만 그 결과를 만드는 과정 및 생활환경에는 관심을 갖지 않겠다는 정신자세이다. 범속(凡俗)한 사람들의 정신태도는 그 수준밖에 안 되는 것이다.

진실을 말한다면 아시아태평양공동체라는 국제기구를 출범시키며 정상가동을 하도록 돌보아 주는 것은 시민운동단체들이다. 업무량은 그 공식기구 업무량의 수십 배가 될 것이다. 그리고 시간도 훨씬 오래 걸릴 것으로 예상한다. 아시아태평양공동체 기구가 정상기능을 할 수 있도록 하는 결정적 요인과 열쇠는 아시아태평양공동체시민운동에 달려 있음을 알아야 한다.

중요한 것은 우리의 시민운동단체들이 어떠한 내용의 국제협력활동을 추진할 수 있는가 하는 것이다. 그것은 각 시민운동단체, 다시 말해 관련된 NGO들이 자유롭게 선택할 과업이다. 우선 교류 협력의 대상이 되는 사람들이 가장 간절하게 바라는 것이 무엇인지 알아내 대화를 통해 협의해야 한다. 이런 것을 우리는 사회적 욕구(*social needs*)라고 말한다. 상대지역 사람들이 원하는 것은 전투 및 폭력의 종식과 평화일 수 있다. 이런 경우에는 그 지역을 통치하는 나라의 정부에게 요구사항을 전달하거나 국제여론을 환기하거나 또는 UN 사무처를 통해 UN 안보이사회에 제소할 수도 있다.

식량부족이나 농산물 중 특정품목에 대한 수요가 문제라면 그러한 필요물품 공급을 직간접으로 알선해 주면 된다. 그 나라 전체의 수요를 채워 줄 수 없는 경우라도 자신들이 선택한 특정지역에 소량의 물품을 제공하는 선물형태로 추진할 수 있다. 생수가 요구된다면 우물을 만들어 주거나 상수도 공급을 가능케 하는 송수관시설을 만들어 주든지 혹은 그 기술을 가르쳐 줌으로써 문제를 해결하는 것이다. 어떤 나라의 가난 및 빈민 구제가 문제라면 직업교육 기회를 제공하거나 농업기술을 전수할 사람을 제공해 주는 것이 상책이다. 또한 이러한 개발원조활동은 외교통상부에서 관리하는 개발원조기금으로 해결할 수도 있다.

이와 같이 아태공시민운동이 추진할 수 있는 국제협력사업은 수없이 많다. 그 내용을 크게 분류한다면 정치, 경제, 복지, 의료, 환경, 교육 및 종교분야로 대별된다. 이 중에는 비정부단체나 시민운동단체들이 직접 할 수 있는 일이 있는가 하면 다른 시민단체와 연합하거나 정부의 힘을 빌려야 하는 경우도 있다. 어떠한 방법이든 아시아태평양공동체 회원국은 여러 형태의 혜택과 배려를 끊임없이 주고받음으로써 다른 사람의 일을 내 일처럼 생각하는 덕행을 계속 키우며 공동체 활동을 끊임없이 개발하고 완성할 수 있도록 해야 한다. 이것이 바로 사회공동체

생활의 진면목인 것이다.

사회공동체라는 말은 학술용어인 게마인샤프트 혹은 커뮤니티에서 나온 것인데, 이것은 개별 구성원을 넘어선 사회 전체의 개념이다. 이것은 순수한 이상개념이므로 현실생활에서는 강요되기 어려운 일이지만 남의 일을 내 일처럼, 남의 행복을 나의 행복처럼 돌보며 부지런히 활동해야 하는 것으로 우리 시대의 소명(召命)이자 새 시대의 목표가치라고 할 수 있다.

공동체생활의 이념은 과거의 향약(鄕約)이라는 말에 담겨 있다. 그 내용인즉, ① 덕업상권(德業相勸, 좋은 일은 서로 권하며), ② 예속상교(禮俗相交, 예의로 서로 사귀고), ③ 과실상규(過失相規, 잘못은 서로 고쳐 주며), ④ 환난상휼(患難相恤, 우환을 만나면 서로 돕는다)이다. 공동체생활은 이러한 관습을 갖춤으로써 정립되는 것이다. 모두가 덕성스러운 인간이 됨으로써 비로소 이상사회로 접근할 수 있는 것이다.

4. 아시아태평양공동체시민운동은 우리 자신을 위한 일이지 남의 일이 아니다

지역공동체를 만드는 활동은 바로 세계평화와 번영을 준비하는 기초공사이다. 그렇다고 지역공동체시민운동을 늘 손해만 보면서 외부 집단, 타 계층, 타 지역민을 위한 봉사나 보시활동으로 그치자는 것은 아니다. 자리(自利)활동이 먼저인가 이타활동이 먼저인가? 그 이득활동의 선과 후는 다를 수 있으나 전체적으로는 자리이타의 정신, 자신과 주변 사람들을 균형 있게 맞추는 것이 아시아태평양공동체를 위한 시민운동의 관심사이며 주요 업무인 것이다.

나 자신의 평화나 행복은 나의 이웃이나 동족, 그리고 모든 인류의 안녕, 행복(*well-being*)과 밀접하게 연관되어 있다. 타인의 평화나 행복은 나 자신과는 무관하다고 생각하는 것은 천박하고 잘못된 사고방식이다. 주민의 의식수준이나 문명이 낮은 미개사회(未開社會)일수록 타인의 행복과 불행이 나 자신과는 전혀 무관하다고 생각하므로 결국 난폭한 이기주의를 추구하다가 모두 불행해지고 망하게 된다. 아프리카의 여러 나라가 식민지로부터 해방된 지 근 반세기를 넘겼으면서도 식민지 때보다 더 어렵고 고달프게 살고 있는 이유가 여기에 있다.

아랍 중동권의 이슬람 국가들 역시 마찬가지이다. 과거 식민지 시대에 식민국과 결탁했던 세력에도 이러한 부류가 분명 있었을 것이다. 세대교체가 일어났거나 새롭게 권력을 장악한 권력층 그리고 그들과 결탁한 부족들은 석유자원과 권력을 쟁탈하고자 싸웠다. 그들은 이슬람 원리주의의 기치를 높이 들고 서방세계에 도전하는 힘을 비축하려고 했다. 이는 그들의 영성(靈性)이나 도덕의식수준이 매우 낮은 것임을 보여 준다. 그런 상태에서는 평화도 행복도 영원히 기대하지 못한다.

그러므로 세계 어느 곳이든 지역공동체가 창립되고 유지되기 위해서는 그에 앞서 그 지역주민들의 의식수준을 인간사회 또는 신성개발의 높은 수준으로 끌어올리는 활동이 중요하다. 시민운동을 통해 지역공동체를 창설해야 하는 경우가 특히 그러하다. 사람들의 사회 및 도덕의식은 보통 가정교육이나 종교교육 그리고 국가가 시행하는 학교교육을 통해 형성된다. 게다가 가정교육이나 학교교육에는 어느 정도의 기준과 목표가 있으므로 통제하기가 쉬울 것이다.

반면에 심성개발이 전혀 되지 않은 상태에서는 사회질서의 유지조차 어려운 상태가 된다. 더구나 시민운동을 통한 사회의식교육이나 정치이념교육에서 성과를 내지 못해 다수의 의식이나 심성개발 수준을 높이지 못한 경우도 있다. 이 경우에는 다수 국민에게 국가적인 통제력이 먹히지 않는 혼란 속에서 깨어난 소수자들, 이른바 창조적인 소수(*creative minority*)나 심신이 깊고 교양 있는 중산층에 의존하여 국가사회를 이끌고 나가는 것이 상수이다.

이 깨어 있는 소수는 우선적으로 이익은 남에게, 희생과 손해는 자신에게 돌리려는 봉사적인 마음가짐을 가진 사람들이다. 아시아태평양공동체를 형성하는 데 있어 덕성이 높은 한국인들이 앞장서자는 말은 이익은 이웃에게 넘기며 봉사를 자청하는 사람들이 해야 한다는 것을 의미하는 것이다. 곗돈도 제일 먼저 타는 사람보다 제일 나중에 타는 사람에게 보다 많은 이익이 돌아간다는 말이 있지 않은가?

5. 행운이나 소원성취를 망치는 業障을 해소하려면

개인이든 국가든 이 세상을 살다가 일이 잘되는 단계나 과정에서 예상치 않았던 장애가 발생하거나 좋지 않은 사건으로 인해 어긋난 방향으로 일이 진행되는 경우가 있다.

예를 든다면 어느 집안이 어려운 상황에서도 열심히 일해 상당한 액수의 돈을 버는 데 성공하였다고 치자. 그래서 큰마음을 먹고 잔칫상을 차려 친척과 친구들에게 베풀었다. 참석한 모든 사람들이 그 집안의 성공을 축하하며 향응을 즐기고 있었는데 갑자기 어느 망나니가 일어서서 술주정을 하며 자신을 초대한 집주인에게 시비를 걸어 연회 분위기를 망쳤다. 세상을 살다 보면 이렇게 예상치 않은 일들로 봉변을 당하여 충격을 받는 경우가 종종 있다. 이런 때 조심해야 하는 점은 크게 화를 내거나 보복, 응징을 하는 경우에는 사태가 더욱 악화된다는 것이다.

한국은 1960~1970년대에 고도 경제성장을 지속하여 중화학공업을 중심으로 한 고도산업국가로 진입하게 되었다. 그러나 후진성을 극복한 찰라, 전태일 분신자살사건이 일어났다. 사회 분위기는 긴장되고 음산해졌다. 또 부마(釜馬)사태가 터져 박정희 대통령이 살해당하는 비극도 발생하였다.

그 후의 정치혼란을 전두환 대통령이 수습하여 중화학공업을 완성하였으며 개인당 GDP를 1만 8천 달러 수준으로 올려놓았다. 그런데 갑자기 또 소요사태가 일어났고 전두환 정권은 속수무책으로 밀려났다. 그 후 좌경 세력에게 유화적인 정부가 들어서자 고도성장은 멈추었으며 GDP를 2만 달러로 올리는 데 근 20년 이상의 침체기를 겪어야 했다.

이처럼 개인이든 국가든 항상 순조로운 성장을 지속할 수 있는 것이 아니다. 그래서 상당기간의 침체기나 조정기를 거치게 된다. 한국에서는 이런 것이 장애 또는 업장에 해당하는데 이는 어떤 행운이나 호황기에 붙어 다니기 쉬운 위기상황으로 개념화된다. 후진국이 중진국을 거쳐 선진국으로 도약하는 경우에는 양적 변화의 시기가 질적 변화의 과정으로 넘어가는 단계에서 반드시 이런 난관과 위기를 극복해야만 하는 것이다.

질적 변화는 누구에게나 쉽지 않은 난관과 고통을 겪어야만 하는 모양이다. 흔히들 사람이 잘되려면 적어도 몇 번의 죽을 고비를 넘겨야 한다는 말이 있다. 누구에게나 어려우며 쉽지 않은 난관을 넘겨야 바람직한 일을 맞이하게 된다. 한국에서는 그 과정을 삼재팔난이라고 하고 불교에서는 업장 또는 장애라고도 한다.

이러한 과정은 사람들이 겪어야 하는 영적인 정화나 죄업소멸, 업장순화의 과정으로 받아들여야 한다. 사람에 따라 좋은 일을 맞이하는 동시에 고통도 겪어야 하는 경우도 적지 않다. 예를 들어 자격과 출중한 능력을 갖춘 사람들이 권력자에 의하여 고위직에 발탁되었으나 국회검증과정에서 낙마하는 경우이다. 반면에 능력이나 자격은 부족하지만 고위직에 올라 오랫동안 권세를 누리는 사람들도 있다. 이런 경우를 본다면 모두가 삼재팔난으로 인하여 낙마하는 것은 아니다. 평소 여러 곳에서 지어 놓은 공덕과 선업으로 어떤 이는 검증과정을 쉽게 빠져나가고 재직 기간 동안 어려움에 겪지 않는 것이다.

위와 같이 사람마다 겪어야 하는 업장이나 장애를 모면하거나 무사히 넘기는 방법은 없는 것 같다. 그러나 불교에서 조상을 천도하려는 백중기도나 기독교의 기도회로 모면, 완화되는 경우도 있다. 이에 비추어 본다면 아시아태평양공동체 창립을 위한 시민운동에 참가하여 봉사하거나 시주하는 행위는 각자가 좋은 업인을 쌓는 행위이며 미래를 위해 공덕을 짓는 행위이다. 이것이 선고후락의 도리인데, 나중에 좋은 일을 맞이하려면 먼저 고생길로 들어서는 것도 이 세상의 순리인 것이다.

6. 북한의 개혁·개방은 아시아태평양공동체시민운동의 소관사항이다

남북한의 화해와 통일도 북한의 개혁·개방과 민주화의 성공 여하에 달려있다. 이렇게 말하면 마치 우리가 북한을 멸망시키려고 악의적인 수작을 꾸민다고 생각할지도 모르겠으나 북한의 개혁·개방은 우선 그들의 이익이다. 그러나 북한은 이를 의심하려고만 할 것 같다.

이와 정반대의 접근법이 이른바 김대중 대통령의 햇볕 정책이다. '북한을 자극하지 말자. 반대하거나 체제개혁을 하려고 하지 말자. 북한을 무조건 도와주고 지원함으로써 북한이 안정되고 물질적으로 풍족해지도록 도와줄 궁리를 하자. 그러면 북한은 남한을 적대시하지 않을 것이며 남북관계는 개선되어 남북 간의 화해와 상호 교류를 통해 남북통일의 서광이 비칠 수 있다.' 이것이 김대중 대통령의 햇볕 정책의 골자였다. 필자는 김대중 대통령의 햇볕 정책을 처음에는 반대하였으나 노무현 정부에 이르기까지 근 10년을 보고 그들의 의도는 이해하게 되었다.

그러나 김대중 대통령과 그 언저리의 친북 세력들에 의한 친북화해 정책도 결코 성공할 수 없다는 것이 사실이다. 물론 우리는 그들의 정치적 실험에서 고맙게 받아들여야 할 점도 있다. 그러한 경험 덕분에 이명박 정권이 조건부 지원 정책으로 방향을 바꾸었기 때문이다. 즉 북한이 핵무기 개발이나 실험을 포기하면 더 화끈하게 경제지원을 늘리겠다는 식으로 말이다.

북한은 오래전부터 남한을 북한 체제의 텃밭이며 물품창고 또는 젖소 목장 정도로 생각해 왔다. 북한 체제의 농산물지원담당 주제에 주인에게 까다로운 조건을 붙이다니 건방지다는 이유로 남한 내의 종북 세력에게 명령하여 이명박 정권을 혼내주라는 지령을 보낸 것이다. 그러한 북측의 욕설과 압력에 시달리던 이명박 대통령은 몇 가지 방법을 모색하고 시도했지만 결국 그 임기가 끝나 버렸다.

북한은 명실공히 대한민국의 중요 부분이다. 북한 사람들도 한민족이며 우리의 동포이고 형제이다. 우리는 그들을 후대하고 동족애를 표하고 싶었지만 마구 날뛰는 북한 지도층을 억제하고 강력하게 저지할 방법이 없었다. 그러니 그들을 망하게 둘 수밖에 없었으나 북한 동포들이라도 효과적으로 구출할 방법을 모색해야 한다. 그것이 바로 북한 주민들의 인권보호이며 북한 민주화이다. 문제는 남한이 어떻게 그들의 인간성에 변화를 줄 것인가이다. 이것이 바로 아시아태평양공동체의 주요 업무이며 궁극적인 목표이다.

북한 사람들은 남한 사람들이 하는 말은 액면 그대로 받아들이려 하지 않겠지만 동아시아의 여러 나라들을 주의 깊게 본다면 민주주의가 얼마나 자연스럽고 좋은 제도인지 알 수 있을 것이다. 더불어 잘못된 행동으로부터 여러 가지를 깨달을 수 있는 기회를 많이 갖게 될 것이다.

7. 아시아태평양공동체시민운동의 정치사회 이데올로기

1) 아시아태평양공동체시민운동의 시대적 의의와 그 당위성

오늘날 민족주의 시대는 이미 지났으며 세상은 바야흐로 국제화 시대에 들어왔다. 그러므로 민족의 이익과 안전을 위해서는 폐쇄적이며 전투적인 자세와 심성을 유지하려던 과거의 민족주의 시대를 벗어나야만 한다. 이제는 민족국가도 단일국가의 존속이나 안전보다는 국가 간의 연대와 동맹을 더 중요시해야만 한다. 유럽의 EU처럼 지역연대를 구축해 나가자. 이 나라의 이익과 안전은 바로 여기에 있다.

아시아태평양지역의 국제정치도 이러한 당위론이 우세해야 하는데 최근에는 현실적으로 그러한 변화추세로부터 역행하는 현상이 나타나고 있다. 많은 사람들이 세계 유일의 초강대국으로 군림하던 미국의 위치가 흔들리고, 중국이 그 자리를 차지할 것이라고 예상했다. 최근에는 중국이 군사력을 계속 강화하는 한편 아시아와 동남아시아 도처에서 영토와 영향력을 확대하려고 기도하여 여러 나라들과 갈등과 긴장을 빚고 있다. 이렇게 되면 동아시아 국가의 통합은 더욱 어려워질 수밖에 없다. 세계는 늘 한 방향으로 변하는 것은 아닌 모양이다.

그러나 국가 간의 관계가 일시적으로 악화된다고 해서 시민 간의 관계마저 악화되어서는 안 된다. 공식적인 국제관계가 일시적으로 긴장되더라도 시민 간의 관계는 더욱 좋아져야만 세계 평화가 유지될 수 있다. 국가권력과 시민 세력은 때로는 상호 순응하기도 하지만 때로는 상호 견제할 수도 있다. 이 세계가 전면 전쟁으로 멸망하지 않으려면 국제관계의 악화도 시민들 간의 유대와 대화를 통해 견제되거나 완화되어야 하는 것이 아닌가.

현대 민주주의 국가에 있어서 나라의 주인은 국가권력의 수임자(受任者)라는 통치권자가 아니라 그 나라의 시민 세력이다. 과거에는 시민의 권력은 명목뿐이었고 권력자들이 나라를 지배하는 통치자 노릇을 해왔다. 그러나 요즘은 그렇지 않다. 이제는 시민들이 권력을 감시할 줄도 알고 정치과정에 큰 영향을 미칠 수도 있다. 자신들의 의지를 효과적으로 정치과정에 관철시키는 방법도 알고 있다. 아시아태평양공동체의 경우도 그런 지역공동체를 형성하고 그 통치향방을 결정하는 것은 시민 세력이다. 정부 당국자들은 시민들의 의사와 그 움직임에 대하여 매우 민감하게 반응하므로 시민들이 그들의 의사를 분명히 한다면 정부활동도 그 영향을 받지 않을 수 없는 것이다.

아시아태평양지역사회는 미국, 중국, 러시아, 일본 등 세계의 4대강국이 서로 얼굴을 맞대며 대치하는 지역이다. 이런 4대강국 간의 관계가 악화되면 세계평화의 전망은 파괴될 수밖에 없다. 이들 국가 간의 대립과 충돌은 어떤 방법을 통해서라도 슬기롭게 저지되어야 한다. 국가 간의 상호 견제도 필요하지만 시민 세력에 의한 견제 기능도 그에 못지않게 중요하다. 이런 의미에서 아시아태평양공동체의 미래는 아태공시민운동의 움직임 여하에 달려 있다고 해도 과언이 아니다.

어떤 사람은 중국이나 북한과 같은 공산국가에는 자율적인 시민운동 세력이 없지 않느냐고 의문을 제기할 것이다. 그렇다 하더라도 비공산국가에 강력한 시민운동 세력이 생겨난다면 공산국가도 그런 정치변화의 영향을 받게 된다. 설사 그런 세력이 생겨나지 않더라도 공산국가 정부는 비공산국가의 시민운동 세력의 존재에 크게 신경을 쓰게 된다. 그러므로 아시아태평양공동체를 만들어 내는 힘도, 그 지역공동체의 움직임을 통제할 수 있는 힘도 그 나라 시민운동조직에 달려 있는 것이다.

2) 아시아태평양공동체시민운동의 활동목표와 당면과제

아시아태평양공동체에 직간접으로 관여하는 시민운동의 영향력은 다음과 같이 요약할 수 있다.

우선 아시아태평양공동체의 출현을 앞당기기 위한 여론조성 업무와 과제이며, 지역국가 간에 갈등이 생기는 경우 국가 간의 알력이나 갈등을 빨리 해소할 수 있도록 방법을 찾아내어 여론을 조성한다. 이는 지역공동체 회원국 간의 갈등해소에 크게 기여할 수 있을 것이다. 그리고 본 지역공동체 회원국과 그 국민이 지키고 발전시켜 나갈 공동문화를 만들고 퍼뜨리는 일도 중요하지만, 그 지역공동체를 꾸려 나가는 국민적 자질과 도덕성 향상에도 노력해야 한다. 이를 위해 국민정신도덕교육의 확대와 보급에 주력해야 한다. 마지막으로 정부의 보호와 지도는 재정적·행정적 지원이 부족하더라도 민간차원에서 자율적으로 추진할 수 있는 교류 협력 업무를 계속적으로 만들며 추진해 나갈 수 있어야 한다.

위와 같은 과업으로 아시아태평양공동체에 대해 깊이 생각하고 많이 연구함으로써 과거, 현재, 미래에 대하여 깊은 통찰과 비전을 가진 지도 집단이 생겨나게 될 것이고, 국민교육활동에 대하여 깊은 사명감과 신념을 가진 사람들이 증가하여 보다 많은 열의를 가지고 추진해 나갈 것이다.

아시아태평양공동체를 운영하는데 지역공동체 안에서 중국과 미국의 이익이 상충되어 국가 간 갈등이 일어나는 경우 한국은 어느 편에 서야 하는지 묻는 사람이 있을 것이다. 그동안 연미, 연중의 위치를 고수해 온 한국이 택일해야만 하는 경우에는 어떤 자세를 취해야 하는가?

이런 경우에 한국은 자유와 정의 또는 공정성의 입장을 고수해야 한다. 혹 미국, 중국 양쪽으로부터 미움과 괄시를 받더라도 중정(中正)의 위치를 고수해야 한다. 한국은 언제나 특정 국가이익이 아닌 진리의 편에 설 것이다. 그러므로 미국, 중국은 한국으로부터 무조건적 편들기나 추종을 기대하지 말아야 한다.

3) 아시아태평양공동체시민운동연합의 전략전술

아태공시민운동연합은 조만간 뒤따르게 될 국가 간의 교류와 협력을 선도하면서 가급적 광범하게 교류 협력사업을 개발하고 추진한다. 정부가 추진하는 일에는 사전 계획이 있고, 그 업무를 체계적으로 추진하도록 되어 있으나 우선적으로 민간인들이 하는 일은 그들의 힘으로 할 수 있는 일은 무엇이든 자발적·선도적으로 추진하게 된다. 정부나 NGO가 개입하고 지원하는 경우에는 정부 나름의 계획을 세워야 하지만 이러한 업무를 관장할 관민합동기구는 현 정부조직으로부터 독립된 초정파적인 기구로 설립되어야 한다.

그리고 시민운동단체는 한국에 거주하는 다문화가정 또는 근로자들의 신상을 조사하여 그들의 출신지역과의 교류 협력을 타진하며 검토할 수 있다. 정부기관이나 NGO는 다문화가정 또는 그 친인척들에게 답사용 여비를 지원함으로써 교류 협력 업무를 촉진할 수 있을 것이다.

또한 아시아 여러 나라에는 새마을운동 해외지부가 결성되어 있다. 그리고 여러 종교단체의 지부조직도 활동하고 있고, 한국 기업체들 역시 많이 나가 있으므로 이들이 모여서 교류 협력에 우선순위를 매겨야 할 것이다. 또한 현행 교류 협력을 어떻게 확대해야 할 것인지 의논하여 어떤 방법이 수혜국에게 최대의 이익을 안겨줄 수 있는가에 대해서 판단해야 할 것이다.

마지막으로 한국은 2003년부터 OECD의 회원국이 되어 국부(國富)의 일정 부분을 개발도상국의 발전을 위한 ODA(Official Development Assistance) 자금으로 제공하고 있다. 그 액수를 환산한다면 매년 800억 원으로 이는 UN 총회의 결의에 따라 박애정신에 입각하여 이타적 정신으로 지원한 것이다.

그러나 아시아태평양공동체 회원국들이 제공하는 경제원조는 자리(自利) 및 이타(利他)의 정신으로 제공되는 원조자금이므로 외교통상부에서 제공하는 ODA 자금과는 구별되어야 한다. 따라서 ODA 자금은 외교통상부가 관리해도 좋지만 아태공시민운동이 주관하는 경제지원은 초정파적이며 독립적인 관민협동 독립기구의 소관사항이 되어야 한다.

4) 아시아태평양공동체시민운동연합의 주도 세력과 그 주요 활동

아시아태평양공동체를 구성하는 사회조직은 굳이 별개의 시민운동조직으로 출범할 필요가 없다고 할 정도로 많은 시민사회단체들이 잘 조직화되어 활동하고 있다. 예를 들면 세계평화를 목표로 하는 사회단체, 한국의 국운상승을 바라며 아시아 또는 세계에서 한국의 지도적인 역할 수행을 위해 활동하는 NGO, NPO 등이 그것이다.

필자의 소견으로는 모든 시민단체가 각기 추구하는 고유사업이나 목표에 아시아태평양지역의 평화와 아시아 지역공동체 회원국의 공동번영이라는 목표만 추가하면 될 것이다. 여기에 업무수행의 효율성 증진이라는 목표만 추가한다면 모두가 아시아태평양공동체의 목표를 수행하는 단체로 인정되기에 부족함이 없다.

구체적인 예를 들어보자. 민주평화통일자문회의, 새마을운동중앙회, 재미한인총연합회, 세계한상단체총연합회, 대한민국재향군인회, 세계로타리클럽 및 국제라이온스클럽, 북한탈북민단체총연합회, 북한인권 및 민주화단체연합회, 동아시아 관련 단체협의회, 수많은 기독교봉사단체협의회, 각 대학 동문회, 각 전문 학회 등의 단체 중에서 아시아태평양지역의 교류 협력을 활성화하고 효율화하는 데 찬동하지 않을 단체는 없다고 말할 수 있다. 이들은 이미 나름으로 그러한 목표를 추구하며 오랫동안 활동해 왔기 때문이다.

문제는 이러한 활동을 어떻게 종합하고 서로 상부상조하도록 하느냐에 있을 뿐이다. 우선 이러한 단체들이 서로 유대를 강화하면서 아시아태평양공동체의 설립과 공동운영에 협의하고 협력하도록 만들면 되는 것이다. 이런 목적을 위하여 각 단체 실무자들이 모여서 아시아태평양공동체 창설 또는 운영을 위한 중앙협의회를 만들면 된다. 우선 지역단위로 타 지역단체들과 아시아태평양공동체 활동을 지역별로 협의하고 협력하는 기구로 창설하면 된다.

시쳇말로 한국의 사회 집단 중 가족 집단 이외에 좋은 결집력을 보이는 단체들이 있다. 특정한 목표를 향해 시민운동을 벌이는 데는 이러한 사회적 친근감과 협력성향을 최대한으로 활용하는 것도 현명하다. 사회단체 중에는 여러 가지가 있는데 아무래도 어떤 이점을 가지고 있어야 많은 사람들이 모일 수 있고, 그 기능이 활성화될 수 있다. 회원들간에 친교를 할 수 있고 편하게 지낼 수 있는 단체가 중심이 되어야 할 것이다.

한국 사람들은 어디서든 모이기만 하면 우선 먹고 마시고 춤추고 노래하는 버릇이 있다. 그러지 않으면 한국 사람이 아니다. 그러나 그런 일상활동보다 앞서 해야 할 중요한 일들이 있다. 우선 기도하고 참회하며, 정신도덕교육을 하고 특히 정치교육에도 철저를 기하도록 신경을 써야 한다. 어떤 일이든 처음부터 너무 서두르면 반드시 실패한다. 과욕을 부리지 말고 단계적으로 천천히, 시행착오를 각오하면서 꾸준히 추진하면 안 될 일은 없을 것이라고 생각한다.

5) 아시아태평양공동체시민운동의 神話 및 信條

아시아태평양공동체는 국제사회의 현실적인 필요성으로 생겨난 것이다. 그러나 그 취지는 한민족의 오랜 역사적 숙원의 산물이라고 보는 데는 잘못이 없다. 한민족의 건국신화에 의하면 한민족의 건국 이념은 경천숭조, 홍익인간, 그리고 광명이세였다고 전해진다. 여기서 '광명이세'(光明理世)란 광명으로 세상을 바로 잡는다는 뜻이다.

이러한 민족 이념은 5천 년 역사를 통하여 어지간히 잘 지켜져 왔지만 이러한 취지는 한민족사에 큰 의미를 부여한 인도 최초의 노벨 문학상 수상자이자 시성(詩聖)으로 존경받는 라빈드라나트 타고르의 시(詩)에 너무나도 잘 나타나 있다. 많은 사람들이 아는 시이긴 하지만 여기에 인용하며 다시금 음미하고자 한다. 한민족의 신화(神話)와 믿음을 이보다 더 잘 표현한 글은 없다고 생각하기 때문이다.

〈東方의 등불〉 – 라빈드라나트 타고르

일찍이 아시아의 황금 시기에
빛나던 등불의 하나인 코리아
그 등불 한번 다시 켜지는 날에
너는 동방의 밝은 빛이 되리라
마음엔 두려움이 없고
머리는 높이 쳐들린 곳
지식은 자유스럽고
좁다란 담벽으로 세계가 조각조각 갈라지지 않는 곳

진실의 깊은 속에서 말씀이 솟아나는 곳
끊임없는 노력이 완성을 향해 팔을 벌리는 곳
지성의 맑은 흐름이
굳어진 습관의 모래벌판에 길 잃지 않는 곳
무한히 퍼져 나가는 생각과 행동으로
우리들의 마음이 인도되는 곳
그러한 자유의 천국으로
나의 마음의 조국 코리아여 깨어나소서

한국의 지식인 중에서 인도의 유명한 시인 타고르의 한국예찬 시를 모르는 사람은 없을 것이다. 일반 사람들이 생각하는 것 이상으로 좋은 말이기에 듣는 기분은 나쁘지 않지만 마음속으로는 과거 한국에 그렇게 빛났던 황금시대가 있었던가, 의아해 하는 사람들도 적지 않을 것 같다. 그래서 부연 설명하고자 한다. 우리가 아는 상식으로 말한다면 고대 한국이 최고로 성대했던 시기는 삼국통일의 위업을 달성했던 통일신라 시기가 아니었나 생각한다.

지금으로부터 2천 년 전, 신라시대에 벌어진 용화향도(龍華香徒)의 지상천국건설운동(地上天國建設運動)을 오늘날 기독교, 유교, 민족종교의 젊은 세대들이 현대사회에서 다시금 벌일 수는 없는 것일까? 기독교인들은 용화향도란 말 대신 지상천국건설운동이란 이름으로 전개해도 좋을 성싶다.

하나님의 나라를 지상에 세우는 것이 수천 년 동안 기독교인들의 꿈이며 숙원 아니었는가? 기독교인들이 신사도운동이란 이름으로 각국의 젊은 세대와 손잡아 새로운 시민운동을 벌이게 된다면 그것이 바로 아시아태평양공동체운동과 접목될 것이다. 이것이 21세기 세계의 주도적인 시민운동으로 확대될 수 있는 것 아니겠는가?

아시아태평양공동체는 미래 세계평화의 토대이며 버팀목이 되어야 할 기구 건설을 목표로 하는 신시대 엘리트의 모임이다. 이런 점에서 옛날 용화향도의 후신이며 그 계승자라고 할 수 있으나 이제 와서 우리가 굳이 불교천국을 만들고자 하는 것은 아니다. 모든 종교가 화합할 수 있는 평화세계를 만드는 데 기여하면 되는 것이다.[8]

아시아태평양공동체의 회원들을 현대적 표현으로 말한다면 미래 평화세계의 창건을 위하여 무한정 선업과 공덕을 닦으며 쌓아가는 새 시대의 선구자이며 그 시민운동의 일원이 되겠다는 사람들이라고 할 수 있다. 이런 노력은 결코 무의미한 시간과 정력의 낭비가 아니며 인류의 새 역사 창조에 필요한 투자이며 준비과정이라고 생각할 일이다. 이런 새 시대에 태어나 살고 있음을 기쁘게 생각하며 그 시대를 충실하게 살아야 하지 않겠는가?

---

8 고대 삼국시대에 삼국통일을 위하여 헌신했던 화랑들은 앞으로 오게 될 미륵정토를 건설한다는 꿈을 가지고 노력하였다. 미륵불은 석가모니불 다음에 와서 우주와 세계를 다스릴 부처님이다. 그런데 그 차기 부처님은 세상이 충분히 정화되어서 미륵정토를 만들 수 있는 여건이 만들어지기 전에는 이 지상에 내려오시지 않는다고 전해진다.

▪ 요점

아태공시민운동의 이데올로기를 종합적으로 정리한다면 ① 아태공시민운동의 시대적 의의와 그 당위성, ② 아태공시민운동의 활동목표와 당면과제, ③ 아태공시민운동연합의 전략전술, ④ 아태공시민운동연합의 주도 세력과 그 주요 활동, ⑤ 아태공시민운동의 신화 및 신조로 나눌 수 있다. 아태공시민운동은 남북한 통일운동이자 세계평화운동을 겨냥하는 아시아 지역평화운동이며 대한민국의 국가 이미지 상승운동이므로 한민족의 홍익인간 이념의 구체적인 실천운동이라 할 수 있다.

평소 필자의 소견은 모자란 편이다. 이런 사람이 한국 현대사의 중요한 시기를 살아왔다. 필자는 나 자신은 물론 한국 국민에 대하여 환상을 갖지 않는다. 요즈음에 와서 전 세계인의 입장에서 한국인을 평가한다면 일제강점기에는 E, F급이었다. 그리고 해방 후 D급이 되었다. 4 · 19 혁명, 5 · 16 군사정변 후, 그리고 유신시대를 거쳐서 C급으로 상승되었다. 이런 상태는 서울올림픽 이후 다시 내려갔다가 이명박 정부에 와서 C^{+}급으로 올라섰다. 이것을 B나 B^{+}급으로 올려야만 한국은 통일을 이룰 수 있고 국운상승도 가능해진다. C급의 한국인을 B급 이상으로 올리기 위하여 필요한 것이 바로 아시아태평양공동체운동이다. 남북한의 통일도 남북한 국민이 B급을 넘어야 가능해진다. 크게 보아서 한국은 많이 좋아졌다. 앞으로는 더 높아지기를 기대해 본다.

제 3 부

대한민국의 동북아 외교 정책

1. 한국 외교의 새로운 座標 설정
2. 박근혜 정부의 對日 외교, 잘해 왔는가?
3. 동아시아의 국제관계 변화와 한국 외교의 중심과제
4. 동아시아의 국제관계, 더 좋아질 수는 없었는가?
5. 악화되어 온 韓中日 3국 관계를 어떻게 바로 잡나?

1장

한국 외교의 새로운 座標 설정

2013년 12월 10일

1. 변화하는 동북아시아의 국제정세

동북아시아는 세계의 4강, 미국 · 러시아 · 중국 · 일본이 마주하는 지역인 동시에 남북한이 대립하는 위험지역이다. 제 2차 세계대전 이후 세계가 미국 · 영국과 소련 · 중국을 중심으로 냉전대립을 지속하더니 소련연방이 해체된 후 미국이 세계 유일 초강대국으로 군림하였다.

그러나 중국이 덩샤오핑의 개혁 · 개방 정책에 힘입어 급속하게 성장하더니 러시아를 대신하여 새로운 G2 국가로 부상하였다. 그리하여 세계 유일 초강대국 미국의 패권(헤게모니)에 도전할 수 있는 신흥 세력으로서의 위세를 키우며 급성장하고 있다. 지난 세계대전 이후 동아시아의 국제정세는 한때 미국, 일본, 한국의 남방 삼각관계와 소련, 중국, 북한으로 구성되는 북방 삼각관계의 대립으로 주목을 끌었다. 21

세기에 와서는 러시아를 대신하여 중국이 부상하는 가운데 한국은 북한을 대신하여 중국의 맹방(盟邦)의 자리로 떠오르고 있다.

중국의 급부상으로 불안해진 미국은 중국을 견제할 목적으로 일본의 재무장(再武裝)을 허용하면서 일본과의 군사동맹을 강화하는 방향으로 움직이고 있다. 이것은 한미군사동맹에 치중했던 미국의 대아시아 정책의 확대를 시사한다. 이제 한국도 이러한 동북아시아의 변화에 신경 쓰지 않을 수 없는 처지가 되었다. 이러한 변화 속에서 박근혜 정부는 종래의 친중·반일 정책으로 더욱 어려움을 겪고 있다.

박근혜 정부는 시진핑 국가주석이 핵무장으로 중국의 입장을 난처하게 만든 북한을 대신하여 대한민국의 남북통일 정책에 지지해 줄 것을 기대하기도 어려워진 것은 아닐까? 중국은 박근혜 정부가 친미 정책에서 완전히 벗어날 수 있을지 믿을 수 없는 처지인 동시에 북한 정권을 완전히 내칠 수도 없는 입장이다. 박근혜 정부의 친미·친중 정책도 미중관계가 화목하고 순조로울 때나 유지될 수 있는 것이지 오늘날처럼 긴장된 상황에서는 유지가 어려울 수밖에 없는 것이다.

그동안 한국 정부는 소신껏 친중·반일 정책을 견지해 왔다. 그러나 미일관계가 긴밀해지는 상황에서 종래의 반일 정책은 오히려 불리한 요인으로 작용하게 되었다. 친중·반일 정책을 유지하는 한, 한미동맹 관계는 껄끄러워질 수밖에 없다. 미국의 반중·친일 정책노선이 한국의 친중·반일 정책과 정면으로 부딪치게 되기 때문이다. 그렇다고 한국으로서는 친중노선을 버릴 수도 없는 처지이니 입장이 더욱 어렵게 된 것이다.

이러한 상황에서 필요한 것은 깊은 지혜이다. 미국과의 동맹관계를 유지하려면 한국 외교 정책을 친일노선으로 바꾸는 수밖에 없다. 그러자면 그동안 반일감정과 정책이 발생하게 된 원인부터 재검토해야 할 것이다. 그렇다면 한국인의 반일감정과 정책의 원인은 무엇인가?

첫째, 일본이 역사적으로 한국과 한국인들에게 헤아리기 어려울 정도로 해악을 주었는데도 이에 대해 전혀 죄의식을 갖지 않는다는 점이다. 심지어 일본의 아베 총리는 과거의 침략을 정당화하는 발언을 해왔으니 한국의 입장에서는 묵인할 수 없는 처지이다.

둘째, 일본은 한반도에 가까이 있는 독도를 자국이 영유해 온 영토라고 주장해 왔으며 한국의 독도 점유를 국제사법재판소에 제소하겠다는 의사표시를 계속해 왔다. 일본이 독도에 대한 영유권을 주장할 때마다 한국 국민의 반일감정은 크게 자극받았다. 그러나 일본 역시 그들의 주장을 내려놓을 생각이 없어 보인다.

2. 한국의 외교 정책도 다각도로 점검되어야

이제부터 위의 두 가지 원인과 한일관계에 관한 고정관념의 타당성 여부를 재검토해 보도록 하자. 사람이든 국가든 상호 접촉의 과정에서 화해 협력을 하게 되는 경우는 적지 않다. 다만 사람들이 잘못된 고정관념을 바꾸기만 한다면 대립과 갈등은 최소화되어 화해와 협력을 통해 관계가 나아질 수도 있는 것이다.

한일관계만 보더라도 사람들의 생각이나 성격에 따라 이익을 얻게 되는 경우도 있지만 손해를 보는 경우도 허다하다. 일본이 한국을 강제로 합방한 후 식민 정책을 시행하는 동안 많은 한국인들을 억압하며 수탈한 사실은 부인할 수 없다. 그러나 나아진 면도 적지 않다. 일본이 을사늑약을 맺은 1905년과 일본의 식민통치가 종료된 1945년 한국 사회의 변화를 살펴보자. 상세한 통계자료를 인용하지 않더라도 약 40년 남짓 기간에 우리나라 인구는 많이 증가하였다. 또한 많은 도로가 만들어졌고 여러 교통수단도 획기적으로 발달하였다. 전국의 전차와 기차 교통망도 급증하였다.

무엇보다도 농업, 상공업, 어업의 생산량이 2배 이상 급증하였으며 교육인구도 크게 늘어나 문맹률도 급감하였다. 수많은 후진국이 주변 강대국의 식민통치를 받았지만 한반도만큼 해방 후 급속한 산업화, 근대화를 이룩하며 선진국의 문턱까지 오른 나라는 없다.

일본인들은 일본조국의 강화를 위하여 한반도에 엄청난 공을 들여 40년간 개발에 진력하였다. 그러나 패전을 하게 되자 일본인들은 한반도에 쏟아 부었던 밑천은 물론 그에 대한 품삯 한 푼도 받지 못하고 일본 본토로 쫓겨 갔다. 그들은 1950년대 한일회담 당시 이 돈을 받아내려고 기도하였으나 미국의 압력으로 3억 달러 융자, 3억 달러 배상금으로 총 6억 달러를 한국에 지급하는 데 동의해야 했다.

일본은 가장 악독하고 비인간적인 억압과 착취를 감행하였는데, 일본 제국주의와 그들이 지배한 식민지 사회가 어떻게 이렇게 급성장하는 불가사의한 이적 또는 기적을 이룩할 수 있었던가? 여기에 일본의 영향이 전무하였다고 강변할 수 있겠는가? 한국은 역사상 일본의 왜구 침입, 임진왜란, 그리고 한일합방 등으로 인하여 큰 피해를 받아온 것은 틀림없는 사실이다. 그러나 서구 세력의 동점(東漸) 이후 근대화와 산업화에서 일본과의 접촉으로 한국인들이 받았던 혜택도 적지 않았던 것 역시 부인할 수 없다.

그런 근대화, 산업화의 기초와 아울러 일본의 경제진출과 과학기술에 힘입어 한국은 1960년대 이후 초고속 성장을 이룩할 수 있었다. 이런 사회변화에 일본의 영향도 적지 않았는데 일본으로부터 받은 피해만 과장하며 일본으로부터 받은 혜택에 대해서는 일체 함구해 온 것, 이런 행동과 태도는 도덕적으로도 정당화될 수 없는 것 아닌가?

박근혜 대통령은 일본이 역사의식이 부족하고 반성도 부족한 상태이므로 만날 필요가 없다며 회담을 미루어 왔다. 이것은 일본의 죄과(罪過) 인정과 사과행위가 충분해질 때까지 대화하지 않겠다는 태도이다. 필자는 이를 후세에 칭찬받지 못할 태도라고 평가하는데, 얼마나 많은 사람들이 공감할 것인지 궁금하다. 이것은 오로지 일본에 대하여 심한 경쟁의식을 갖는 중국을 기쁘게 하려는 의도는 아닌지 모르겠다. 다만 필자의 소박한 소견으로는 한일관계의 나쁜 면만 강조하며 대일외교를 멀리하는 것이, 한국의 국가이익에 얼마나 도움이 될 것인지 의문스럽다.

마지막으로 독도 문제에 대해 언급하겠다. '아시아의 지도를 펴보아라! 독도는 한국의 등과 엉덩이 가까이에 위치하지만 일본의 발아래에서는 꽤 떨어져 있는 섬처럼 보인다. 그런데도 어째서 일본은 자국의 영토라고 우기는 것일까? 그들에게 양심이라는 것이 있는가? 일본이 독도 영유를 계속 주장하는 경우에는 무력을 사용해서라도 독도를 지켜야 한다'고 생각하는 한국인들이 많은 것으로 알고 있다. 아마도 한국 정치권과 좌편향 언론인들의 영향 때문이라고 생각하는데, 여기에는 악감정만 작용했지 지혜는 찾아볼 수가 없다. 이렇게 박덕스러운 정신상태를 가지고는 한국이 동아시아의 스위스가 되기를 바라지 않는 것이 더 현실적일 듯하다.

필자는 불교신자이므로 불교 교리에 기초하여 세상일을 보는 버릇이 있다. 불교의 아공과 법공에 대해 말하면, 아공이란 '나는 없다'는 뜻이며 '나를 비우라'는 뜻을 내포한다. 법공이란 '당신들이 생각하는 진리에는 객관성도 진리도 없다'는 뜻이다. 그러므로 그런 망념(妄念)에 구애받지 말라는 뜻을 담고 있다. 이런 견지에서 본다면 독도는 모든 사람의 것이지 어느 한 개인이나 집단의 소유물이 아니란 뜻이 된다.

독도보다 더 중요한 것은 세계평화이다. 세계평화와 인류의 번영에 도움이 되는 방향으로 독도 문제는 처리되어야 한다. 우리가 소망하는 아시아태평양공동체가 만들어진다면 독도는 아시아태평양공동체의 공동 소유물이 된다. 이것은 공동체 전체의 소유물이며 이용물이 된다는 뜻이다. 왜 동해 한 귀퉁이에 있는 작은 바위섬을 가지고 계속 싸우려고 하는 것인가?

과거의 일국 민족주의는 세계주의(*globalism*)의 바람에 의하여 그 주장이 희석되며, 지역주의(*regionalism*) 풍조가 강화되는 현 시대의 추세에 역행하면서 왜 작은 바위섬을 가지고 불화와 인구멸종의 전쟁을 불사하겠다는 것인지 모르겠다. 이런 점에서 한국의 언론보도 태도도 좀 더 이성적으로 개선되어야 한다는 생각도 하게 된다.

3. 對日 정책, 악감정만 작용할 뿐 지혜가 없었다

일본에 대한 한국인들의 악감정의 근거 중 하나는 일본인들의 역사의식 문제이다. 일본은 역사적으로 한국에게 많은 해악을 끼쳤으며 침략행위를 서슴지 않았다. 심지어 현재 일본의 아베(阿倍) 총리는 일본의 침략전쟁은 침략이 아니었다는 궤변을 늘어놓고 있다. 일본이 과거의 침략에 대한 반성이 없다면 앞으로도 그런 행위를 다시 하겠다는 뜻이 아니겠는가. 고로 우리는 그런 정권과 대화하지 않겠다는 것이 박근혜 대통령의 뜻인 모양이다.

세계 역사를 객관적으로 고찰한다면, 19세기와 20세기 초반까지는 난폭한 초기 민족주의 시대였다. 그 시대에는 양육강식, 우승열패의 집단대립이 극심하였기 때문이다. 이처럼 다윈(Darwin)의 생존법칙이 격심하게 시행되었던 시대의 집단행위를 도덕주의적 입장에서 단죄한다는 것은 적절한 상황판단이 아니다. 과거의 행적을 트집 잡는 것은 해당 나라와는 어떠한 외교관계도 영원히 맺지 않겠다는 태도이며 상호 이익을 추구하는 외교의사도 없음을 드러내는 사고방식이라고 하겠다.

본시 외교란 국가이익을 늘리고 손해를 최소화하는 국가행위이다. 그런데 일본과 대화하지 않고 어떻게 이익을 취득하겠다는 것인가. 일본 아베 총리의 말이 미심쩍다면 직접 만나 물어보면 될 일이다. 공연히 미리 곡해하여 대화를 거부하는 것은 외교가 아니라 감정대립이며 싸움박질만 하겠다는 뜻이다.

아베 총리를 비롯한 일본의 정치인들은 이웃 나라, 곧 아시아제국을 침략한 것이 아니었다고 강변한다. 동양의 평화를 지키려니 서양 세력을 물리쳐야만 했는데 그런 대의명분에 동조하지 않았던 아시아 나라들을 응징하고자 군사활동을 벌인 것뿐이지 그 나라들의 영토와 주권이 탐나 행동한 것은 아니니 이를 침략이라고 곡해해서는 안 된다는 것이 일본 보수주의자들의 생각이다. 일본이 앞으로도 주변국을 계속 침략하겠다는 저의를 가지고 한 말이 아닌데도 왜 나쁜 쪽으로만 확대해석하려고 하는 것인가? 이것은 대외분쟁만 계속하겠다는 뜻일 뿐 외교를 하려는 정신자세가 아니다.

4. 한일 간 정신적 화해는 불가능한 것이 아니다

일본이 어느 나라도 침략한 일이 없다고 둘러댄다면 한국은 발끈하겠지만 보통 잘못한 일 때문에 비난을 받게 된다면 누구나 변명하려고 드는 것이 자연스러운 반응이다. 그런 변명은 말도 안 되는 경우가 대부분이지만, 일본인들의 입장에서 볼 때는 그런 변명도 근거가 전혀 없다고 부인하기는 어렵다.

너그럽게 본다면 그런 주장에도 20~30%의 정당성은 인정해 줄 수 있다. 그러나 그런 주장은 중국이나 몽골, 동남아시아 지역국가에는 통할 수 있을지 모르겠으나 한국에는 전혀 통할 수 없다. 일본은 그들의 군사력으로 한국의 주권을 찬탈하였으며 군사력으로 대한제국을 겁박하여 한일합방을 강행하였다. 다만 그 형식은 일본 천황과 대한제국 황제인 조선왕조 고종(高宗)의 합방의지와 합의로 둘러댄 것이다. 그러다가 고종의 변심이 두려워 그를 강제로 퇴위시켜 왕자 순종(純宗)을 일본의 황가(皇家)와 결혼하도록 꾸며 한일합방을 연출한 것이다.

당시 일본인의 마음은 두 가지였다는 생각이 든다. 하나는 조선을 무력으로 정복함으로써 먹어 버리자는 입장이다. 이것은 일본의 교양 없는 무사(武士)계급과 일본 군벌의 사고방식이었다. 한일합방을 둘러싸고 일본 메이지 천황(明治 天皇) 밑에서는 이토 히로부미와 군벌의 총수였던 야마가타 아리토모 간의 대립이 있었다. 일본 군부는 한국을 바로 강제합방하자고 주장하였지만 이토는 국내외의 여러 사정을 감안하여 외교적으로 순조롭게 합방할 것을 주장하였다. 그것이 한일협상조약이라는 이름의 을사늑약으로 나타난 것이다.

이토 히로부미와 이완용 간에는 조선조의 왕통(王統)은 유지하는 가운데 영국이 인도를 식민지화하듯 합방하자는 사전밀약이 있었던 모양이다. 사람들은 이완용을 돈과 지위를 위하여 나라를 팔아먹은 매국노(賣國奴) 라고 욕한다. 그러나 이것은 역사를 모르는 사람들의 소견이라고 필자는 생각한다. 그는 평생 동안 자신을 믿고 의지해 온 고종을 끝까지 보호하려다가 자신의 신세를 망쳐버린 의로운 그러나 불행한 사람이었을 뿐이다.

안중근이 이토 히로부미를 총격했을 때 총에 맞아 쓰러지던 그가 안중근을 향해 던진 말은 "고노 바가야로"(이 바보새끼야) 라는 한마디였다. 이토 히로부미가 1909년 급사함으로써 1910년 한일합방조약이 강행되었고 한국의 일본 식민지화가 훨씬 앞당겨진 것이라고 한다.

그 후 한국의 독립운동가들은 일본의 군부통치하에 무참하게 짓밟히며 분쇄, 탄압받았다. 그리고 고생만 하다가 비참한 최후를 맞았다. 이 같은 한국의 비극이 벌어지게 된 원흉이 일본이므로 그에 보복해야 한다는 한국인들의 심정(心情)은 이해가 간다. 그러나 우리나라가 해방되어 독립국을 세운 지 70년이 지나도록 일본에 대한 적대감정만을 변함없이 고수하며 그런 사상에 집착하다가 한국 외교가 오도되어서는 안 된다는 뜻이다. 더구나 과거에도 그러했듯이 한반도가 앞으로도 아시아 대륙의 문제지역으로 남아 있다가 새로운 종속국가의 지위로 추락하는 일은 없어야 한다.

5. 미중 간 갈등을 화해시킴이 한국의 역할이다

한국의 외교관계는 위아래로 끝이 없는 수난사(受難史)였다. 결과적으로 한국은 새로 등장한 초강대국인 중국에 붙어야 하는가, 아니면 미국 주도의 세력권에 머물러야 하는가? 필자는 한반도가 어느 한쪽에 예속되지 않고 독립자존의 위치를 견지하면서 전방위외교를 펴나가야 한다고 주장하는 입장이다. 한국처럼 작은 나라가 큰 나라들 가운데에 끼어 어떻게 그들과 대등한 입장에서 국제정치를 펴나갈 것이라고 기대하는가? 우리나라가 주체적인 위치를 견지하면서 다른 국가와의 국제관계를 조율해 나가려면 우리는 엄청난 정신도덕적인 힘, 지식, 그리고 종합적인 문화력을 갖추어야만 한다. 한국이 그 정도의 정신적·도덕적 힘이 있는지에 대해 염려하는 사람들도 있겠지만 한국은 반만 년 역사를 가진 문화민족이다. 그 정도의 문화적 저력을 가지고 있다고 자신하는 바이다. 분명 외부에 의한 영향도 있겠지만 이를 극복하는 것이 불가능한 일도 아니라는 것이 필자의 소신이다.

어떤 사람들은 한국이 유럽의 스위스처럼 영세중립국의 위치를 차지하기를 희망한다. 그러나 그것은 매우 어려운 일이다. 주변 강대국인 미국, 중국, 러시아, 일본, 그리고 유럽의 여러 국가들이 자진하여 한국에 그러한 권한과 지위를 부여하려고 하지 않을 것이기 때문이다.

다만 스위스가 어떻게 그런 특권적인 지위를 얻었고 지금까지 유지하고 있는지에 대해서는 고찰해 볼 필요가 있다. 스위스는 독일인, 프랑스인, 이탈리아인 등 유럽 여러 나라 사람들로 구성되어 있다. 그들은 각자의 모국(母國)도 사랑하지만 그들이 살고 있는 스위스도 매우 사랑한다. 그렇기 때문에 스위스는 어느 나라하고도 적대할 수 없다.

가장 중요한 사실은 여러 인종들이 서로 화합하여 영세중립국의 위치를 고수하며 유럽의 평화에 기여하려는 정신으로 철저하게 무장되어 있다는 것이다.

이것은 스위스 국민들의 정신도덕적 수준이 그만큼 높았기 때문에 가능한 일이었다. 단일민족임을 자랑하는 한국인들은 분열과 대립의 DNA를 강한 취약점으로 보유하고 있다. 이국종(異國種)으로 구성된 스위스처럼 화합과 단결의 정신을 유지할 수 없는 것이 우리의 숙명적인 약점이다. 언제 어디서든 분열, 대립하고 싶어 하는 고질적인 DNA 때문에 한국은 미국이나 중국 그 어느 쪽에 가담하더라도 다시 분열과 대립을 하게 되는 취약점을 안고 있는 것이다.

한국은 미중 양국의 한가운데에서 두 나라를 화해 협력으로 이끄는 주도적인 역할은 할 수 없는 것인가? 한국이 스위스처럼 영세중립국은 되지는 못하더라도 미중 양국이 서로 적대하려는 경향을 억제하면서 그 쌍방을 화합시키는 역할을 할 수는 없는 것일까? 한국은 앞으로 미국과 중국을 화해시키고 중국과 일본 간의 대립도 중재할 수 있어야 하는데 그런 능력을 어떻게 개발할 것인가?

한국은 과거와 현재, 전통과 현대, 그리고 남북한과 좌우익을 통섭(統攝)하는 능력을 보여 줄 수는 없겠는가? 필자는 우리가 결심만 한다면 가능하다고 장담하고 싶다. 그것은 아시아태평양공동체를 한국 주도로 만들면 되는 것이다. 그런 지역공동체를 만들어 나갈 능력이 우리에게 있다. 한국은 능히 미국과 중국을 조종함으로써 세계평화로 나아갈 수 있는 영향력을 키울 수 있다.

그러나 여기서 특별히 중요한 것이 있다면 바로 중국과 일본의 화해협력의 노력이다. 그것이 가능하겠는가 하고 묻는 사람도 있겠지만 필자는 불가능한 일은 아니라고 확신한다. 왜냐? 한국이 중국과 일본의 참모습을 살리면서 외교를 펼칠 수 있다면 국가 간의 갈등문제는 저절로 해결될 수 있기 때문이다. 이것은 중국이 과거처럼 패권국가로 행세하려 하지 않고 공자(孔子), 맹자(孟子)의 모국답게 점잖게 행세한다면 가능할 것이다. 그렇다면 세계의 중심국가로 거듭날 수 있기에 불가능한 일도 아니다. 일본 역시 한국의 도움을 받으며 과거 동양의 평화공영권을 기도했던 나라답게, 전후(戰後) 세계의 일등국답게 행동한다면 세계평화 건설에서도 주도적인 역할을 해낼 수 있다고 믿는다.

필자는 오래전부터 한중일 3국의 화해와 협력을 강조하여 왔다. 3국은 어떤 원리의 토대 위에서 화해, 협력, 단결할 수 있겠는가? 그것은 유불선 3교, 곧 동양사상의 원리와 현대사상의 좋은 부분을 통섭한 새 문명을 만들면 된다. 그런 노력의 중심이 바로 아시아태평양공동체인 것이다. 한국 혼자만의 힘으로는 어렵겠지만 한중일 3국이 우애 속에 힘을 합친다면 조만간에 세계평화의 초석이 되는 아시아태평양공동체를 만드는 데는 큰 어려움이 없을 것이다. 유럽도 18~19세기에 오늘과 같이 EU가 생겨날 것이라고 누가 생각이나 했겠는가?

다시 말해서 한국은 중국과 일본을 위대한 국민국가로 발전할 수 있도록 도움을 주는 입장에 서야 한다. 그러면 한국은 그들과 함께, 아니 더욱 크게 성장할 수 있을 것이다. 미국과 러시아, 중국과 일본, 그리고 남북한이 각국의 패권의지를 보이며 잘난 체하는 것이 아니라 모두가 의젓하고 행복한 삶을 살아갈 수 있도록 서로 돕고 노력하며 봉사하면 되는 것이다. 그렇게 된다면 우리가 사는 지역은 물론 타 지역까지도 평화로워질 것이다. 또한 이것이 모든 국가의 진심이며 진면목이라고 믿는다.

아시아태평양공동체를 만드는 일은 쉬운 일이 아니다. 이것은 미국, 일본, 그리고 중국의 관심과 협력 없이는 성공하기 어렵기 때문이다. 미국, 중국, 러시아, 일본, 그리고 남북한은 우리가 젊은 시절에 노년기를 위해 보험을 들듯이 아시아태평양공동체의 활동을 위해 관심과 돈 그리고 무제한의 노력을 지속적으로 투입해야 한다. 먼 미래에 이 중 어떤 나라가 위태로워지더라도 그 나라를 지켜줄 수 있는 것이 바로 아시아태평양공동체이기에 이 공동체가 설립되어 운영된다면 금후의 세계는 평화로울 것이며 위태로워지지도 않고 그 미래는 안전할 것이다.

호학지사를 위해 문자를 써볼까? "凡所有相 皆是虛妄 若見諸相非相 則見如來."(범소유상 개시허망 약견제상비상 즉견여래) "一切有爲法 如夢幻泡影 如露亦如電 應作如是觀."(일체유위법 여몽환포영 여로역여전 응작여시관) 이것은 불교《금강경》경전의 마지막 구절이다. 그 뜻을 음미할수록 깨달음은 더욱 깊어진다.

▪ 요점

아시아태평양지역에서 강대국은 미・중・러・일 4개국이다. 중국과 러시아는 대륙국가의 강자이며 미국과 일본은 해양국가의 강자이다. 이 가운데 한국은 중도를 고수한다. 한국은 언제나 중도와 정의 편에 서야 한다. 4대 강국 중 어느 한 나라가 잘못된 방향으로 가는 경우에는 그것을 견제하며 진리와 평화 쪽에 서도록 유도해야 할 것이다.

우리의 압력은 하드 파워(*hard power*)가 아니라 소프트 파워(*soft power*)이다. 소프트 파워는 아시아태평양공동체를 구성하는 국가와 국민들의 협력과 지지로부터 오는 것이다. 한국이 중도와 정의 편에 설 때 지역공동체가 이를 뒷받침해 준다는 구상이다.

한국 외교는 중국과 일본이 위대한 국가가 될 수 있도록 도와주어야 한다. 그래야만 한국도 위대한 국가로 올라설 수 있기 때문이다. 한중일 3국이 하루빨리 내실 있게 공생공영하는 방법을 터득하고 실천했으면 좋겠다. 그러기 위해서라도 아시아태평양공동체를 만드는 것과 상호 화해 협력하는 것이 최선의 방법이다.

2장

박근혜 정부의 對日 외교, 잘해 왔는가?

2014년 12월 31일

박근혜 대통령의 취임 후 첫 외교 나들이 국가가 미국이란 것은 예상된 일이었다. 박근혜 대통령은 워싱턴 D. C. 로 가서 미국 오바마 대통령과 화기애애한 가운데 정상회담을 했다. 다음 날은 미국의회에 방문하여 상하원 합동연설회의에서 한국의 외교 정책과 관련하여 사려 깊은 연설을 통해 뜨거운 박수갈채를 받았다. 이러한 성공적인 미국 방문을 통하여 1950년 이래로 유지되어 온 동맹국과의 우의와 신뢰는 더욱 굳건해졌을 것이다.

박근혜 대통령은 2013년 6월 26일 두 번째 외교 나들이로 중국을 예방하였다. 중국 조야의 열렬한 환영과 화기 넘치는 분위기 속에서 중국의 국가주석 시진핑과 정상회담을 가진 데 이어, 중국의 인민대표회의에서의 성공적인 연설을 통해 박근혜 대통령의 외교역량은 유감없이 발휘된 것 같다.

그런데 문제는 박근혜 대통령이 귀국 후 일본에 대한 방문계획은 세운 바가 없는 것처럼 언론이 보도하였다. 과거 한국의 대통령 취임 후 외교방문은 의례적으로 미국 다음에 일본이었는데 이번에는 처음으로 일본을 대신하여 중국을 제 2차 방문국가로 격상한 것이다. 여기까지는 단순한 외교 프로토콜상의 변화로 받아들인다면 크게 문제되지 않을 수 있다. 다만 일본 방문계획이 없다는 언론보도는 외교대상국에서 일본을 뺀 것은 아닌가 하는 우려를 낳게 했다.

박 대통령의 중국 예방이 끝난 후 언론에서는 윤병세 외교부 장관과 일본 외상의 만남을 보도하였다. 이 만남은 일본 외상이 급히 만나자는 요청으로 예정도 없이 이루어진 것이었고, 윤 장관은 일본 외상에게 역사문제에 대한 반성의 태도가 보이지 않는다는 이유로 대화할 의사가 없다는 뜻을 보였다. 결국 두 외교부 장관의 만남은 25분 이상 지속되지 못하였다고 한다.

추측건대 일본 외교부 장관이 윤 장관을 급히 보자고 한 용건은 박 대통령의 일본 방문일정에 대한 협의 때문이었을 것이다. 윤 장관이 회의 도중 대화를 끊고 일어선 것은 박 대통령의 일본 예방이 없을 수도 있음을 시사한 것은 아니었을까? 이것은 앞으로 한일외교가 매우 소원해질 수 있음을 예감케 했다.

국가외교에는 영원한 동지도 영원한 적도 없다는 말이 상식화되어 있다. 이 말은 미국을 비롯한 그 어느 나라도 예외가 될 수 없다. 미국, 러시아, 일본, 중국 등 기타 세계의 여러 강국들도 그때마다 이해관계의 변화에 따라 민감하게 처신한다. 외교관계는 가까워졌다가도 멀어질 수 있으며 이 관계는 수시로 바뀔 수 있는 것이므로 예측할 수 없다는 뜻이 담겨 있다.

한국 정부는 미국이 공산주의로부터 우리를 지켜주지 못할 경우, 중국이 정책과 태도를 바꾸어 북한을 버리고 우리를 보호해 줄 것이라는 기대를 하는 모양이다. 일본이 과거의 죄업에 대해 사죄했더라도 더 깊게 반성하고 사죄하는 모습을 보여주지 않는다면, 중국과 동격으로 대우받는 일은 없을 것이라고 생각하는 것 같다. 미국 또한 공산권 국가와도 격의 없이 따뜻한 우정을 나누고 있기에 과거 한국을 식민지화했던 일본 따위는 상대할 필요가 없다고 생각하는지도 모른다.

필자는 이런 식의 외교발상법에 찬성할 수 없다. 일본이 한일합병을 강행함으로써 큰 죄를 지었다고는 하나 과거에 그랬다고 해서 미래가 나빠져야 할 이유는 없는 것이다. 시대상황이 완전히 바뀌었으니 우리는 일본과 좋은 관계를 유지하며 아시아 지역공동체를 위해 건설적인 역할을 유도함으로써 일본의 기여를 최대화하는 것이 우리의 국가이익에 부합되는 것 아니겠는가? 한국 외교의 주안점도 미국이나 중국의 환심을 얻고자 노력하기보다는 아시아태평양공동체를 활성화하는 데 더욱 주력해야 한다는 것이 필자의 생각이다. 또한 이런 일에 가장 적합하며 실질적인 기여를 할 수 있는 나라는 중국이 아니라 일본이라고 생각한다. 이런 점에서 우리는 한일정상회담은 나중으로 미루어도 괜찮다는 소견에 동조할 수 없다.

일본은 한국이나 중국에서 인기도 신망도 없다. 그러나 동남아시아나 중앙아시아, 신장이나 몽골 등지에서는 가장 광범위한 인기와 신망을 누리고 있는 나라이다. 그 이유는 제 2차 세계대전 이후 그들에게 일본이 가장 많은 원조를 제공하였고 후진국의 개발과 선진화에 적지 않은 기여를 했기 때문이다. 이것이 중국과 한국이 일본 침략의 죄악을 더욱 소리 높여 외치게 만든 원인이 된 것 같다. 그러나 그렇게 해서 우리가 얻은 이익은 무엇인가?

그리고 일본을 아시아태평양공동체 설립에 앞장세워야 하는 이유 중 하나는 일본이 전쟁기간부터 대동아공영권의 업무에 관여해 온 경험 때문이다. 물론 제 2차 세계대전 중 일본이 구상했던 대동아공여권과 오늘날 대부분의 나라가 생각하는 동아시아공동체는 그 구성이나 성격이 크게 다른 것이 사실이다. 그럼에도 과거 일본의 지역공동체 구상에는 배울 것이 있을 것이고, 게다가 일본은 근래에도 동아시아공동체 설립의 문제에 관해 범국가 차원에서 꾸준히 연구해 왔다. 그래서 범아시아 차원에서 한중일 3국 중에서 가장 앞선 선진국이라 하면 누구나 일본을 첫 번째로 꼽아 온 것 아니겠는가?

그런 일본과 비교한다면 중국은 부분적으로 중진국 수준에 진입했을 뿐 후진국의 흔적이 아직 적지 않게 남아 있는 나라이다. 한국도 부분적으로는 선진 대열에 들기 시작했지만 아직 많은 분야가 중진국 수준을 넘어서지 못한 상태이다. 후진국과 중진국이 합세하여 선진국을 배척하고 몰아세우는 것은 책략적으로는 유용할 수 있다. 그러나 평화와 번영을 만들기 위한 목적에는 도움이 될 수 없을 것이다.

이처럼 한중일 3국 중 가장 앞선 일본을 배제하고 한국과 중국이 손을 잡는다면 그 결과의 효율성은 일본이 참여한 것만 못한 것이 될 것이다. 일본의 반성 부족으로 대화를 거부하겠다고 버티는 태도를 가진 국가를 세계 어느 나라가 지지하고 존경하겠는가? 역사에 대해 좀더 깊고 철저하게 공부한다면 그와 같은 행동을 계속 유지하지는 않을 것이다.

여러 가지 면을 고려하더라도 한국이 일본에게 역사에 대한 반성이 부족하다는 트집을 잡으며 따돌리거나 멀리하는 것은 정책입안자답지 않은 만견(慢見), 단견이며 악견일 뿐이다. 차라리 일본을 동아시아공동체 일에 앞장서게 하여 과거 일본이 지었던 역사적인 과오들을 효과적으로 보상, 탕감하도록 유도하는 것이 현명한 일 아니겠는가?

앞서 우리는 언급하였다. 우리가 잘되기를 기원한다면 먼저 남부터 잘되길 기원하라고 말이다. 남을 모욕하거나 잘못되게 만들면 우리에게 돌아오는 것은 복이나 영예가 아닌 어리석은 실수와 재앙을 불러일으키는 악업일 뿐이다. 필자는 한국 외교부가 좀더 지혜롭고 어른스럽게 세상의 이치를 이해하며 외교업무를 추진해주기를 바랄 뿐이다.

〈조선일보〉 신정록 논설위원은 2014년 12월 30일 자 칼럼에서 "있는 그대로의 日本을 볼 때가 됐다"라는 글을 썼다. 그 일부를 소개한다.

> … 얼마 전 일본 내각부는 일본 국민을 상대로 매년 실시하는 여론조사에서 "한국에 대해 친밀감을 느끼지 않는다"는 응답이 66.4%로 역대 최고치에 달했다고 발표했다. 2011년 36.7%에서 2012년에 59%로 갑자기 오르더니 작년 58%를 거쳐 올해 악과의 정점을 찍은 것이다. 이 조사가 시작된 게 1978년이니 군사 정권 시절보다 한국을 더 싫어하고 외면하게 됐다는 얘기다. 구로다 가쓰히로 씨가 연초 〈주간조선〉에 실은 글에서 "한국의 실패가 일본의 기쁨이 된 것 같다"고 했을 정도로 일본 내 반한정서가 험악해졌다는 것이다.

필자가 알기에 한 국가의 외교란 국제사회와 타 국가와의 관계에서 국가이익을 최대화하고 국가적인 손해를 최소화하려는 정부 노력과 행위라고 알고 있다. 그런데 한일관계가 노무현·이명박·박근혜 정부에 이르도록 계속 악화되어 온 것을 보면(김대중 정권 이후 역대 정권을 거치는 동안 계속 악화된 추세) 한일관계의 악화가 국가이익으로 간주되어 왔음을 보인 것 아닌가? 한일관계의 악화가 바로 대한민국의 국가이익이라는 방침이 있었던 것이 아니라면 이러한 지속적인 악화와 하강추세가 계속되었을 리 만무하다는 판단을 하게 된다.

그렇다면 1998년 10월 김대중 대통령이 일본의 오부치 총리와 '21세기 새로운 한일 파트너십 공동선언'을 발표한 것이 잘못된 외교행위였음이 대한민국의 국론으로 확정되었는가? 그러한 국민적인 합의가 있었던 것도 아니라면 노무현·이명박·박근혜 정부에 이르는 반일외교는 대한민국의 좌경화와 포퓰리즘 추세에 따라 흘러나온 한국 정치의 좌경화 추세의 일환이라고밖에 해석할 수가 없다.

일본이란 나라가 과거의 죄업으로 쇠퇴, 멸망해야 했다면 반일감정의 상승이 잘못된 외교 정책이 아니었다고 할 것이다. 그러나 일본은 미국의 동아시아 담당 방위책임자로서 재무장이 허용되었고 동아시아의 방어책임자의 임무가 주어진 상태이다. 이렇게 되면 한국은 미국의 지원을 받는 일본에 적대하는 입장이 된 것이다. 이러한 외교 정책이 무조건 관철되어도 좋은 것인가? 그렇다면 대한민국에 득이 될지 손이 될지 다시 생각해 보아야 할 일 아니겠는가?

이것은 현재 박근혜 정부로서 심사숙고해야 할 일이므로 신정록 논설위원의 "있는 그대로의 일본을 볼 때가 됐다"는 말은 곱씹어 보아야 할 것이다.

▪ 요점

일정(日政)시기에 반일의지나 돌출행위는 영웅적인 행위로 환영받을 수 있었다. 과거 19세기나 20세기 전반은 약육강식의 시대였기에 제국주의가 활개를 쳤다. 당시 강자의 입장에 있던 일본에게 침략주의 행동을 자제하기를 바라는 것은 비현실적인 발상이었다.

그러나 지금은 아니다. 나라의 국제행위가 문명화된 20세기 후반부터는 일본이 그런 행위를 보인 바는 없다. 더구나 21세기에 와서 반일 언행을 존경받는 행위로 착각하는 사람은 국가이익을 손상하는 사람이기에, 세계평화는 물론 지역평화에 보탬이 되지 못한다.

오히려 근래에 와서 중국과 한국의 노골적인 반일 정책과 행위가 일본 아베 정권으로 하여금 일본재무장을 위한 헌법개정을 부추기고 있는 것은 아닌지 염려스럽다. 일본에게만 반성하고 참회하라고 강요할 것이 아니라 반일운동을 강화해 온 중국과 한국도 그들 못지않게 반성하고 참회해야 하는 것은 아닌지 모르겠다.

아시아태평양공동체 설립은 한중일 3국이 얼마나 화해, 협력하는가에 따라 성공 여부가 달려 있다. 이 극동 3국은 각기 남의 특별한 배려나 도움 없이도 잘살 수 있는 나라들이다. 그러나 이 3국의 화해와 협력은 아시아 지역은 물론 세계평화와 인류번영을 위하여 긴요하게 요구되는 시대적 과제인 것이다. 3국은 자국의 이익, 권위, 체면을 모두 내려놓고 이 시대적 과제달성을 위해 헌신적으로 봉사하는 데 뜻과 힘을 합치자!

3장

동아시아의 국제관계 변화와 한국 외교의 중심과제*

2013년 9월 20일

1990년대부터 최근에 이르기까지 아시아태평양공동체에 관련된 논의는 숱하게 거론되었던 문제이다. 실제로 2011년 일본 하토야마 총리의 제안을 뒷받침하기 위한 '한중일 3국 협력위원회'가 한국 외교부에 설치되었지만 그 공동체 구상이 현실화될 전망은 전혀 보이지 않는다. 그 이유는 중국과 일본, 한국과 일본, 그리고 미국과 남북한 간의 차가운 불신과 갈등의 감정이 아직 가시지 않았고 오히려 더 심해지고 있기 때문이다. 2013년 5월 22일 자 〈조선일보〉에서 박두식 논설위원은 다음과 같이 썼다.

---

* 한국국제정치학회 2013 부산하계학술대회 발표논문 "한중일 3국 간 화해의 조건과 방법에 관한 연구"를 수정 및 보완한 것이다. 원문은 아시아태평양공동체 홈페이지 자료실(2013년 8월 31일) 참조.

공교로운 일일 수 있지만 동북아 3국의 지도자들은 모두 2세 정치인이다. … 이들은 작년 말과 올해 초에 집권했다. 이들이 등장한 이후 동북아 정세는 위험한 국면으로 치닫고 있다. … 언제 무슨 일이 벌어질지 모르는 아슬아슬한 기 싸움을 이어 가고 있다. 여기에다 김씨 왕조의 3대(代) 김정은을 앞세운 북한은 반년 가까이 입만 열면 '핵 보복 성전(聖戰)' 유의 위협을 늘어놓고 있다. 최근 들어 부쩍 동북아에서 증오와 분노의 에너지가 쌓여 가고 있다. 이렇게 축적된 증오와 분노는 미래의 어느 시점에 반드시 대가를 요구할 것이고, 언제 대형 재앙으로 이어질지 모른다.

이것이 지금 박 대통령 앞에 몰려오고 있는 동북아 정세의 급류(急流)다. 우리가 이 급류를 피하려 한다고 피할 수 있을지, 그마저도 가늠하기 어렵다. 그러나 21세기의 국제 질서가 100여 년 전 제국주의 시대와 같은 야만의 시대로 되돌아가지는 않을 것이다. 우리가 군사력이나 경제력에서 중·일과 맞설 규모가 되기를 기대하지 못한다. 단, 정치는 다르다. 중국과 일본, 더 나아가 북한에 대해서도 한국이 가장 경쟁력을 갖춘 분야가 정치일 것이다.

한국의 정치는 동북아 다른 나라들보다 더 민주적이고 관용적이며 개방된 체제다. … 지금 동북아 각국 사이에 얽히고설킨 갈등은 어설픈 중재로는 풀기 어렵다. 그러나 가장 민주적이고 도덕적 명분에서 앞선 나라의 기준이 동북아 갈등을 푸는 국제 스탠더드가 될 것이다.

아베 등장 이후 일본 정치의 역주행이 국제적 반발을 불러 고립으로 이어진 것만 봐도 정치의 중요성을 실감하게 된다. 이런 맥락에서 국내 정치는 한국이 험난한 국제무대에서 생존하는 것과 직결된 문제다. 지역·이념·세대·정파로 나뉜 우리 내부의 분열·갈등을 넘어 통합의 모델을 성공시키는 것은 다가올 남북통일 역량을 입증하는 것이기도 하다. … 박 대통령이 한국 정치를 이 방향으로 이끌었으면 한다.

좋은 문제제기라고 생각되었기에 그의 글을 길게 인용하였다. 문제는 한국이 과연 미국과 중국, 한국과 일본, 그리고 남북한을 아우를 수 있는 정치력을 행사할 수 있겠는가? 만약 박근혜 대통령이 아시아태평양공동체 기구의 실험을 제안한다면 미국과 러시아, 중국과 일본, 특히 북한이 그 기구 발족에 협조할 것 같은데, 왜 박 대통령은 그런 제안도 하지 못하고 있는지 아쉬운 일이라 하겠다.

1. 아시아태평양공동체국제시민운동의 활동과 그 목표

아시아태평양지역의 환경여건이 좋지 못한 상태에서는 아시아태평양공동체의 문제도 정규적인 외교 절차나 방법(트랙 I 접근법)이 아닌 국제시민운동(트랙 II 접근법)에 의존하는 수밖에 없다. 그래서 국제시민운동을 통하여 추진하는 지역통합활동의 역할과 그 당위성을 다음과 같이 요약해 보겠다.

(1) 아시아태평양공동체 설립의 필요성과 당위성, 그 지역공동체가 가져올 수 있다고 예상되는 개인 및 국가이익을 성취하려면 꾸준한 홍보・선전활동이 요구된다. 그러므로 우리는 여러 나라와 많은 사람들의 참여, 사회여론을 환기, 유도하기 위해서 국제적인 시민운동단체로 그들을 유도해야 한다.

(2) 아시아태평양공동체의 시민활동목표, 계획, 그리고 구체적인 추진방법과 그 결과를 논증하는 국제적 학술회의를 계속 개최함으로써

연구책자를 다국어로 발간 배포한다.

(3) 각 시민운동단체는 타국이나 타 지역 시민단체들과의 협력을 통하여 자유롭게 상호 예방하며 종교적·문화적 접촉 및 경제적인 교류 협력 및 물자의 주고받기를 하기 위해서는 봉사활동의 실적을 쌓아가야 한다. 그런 경험과 성과를 주변국의 웹사이트에 올리며 전 지역으로 전파하기 위한 실천과 결과를 확대해 나간다.

(4) 아시아태평양공동체의 회원국은 자연재해나 대형사고를 예방하고 대비한다. 그런 일이 일어나면 정부기구와 협의하며 상호 협동을 통하여 봉사활동을 최대화할 수 있도록 시민활동을 조직화해야 한다.

(5) 각국 시민단체는 그들의 평화증진과 복지향상에 이바지하는 평화활동이나 봉사활동이 단순히 자국과 이웃 나라 및 지역공동체에 그치는 것이 아니라 나아가 세계평화와 인류의 향상 발전에 이바지한다는 목적의식을 가지고 활동해야 하는 시점에 와 있다. 이러한 활동은 모두 자신의 인격향상과 신불에 대한 헌신과 봉사로 결부되어야 한다. 다만 특정 종교에 대한 배타적인 집착으로 보편적인 화해와 협력을 저애하지 않도록 유념해야겠다.

(6) 아시아태평양지역은 유불선 3교에 기독교와 이슬람교 그리고 힌두교까지 활발한 지역이다. 이런 지역공동체에서는 특정 종교에 대한 집착이 여러 민족 간의 화해와 협력을 저애하지 않도록 배려하면서 시민활동을 추진해야 한다. 반면 경천애인(敬天愛人), 홍익인간(弘益人間), 선인선과(善因善果)란 한국인의 일상용어는 어느 특

정 종교에 국한된 교리와 상치되지 않는 보편적인 진리이므로 그 취지에 배치되지 않도록 시민활동을 전개해야겠다.

(7) 불교 교리에 사섭법(四攝法)이란 가르침이 있다. 이 가르침은 많은 사람들의 지지·애정·협력을 얻는 구체적인 방법을 제시하고 있다. 첫째가 보시(布施)인데 이것은 사람들이 원하는 바를 나누는 증여를 뜻한다, 둘째는 애어(愛語), 사랑의 말을 하는 것이다. 셋째는 이행(利行), 이롭게 하는 것이다. 넷째는 동사(同事), 남이 하는 일에 동참하는 것이다. 아시아태평양공동체시민운동은 타 국가나 타 인종에게 이런 이타행을 함께하자는 취지에서 추진되는 사회봉사 및 이행활동이다. 이런 보편적인 사회운동을 추진하는 과정에서 각국 시민단체의 창의성을 살려 나가야 할 것이다.

(8) 아시아태평양공동체 창설의 성패는 한중일 3국의 협력과 단합 여하에 달려 있다. 그러므로 우리는 한중일 3국의 협력과 단합을 훼손하거나 방해하는 상호 오해나 공격, 왜곡된 인식을 바로잡는 활동에 주력하며 화해 단결에 도움이 되는 활동을 적극적으로 확대해 나가야 한다.

(9) 아시아태평양공동체의 성패는 그 일을 추진하는 간부요원들의 열성과 강화 훈련에 달려 있다. 그러므로 국제적인 시민운동을 만들고 발전시킬 수 있는 간부요원들을 주기적인 합숙훈련을 통하여 정기적으로 양성하는 프로그램과 시설의 설립이 요구된다. 이런 시민운동의 간부요원들은 주기적으로 여러 나라 연수시설에서 교육과 토론을 지속할 수 있도록 국제적인 교류 협력망을 확대해 나가야 한다.

2. 일본역사를 통해 드러난 일본인들의 국민성격과 패권의지

일본인은 세 인종의 혼합이라고 보아도 된다. 첫째는 시베리아나 캄차카 반도 등지에서 내려온 아이누 족의 후예들이다. 둘째는 동남아시아나 태평양의 섬에서 올라온 말라이 족의 후예들이다. 마지막으로 셋째는 한반도에서 건너간 도래인들이다. 이런 세 인종이 일본열도의 국민으로 통합되었는데, 한반도의 가야, 백제, 그리고 신라와 고구려 등지에서 수시로 건너온 도래인들이 보다 높은 문화를 가져왔기에 이들이 일본열도를 지배하는 상위계층을 이루게 된 것이다.

여기서 문제가 된 것이 한반도에서 건너간 사람들의 사회성분과 성격 등일 것이다. 그들 대부분은 한반도 여러 지역에서 생존경쟁에서 밀려나거나 쫓겨난 부류 또는 그 후예들이었다. 그들은 자신이 태어나고 살아온 고향에 대한 미련을 떨치지 못하여 기회만 있으면 고향으로 돌아가고자 했고 이를 통해 자기과시를 하거나 보복하기를 갈망한 부류도 적지 않았다. 그들에게 가장 손쉬운 방법은 왜구침입이었다. 역사적으로 한반도가 왜구의 침공을 많이 받았던 이유가 여기에 있다.

그 결과 한반도는 시도 때도 없이 쳐들어오는 왜구에 늘 속수무책으로 당했다. 얼마나 심각했던지 신라의 문무왕(文武王)은 자신이 죽으면 그 시신을 바다에 묻어 달라고 유언하였다. 자신이 죽어 용(龍)이 되어서 왜구침입을 막아보겠다는 유언(遺言)이었다. 이것이 이른바 문무왕의 해중능(海中陵)이다. 이처럼 일국의 국왕이 자신의 시신을 바다에 묻어 달라고 한 예는 그 어디에서도 찾아 볼 수 없다.

일본의 역사를 보면, 기원전 빗살무늬 토기를 사용하던 조몬(繩文)

시대 다음이 청동기시대를 포함한 야요이(彌生) 시대, 그 후 분산된 소지방의 왜국들이 기원후 3~4세기 천황제(天皇制) 아래 통합된 것이 야마토(大和) 시대였다. 그러다가 7세기에 본격화된 것이 일본인들의 역사서 저술과 간행이었다. 《고사기》(古事記), 《일본서기》(日本書紀)가 그 대표적인 문헌이다. 이를 통하여 일본인들은 자화상, 정체성을 모색하였다. 그들의 억울했던 심정과 야심에 찬 모습이 역사 서술로 드러나 있음을 볼 수 있다.

중국과 대등한 관계로 끌어올리려다 보니 일본은 한반도의 4국(삼국에서 가야국까지)도 진작 정복한 일이 있었다는 듯이 기록했다. 이것은 그들의 조상이 그 지역에서 왔다는 말을 정벌했다는 식으로 표현한 것 같다. 그리고 고조선의 역사와도 균형을 맞추려는 의도에서 신화와 같은 2천 년 역사를 창작했다. 그들이 꾸며낸 역사의 요지를 요약하면 다음과 같다.

일본은 본시 신국(神國)이다. 만세일계(萬世一系)의 천황제도 그러한 역사의 뿌리에서 왔다. 천황가가 신들의 직계후손이라고 말하다 보니 일본은 장차 한반도와 중국을 포함한 아시아와 세계를 지배할 운명과 사명을 가지고 생겨난 나라임을 시사하는 정치신화로까지 발전한 것이다.

일본은 건국 이래로 영예를 목숨보다 소중하게 여기는 무사도의 나라이며 상무(尙武) 국가이다. 그런 면에서 선비의 나라이며 상문(尙文) 국가인 한국과 매우 대조된다. 일본은 세계를 종(縱)적 관계, 곧 수직적인 상하서열의 관계로 보는 관행을 유지하는 나라이다. 일본은 한반도보다 인구도 많고 국토도 넓다. 그래서 일본은 아시아에서는 중국 다음의 대국이라고 자국을 자처해 왔다. 그러므로 국제적 서열도 한국보다 높게 두었다. 더구나 근대화 이후에 와서는 일본의 우위가 확정된 상황에서 상명하복(上命下服)의 상하위계질서가 분명해야 하는데 한국은 일본보다 약소한 나라임에도 그런 엄연한 위계질서를 무시하니 엄하게 다스려야 할 족속들이었다. 그들은 한국인을 조센징(朝鮮人)이라 불렀다. 그것은 바로 천인(賤人)이라는 뜻으로 사용된 말이었다. 그래서 일본은 한국에 응징과 제재를 강행해야 할 의무가 있다는 일종의 빗나간 소명의식을 가져온 면도 있었던 것이다. 사람은 누구나 저 잘난 맛에 산다. 그들은 자국인 일본이 다른 나라와 똑같지 않은 특별한 나라이며 특별한 국민이라는 뜻에서 조센징의 대칭어(對稱語)로서 니혼징(日本人)을 사용한 것이다.

다른 나라의 경우 폭력 집단들이 국가의 주권을 장악하기 위해 서로 경쟁하다가 그중 최강자, 특히 국민 대중에게 가장 인망이 높은 이가 나라의 국가권력을 장악하여 왕조(王朝)를 수립하였다. 그러다가 기존 왕조가 부패하여 민심을 잃게 되면 또 다른 폭력 집단이 반란을 일으켜 폭력 집단 간의 경쟁과 대립을 거쳐 또 다른 왕조로 교체했던 것이다. 역사상 중국의 역대 왕조 중 200~300년 이상 계속된 예가 거의 없다. 또 중국은 수시로 외적들의 침략을 받아서 외세의 지배하에 굴욕의 나날을 보낸 적도 많았다.

그러나 일본의 통치권자는 하늘에서 내려온 천손(天孫)의 후예이다. 일본은 만세일계의 천황가가 나라를 통치했다. 일본은 천황가의 후손이 나라를 다스려 왔기에 일본 국민은 천황에게 변함없는 충성으로 받들어 온 것이다. 일본은 어느 나라와 싸워도 패배한 적이 없다. 외군이 일본 땅에 들어간 적이 없다. 심지어 12~13세기에 전 세계를 석권하였던 몽골(蒙古)도 유독 일본 침입에는 성공하지 못하였다. 그래서 일본은 독립과 자존 그리고 아시아의 모범국가로 칭송받는 나라로 자부하면서 살아 온 것이다.

이러한 국가관과 신념을 가지고 오랜 역사를 살아왔는데 제 2차 세계대전에서 영미를 비롯한 민주연합국에게 선전포고하며 도전하였다가 역사상 최초로 패전의 굴욕과 아픔을 경험하였다. 그 때문에 전쟁범죄자들은 색출되어 사형에 처했지만 천황을 비롯한 일본의 보수지도층은 사면의 특혜를 누렸다. 그 이유를 말하자면 영국과 미국의 두뇌들이 소련공산주의나 중국 공산주의의 성장과 팽창을 염려하여 동아시아의 강국을 보류로써 남겨두고자 생각했기 때문일 것이다.

3. 패전국가 일본이 국제사회의 지도국가가 될 수 있는가?

제 2차 세계대전에서 패전하면서 무조건 항복한 일본은 미국의 점령하에 민주주의 체제로 변신하였다. 1950년 한국전쟁의 특수혜택을 받아 빠른 속도로 경제적 부흥을 누리다가 단시일 안에 세계 제 2위의 경제대국으로 성장할 수 있었다. 1950년대의 한국전쟁과 1960년대의 베트남전쟁의 특수에 힘입어 세계 제 2의 경제대국 지위에 오른 일본은 국제기구의 활동비용이나 미국의 전쟁비용 및 평화유지활동에 많은 금액을 출연하였다. 또한 아시아, 아프리카, 중동지역의 후진국, 특히 경제적 빈국에 막대한 원조와 지원활동을 지속한 결과 국제사회에서 일본의 위상은 매우 높아진 상태이다.

이에 대하여 가장 배 아프게 여긴 나라는 중국과 한국일 것이다. 과거 침략행위와 태평양전쟁에 대한 죗값과 보상도 충분히 치르지 않은 일본이 세계의 강대국 틈에 끼어 국제적 영향력을 행사해서야 되겠는가 라고 여길 것이다. 한편 일본의 보수 세력은 나라가 경제성장으로 커지면서 미국의 경제이익과 부딪치게 되자 매번 물러서야 하고 미국의 영원한 종속국 노릇을 하는 데 그만 진력이 나, 결국 반기를 들고자 꿈틀거린 것이다.

일본이 왜 전쟁범죄국가인가? 먼저 일본을 괴롭히고 핍박한 것은 영국과 미국 아닌가? 그들이 한국의 독립투쟁을 지원하는 중국에 무기를 공급하며 일본에 대한 항전을 선동했고 물자를 후원했다. 또한 일본에 해군 군비증강을 제한하며 물자공급도 억제했는데 그런 국가들을 제쳐두고 왜 모든 전쟁책임을 일본에게 뒤집어씌우는가?

심지어 어떤 일본 국회의원은 다음과 같이 폭언했다. "한국인 여성을 종군 위안부로 끌어들였다고 비난하지만 요즘 도쿄 부근에 한국인 여성 위안부들이 득실거린다. 이들도 일본군이 강제로 납치하여 억류하고 있다는 것인가?"라고 말이다. 이런 폭언들이 언론에 보도될수록 한국 여론은 점점 더 흥분했고 반일감정은 극도로 비등했다. 속담에 쥐도 몰리면 고양이에게 덤빈다고 했다. 일본의 보수정치인들은 대부분 발악하는 상태에 몰려 있는 것처럼 보인다.

일본의 사무라이는 본래 불교에서 말하는 아수라 신을 믿고 따르는 신인(神人) 악귀들이다. 그래서 그들의 사고방법은 일반인과 다르다는 점을 감안해야 한다. 상문의 나라가 상무의 나라에 의하여 침략당하며 수모를 겪었다면 그 책임은 어느 쪽이 져야 하는가? 당연히 상무의 나라인 일본이 져야 한다는 것이 한국인들의 사고방식일 테지만, 일본인들은 이렇게 말할 것이다. 일본의 침략으로 한국이 침략 당했다고 하나 그 책임은 침략한 일본보다 자국을 지키지 못한 한국 정부와 국민들에게 있는 것이다, 일본에 전쟁책임을 지우지 마라, 아수라 신들에게 인생은 투쟁이고 인간사회 역시 생존경쟁이 행해지는 싸움터이다, 생존경쟁에서 졌으면 그만 끝난 것인데 무슨 할 말이 그렇게 많은가?

이런 사고방식으로 일본은 과거 한국을 괴롭히고 억압한 데 대해 전혀 죄악감을 느끼지 않았다. '아랫것들은 패배자이며 패배자는 억압 받게 되어 있다. 승자가 그들을 짓밟고 혼내 준 것이 무슨 잘못이냐?' 그들은 국제사회에서 패배하고도 패배를 인정하지 않는 이들을 골치 아픈 사람들이라고 여겨 껄끄러워한다. 그러니 진심으로 사죄하려고 하지 않는 것이다.

일본은 과거 전통사회에서 한국이 문화적 선진국으로서 일본에게 많은 것을 가르쳐 주었던 것을 알고 있다. 그러나 서구화·현대화에서는 일본이 한국보다 훨씬 앞서 있었다. 그래서 서양의 현대 문명을 한국에게 알려주며 지도했다. 제 2차 세계대전 후에는 한국이 급성장하여 여러 분야에서 일본을 따라잡으며 부분적으로는 앞서가기도 했음을 잘 알고 있다. 그러나 후배가 아무리 똑똑하다고 해도 자국을 선배라고 생각하는 일본은 후배인 한국으로부터 대접을 받고 싶어 한다. 한국이 그런 예의를 지켜 주지 않을 때 일본은 표면적으로 나타내지는 않더라도 내면적으로는 매우 실망하고 노여워할 것이다. 결국 태도는 다시 차가워지는 것이다.

일본은 한국 정부가 '과거의 침략행위를 사과하라', '더 진심으로 정성을 다해 사죄하라'고 요구할 때 어떻게 반응해야 하는지 판단하지 못해 당황한다. 그러나 보수 세력의 대부라고 할 자유민주당의 아베 총리는 당당하게 말한다. 일본은 한국이든 중국이든 침략하려고 한 것이 아니었다. 한국이 일본에 침략당한 것은 한일 간의 승부경쟁에서 패배했기 때문이다. 한국이 정복당한 것이라는 뜻이다. 일본 군인들이 총칼을 앞세우고 한반도로 들어간 것은 한국 정부와 국민들을 도와주기 위한 것이었다. 중국에 출병한 것도 중국 정부가 너무나 비이성적으로 행동하므로 혼내주기 위한 것이었을 뿐 침략하려고 의도한 것은 아니다. 그럼에도 일본인들의 이런 선의를 무시하고 적대적 태도를 보이는 것은 인간말짜들이니 상종할 필요가 없다.

그런데 이제 와서 일본에게 무슨 이유로 누구에게 사과하라는 것인가? 한 번 했으면 되었지 왜 계속 사과를 요구하는 것인가? 그동안 한국은 정치를 도덕과 혼동하여 발언하는 버릇을 보였지만 일본은 다르다. 진실을 말한다면 개인의 사회행위와 정치 집단 간의 관계는 같은 차원에서 판단할 수 없는 것이다. 이러한 이유로 일본은 한국에 대해 인정이고 우정이고 깨끗이 담을 쌓은 채 철두철미한 냉혈적 경제동물로 돌변하기 일쑤이다.

일본의 식민지배로부터 해방된 한국으로서는 한국침략을 부인하려는 일본인의 언행을 이해할 수 없는 것도 당연하다. 필자는 여기서 일본인들의 사고방법을 이해하지 못하여 곡해하게 되는 또 하나의 사례를 들어보고자 한다.

독일은 제 2차 세계대전의 과오를 철저히 반성하고 사과했다. 그 예로써 독일 정부는 외국인 전몰장병의 묘비 앞에서 여러 차례 무릎을 꿇고 눈물을 흘리면서 사과했다. 그런데 일본의 정치지도자들은 왜 자국민이 저지른 죄악에 대하여 사과하지 않는가? 그리고 왜 일본인 전쟁범죄자의 위패를 안치한 야스쿠니신사 참배를 계속하는가? 이것은 일본이 과거의 침략전쟁에 대해 반성하지 않고 또 다시 그런 침략전쟁을 저지르겠다는 마음가짐을 가지고 있기 때문이 아닌가?

필자는 일본인의 문화와 사고습성에 대해 조금이나마 아는 입장에서 외국인들이 곡해하는 일본 정치지도자들의 부분에 대해 짐작하는 바를 말하고자 한다.

독일은 전쟁과 아무런 관계가 없는 유대인들을 600만 명이나 학살했다. 그들의 학살목적은 유대인들의 종자를 지구상에서 멸종하기 위한 것이었다. 보통 전쟁에서 상대방의 인명을 살상하는 이유는 그 인종의 씨를 말리기 위한 것이 아니라 상대방의 정치적 저항의지를 굴복시키기 위한 것이다. 비전투인구의 씨까지 말리려고 살상하는 것이 아니다. 일본의 살상행위는 한국이나 중국 인종의 씨를 말리기 위한 것이 아니었다는 점에서 독일의 유대인 학살과 혼동하지 말아야 한다고 생각한다.

한중일 3국 간의 불화요인이나 의혹과 관련된 이야기는 그만하고 한중일 3국 간의 오해와 불신 그리고 적대감정에 대하여 상세하게 분석하고 논의했던 구로다 가쓰히로 씨의 지적에 대해 언급하고자 한다. 그는 한국인들의 반일감정과 그 뿌리에 대하여 너무나 상세히 그리고 실감나게 논하고 있다. 그는 《日中韓: 新三國志》(2003) 라는 저서에서 다음과 같이 말한다.

"일한갈등의 원인과 관련하여, 한국은 늘 일본의 반성 부족을 탓해왔다. 그러나 일본이 아무리 사죄해도 반성 부족을 질타하는 태도나 말투는 변하지 않을 것이다. 그러니 사죄할 필요가 없지 않은가? 한국인들은 본시 일본을 용서하면 불안해지는 사람들이다." 그의 이런 말 속에 가시가 있음을 감지할 수 있다.

먼 옛날에 한국은 군자불사(君子不死)의 나라라는 말을 남겼다. 작은 원한을 버리지 않으면 그것은 큰 원한이 된다는 말도 있다. 남을 미워하고 원망하는 것은 군자가 못된 소인 잡배들의 정신상태이다. 한국 언론은 잘사는 사람, 성공한 사람, 그리고 이웃 나라에 대한 증오와 불신을 부채질함으로써 한국 국민 대중의 정신상태를 저질화하고 무한히 끌어내리는 일을 계속해 왔다. 한국 언론은 한국을 소인불사(小人不死)의 나라로 끌어내리고 있는데 이 같은 한국 언론의 생리에는 문제가 있다고 생각하면 안 되는 것인가?

불교에서는 탐진치의 심성을 하급인간, 곧 중생들의 표식으로 금기시하였다. 한국이 좀더 나은 나라, 더 어진 국민이 되기를 바랄 수는 없는 것인가? 사람의 사고나 행동에서 선과 악이 공존하는 것은 어쩔 수 없다. 그러나 그 두 가지 중 어느 쪽에 주목해야 하는가? 개인이든 나라든 어느 쪽으로 향하느냐에 따라 흥망성쇠가 걸려 있는 것이다.

한일 양국관계는 두 나라의 신문이나 방송이 어느 쪽을 얼마나 즐겨 다루느냐에 따라 좋아지기도 하고 나빠지기도 한다. 한국 언론은 지금까지 악한 쪽은 크게 보도하고 과장하여 양국관계를 악화하는 쪽으로 유도해 온 것은 아닌지? 아시아태평양공동체의 성패도 이 지역 내 언론의 활동방향에 달려 있다는 점을 인식해야 한다. 또한 우리들 시민운동단체가 이러한 악습을 어떻게 교정, 개선하는가에 따라 한일관계는 좋아지기도 하고 나빠지기도 한다는 점을 명심해야겠다.

4. 중국이란 나라

다음은 한국의 가까운 이웃 나라인 중국에 대해 말할 차례이다. 자고로 중국은 아시아의 최강대국이었으며 현재 미국과 맞먹는 세계의 G2로

부상하였다. 과거 2천 년 역사를 통하여 중국은 한국 문화의 종가(宗家)로서 우리 민족은 그 나라로부터 종교, 학술, 문화, 그리고 예술을 받아들이고 배워 세계 최고의 문명혜택을 누릴 수 있었다. 이것은 한반도가 중국대륙에 가까이 위치함으로써 입었던 혜택이었다.

먼저 우리는 중국이 어떤 나라이며 어떤 국민으로 구성되어 있는지 살펴보아야 한다. 중국은 크게 보아 북방민족과 남방민족의 혼합체로 55개 부족이 합쳐진 거대한 대륙국이었다. 그 중심을 이루는 것이 이른바 한(漢)족이라고 하나 그 국토의 크기와 너비로 보아서는 그들 역시 아시아 여러 종족의 혼합체라고 보아도 좋을 것이다. 오늘날 사람들이 미국을 가리켜 세계 각 인종의 융합처(*melting pot*)라고 말하듯이 중국 또한 아시아 제 민족의 융합처라고 보아도 좋을 성 싶다.

중국에 상(商)나라 은(殷)왕조가 들어선 것은 기원전 1500년경이었다. 그때부터 중국의 역사가 시작되어 언어와 문화의 동일성에 기초한 민족이 형성된 것은 진(秦)나라와 한(漢)나라 때부터였을 것이다. 그러나 중국은 단일민족국가라기보다는 아시아합중국이라는 말이 더 어울릴 것 같다.

중국인은 누구이며, 그들이 살고 있는 영토는 어디까지인가? 중국은 마땅히 이런 기본문제들을 분명하게 결정하여 모든 사람에게 알려야 한다. 전통적으로 중국은 중화(中華)라고 했으며 그 외의 오랑캐들을 동이(東夷), 남만(南蠻), 서융(西戎), 북적(北狄)이라고 칭하였다. 그런 구별을 분명히 하기 위해 진시황은 만리장성(萬里長城)을 쌓았으며 그 후대 황제들은 만리장성을 보수하고 확장하는 데 주력하였다.

그런데 14세기에는 북적에 속하는 몽골이 남송을 무너뜨리고 원(元)나라라는 이름으로 중국을 100년 동안 통치하였다. 또 16세기에는 만주의 여진족이 중국을 침공하여 20세기 초까지 지배했다. 그것이 청(淸) 왕조이다. 결과적으로 중화민족은 북적에 속했던 오랑캐들과 그 영토를 차지하게 되었다. 1949년 중국 공산군이 중국대륙을 점령하게 되자 서융에 속했던 신장과 티베트까지 강제로 중국영토로 흡수한 것이다.

신장과 티베트(西藏) 인들은 이에 불만을 품고 독립운동을 벌였으나 중국 정부는 이를 무자비하게 탄압했다. 여기에 추가하여 동북공정(東北工程)을 감행했으니 중국은 세계에서 가장 큰 영토와 인구를 가진 초강대국으로 확장 변모하였다. 이러한 영토확장과 인구증가는 중국의 무력수단에 의한 군사적 침략에 의해 이루어진 것이 아님이 확실하다. 그렇더라도 주변 오랑캐들을 그들의 희망대로 독립시키는 것이 옳은 것이 아닌가? 나라는 적정크기를 유지해야 하지, 너무 넓고 큰 것은 오히려 불리하다는 것을 중국인들은 모르는 모양이다.

5. 중국에 대한 한국 국민감정과 태도

필자는 앞에서 한국 정부는 그동안 중국에 매우 호의적이었으나 일부 국민들은 이를 불신하는 경우도 적지 않다고 말했다. 중국에 대한 신뢰나 우호감정도 미국에 대한 혈맹의지를 능가하기는 어려울 것이다. 이것이 오늘의 현실이다. 그렇게 생각하는 이유는 무엇인가? 여기서 한국인들이 왜 중국을 마음속 깊이 신뢰하지 못하는지 그 원인에 대해 규명하고자 한다.

첫째, 중국이 한국에 대해 적대행위를 계속하는 북한과 가장 가까운 혈맹(血盟)이기 때문이다. 자국의 체제를 전복하려는 적성(敵性)국가를 보호하고 지원해 온 나라를 마음속 깊이 신뢰할 나라가 어디 있을까? 북한의 핵무장이나 군사적 도발을 제어하는 데 중국은 표면상 미국, 일본, 한국에 동조하는 것 같은 태도를 보였지만 그것은 모두 건성이었으며 위장이 아니냐 하는 의심을 받아 온 것이다.

둘째, 중국이 현재 세계 초강대국인 데다 앞으로 많은 면에서 미국을 능가하는 패권국가로 올라설 것으로 예상되고 있다. 또한 중국도 그런 야심을 숨기지 않고 있다는 데 대하여 주변국은 적지 않은 불안감을 느끼고 있다. 미국은 세계 최강의 군사력과 경제력을 가진 동시에 국민들에게 자유와 인권을 보장하고 있으므로 국민들이 정부나 정부지도자들에 대해 불안이나 불신감정을 갖지 않는다. 이것이 중국과 대조되는 점이다.

셋째, 중국이 추진해 온 동북공정은 많은 사람들에게 중국에 대한 호감, 애정 또는 신뢰감을 주지 못했다. 작은 것이 아름답다는 말이 있다. 나라가 너무 크면 주변국에 위협감을 준다. 크다는 말 속에는 보기 싫다, 두렵다, 상대하고 싶지 않다는 뜻이 포함되어 있다. 큰 것 앞에서 작은 것은 불안을 느끼고 초라함을 느끼는 것이 당연한 반응이다.

중국이 이처럼 권력에 집착하고 패권주의적 태도를 갖게 된 이유는 과거에 굴욕과 패배의 쓰라린 역사적 경험을 했기 때문일 것이다. 12세기 몽골의 침공을 겪었고, 14세기에는 만주족이 들어와 청나라의 통치를 받았다. 이후 청나라가 쇠퇴하면서 유럽의 열강들에 의하여 중국의 국토는 분할 점거되었다. 거기에 일본까지 선전포고를 해왔고 결국 청나라의 영토와 도서는 탈취되었다. 국토는 넓고 인구도 세계 최다였지만 국가로서의 결속력은 너무 무르며 헐거웠다.

1911년 신해(辛亥) 혁명으로 중국인(한족)들은 청나라로부터 국가권력을 탈환하였다. 그리고는 장제스의 중화민국과 중국 공산당의 중화인민공화국이 중국대륙의 지배권을 놓고 경쟁하다가 국가적 결집력과 정치적 응집력이 훨씬 강한 중국 공산당이 국부군(國府軍)을 몰아내며 통치권력을 탈취하였다. 중화민국이 타이완으로 쫓겨난 후, 마오쩌둥(毛澤東)이 이끄는 중국 공산군은 중국 인민공화국을 수립함으로써 중국대륙의 주인이 된 것이다.

마오쩌둥은 진시황 이후 가장 강력한 철권(鐵拳) 통치를 집행했다. 그러나 태강즉절(太剛則折)이라는 말처럼 중국의 형세는 위태로웠으며 실제로 문화혁명으로 풍비박산이 날 뻔하였다. 다행히 문화혁명은 마오쩌둥의 사망으로 끝이 났다. 그 후 저우언라이(周恩來)의 후원을 업은 덩샤오핑(鄧小平)이 중국을 개혁·개방으로 이끌어 다시 성장, 발전의 길로 올라선 것이다.

덩샤오핑의 개혁·개방은 장쩌민과 후진타오로 이어졌다. 중국은 초강대국으로 고속 성장을 계속한 결과 세계의 유일 초강대국인 미국과 동격인 G2의 패권적 지위에 올라섰다. 현재의 발전 속도로 보아서는 중국은 쇠잔해 가는 미국을 대신하여 세계의 유일 초강대국의 지위로 오를 날이 머지않았다는 관측까지 나돌고 있는 상태이다.

6. 한중관계의 과거, 현재, 그리고 미래

지금으로부터 3200년 전에 주(周)나라 무왕(武王)은 천하를 평정한 후 은나라의 귀족이며 현인으로 알려진 기자(箕子)를 찾아가 천하를 어떻게 다스려야 하는지에 대한 가르침을 구했다. 그 후 그의 가르침에 감사하는 뜻으로 기자를 조선왕으로 봉했다는 것이 《사기》(史記)에 기록되어 있다고 한다. 그런 기록의 진위에 관계없이 중국이 한반도의 정치에 지대한 영향을 미쳤다는 사실을 부인할 사람은 없을 것이다. 중국과 조선의 관계는 대국(大國)에 인접한 소국(小國)의 관계로 유지되어 온 것이다. 그 후 4천 년 역사의 대부분이 중심국과 주변국의 관계로 유지되었다고 보아야 할 것이다.

그러나 현재 우리는 대국과 소국, 대인과 소인의 차이를 가리지 않는 평등(平等)지향의 시대에 살고 있다. 노인도 한 표, 젊은이도 한 표이다. 아무리 소국이라도 중국이 마음대로 할 수 없는 세상이다. 국가 간의 시비도 다수 집단여론의 추이에 따라 옳고 그름, 또 자웅(雌雄)이 판가름 난다. 중국이 한국과 그 주변국의 눈치를 보느라 바빴던 이유는 북한이 중국과 혈맹관계를 유지하고 있고, 한국은 세계 최강인 미국과 전략적인 동맹관계를 유지하고 있었기 때문이다.

다시 말해 중국은 과거 아시아 대륙국가의 중심국이었다. 그러나 현재는 모든 면에서 대륙국가보다 크게 앞선 해양국가들과 대치하고 있다. 중국이 그 영향력을 전 세계로 확장하자면 그 길목에 있는 한국을 자국의 세력권으로 끌어들여야 한다. 북한이 남한을 흡수통합한다면 그 일이 가장 쉽게 해결되는 길이다. 그것이 어려운 경우에는 북한을 남한에게 넘겨주는 방법을 사용해서라도 한국을 자국의 편으로 끌어들이고자 할 것이다. 그렇기에 과거 중국의 장쩌민과 후진타오와 달리 시진핑이 어떻게 해서라도 한국을 끌어들일 방법을 찾아낼 인물로 생각되는 것이다.

그러나 핵무기를 가지고 남한을 위협하며 지배하려는 북한은 중국이나 남한의 이해타산에 의한 외교적 거래의 대상이 되는 것을 좌시하지 않을 것이다. 중국 공산당 내부의 동의와 지지를 받는 일도 쉬운 일이 아닐 수 있다. 이런 경우에 한국이 스스로 활로를 개척함으로써 시진핑의 부담을 줄이는 방안도 생각해야 하지 않을까? 그러자면 한중일 3국은 협력을 통하여 지역공동체의 출현을 앞당기는 것이 가장 좋은 방법이지 않을까?

7. 중국을 지원도 하고 견제도 할 수 있는 일본

1950년대 한국전쟁 당시 중국은 강대국이었고, 한국은 약소국이었다. 그러나 1960년대 이후부터 한국은 산업화, 선진화의 길로 들어섰고 중국은 마오쩌뚱의 문화혁명으로 인해 외부세계에서 멀리 뒤처지게 되었다. 이후 1970년대에 덩샤오핑이 중국을 개혁・개방의 길로 이끌었다. 21세기에 들어서는 한국이 국제적 행사를 개최하는 경우, 그 영향력이 중국과 거의 맞먹을 정도로 강화되던 때도 있었는데 그것은 나라의 크기와 관계없이 모든 인간의 가치나 대우는 평등하다는 원리에 의한 것이었다.

현재 중국은 시진핑 국가주석의 영도하에 있다. 우리는 왠지 시진핑을 존경하고 신뢰하고 싶다. 그의 아버지는 박정희 대통령의 숭배자인 덩샤오핑의 오른팔로서 중국을 발전시키기 위해 애쓰다가 좌천되어 억울하게 희생되었다고 한다. 그 때문에 시진핑 국가주석은 어린 시절을 고생스럽게 보내야 했다고 한다. 그와 박근혜 대통령은 서로 좋아하며 존경하는 관계라고 알고 있는데, 그는 마오쩌둥, 장쩌민, 후진타오보다 더 너그럽고 성숙한 인품의 소유자로 보이며 중국을 올바로 이끌어 갈 소지를 가진 인물이라는 이미지를 풍긴다.

중국은 덩샤오핑 이래로 나라 형편이 매년 발전하였다. 그러나 그들의 약점이나 문제점을 가볍게 넘겨볼 일은 아니다. 국력이 강해지면서 강대국의 패권주의가 되살아나 주변국을 위협하며 압박하는 행태가 증가할 수 있기 때문이다. 이런 추세로 인하여 중국에 대한 주변국의 경계심도 자못 커지고 있다. 특히 일본은 중국의 강압적인 태도를 경계하며 재무장을 서두르고 있다. 중국에 대한 한국 정부의 태도는 매우 정중하며 우호적이지만 일부 한국 국민 중에는 북한의 가장 가까운 동맹국인 중국을 불신하고 경계하는 이들도 적지 않다. 중국은 주변국으로부터 경계대상이 되지 않도록 지혜를 보여 주었으면 하는 것이 우리의 바람이다.

중국의 국내사정은 과거처럼 안정된 모습을 유지하기는 어려워졌다. 그 이유는 중국 인민들이 과거와는 달리 지방이나 중앙 정부에 맞서 그들의 의사와 권리를 주장하기 시작했기 때문이다. 또한 불복하거나 저항하는 것을 두려워하지 않을 정도로 강해졌다. 이러한 이유로 중국의 치안유지가 중국의 경제성장이나 국방력의 강화만으로는 어렵게 된 것으로 보인다. 현재 중국의 군사력과 경제력이 미국의 국력을 능가하게 되어 중국이 미국을 대신해 세계 유일의 초강대국이 된다고 가정해 보자. 그렇다고 중국의 정치력이나 문화파워가 세계를 지배할 수 있겠는가? 중국은 이 점에서 아직도 크게 착각하고 있는 것 같아 심히 염려가 된다.

중국의 군대가 한번 발을 들인 지역, 그리고 몽골이나 만주, 여진족이 침입해 들어간 지역까지를 모두 중국영토라고 주장하는 것을 보면 중국인들의 사고방식은 어딘지 염려스러운 수준인 듯하다. 과거에는 자국 영토에서 거주하는 인구는 모두 자국의 병력(兵力)이며 노동력이라고 생각할 수 있었다. 실제로 국가이익을 위해 정부가 마음대로 그들을 부릴 수 있었기 때문이다. 그러나 현대는 물론 특히 미래에는 그들을 잘 먹이고 잘 보살펴야 하기에 복지비용 지출의 대상이 증가하는 것은 부담이 될 것이다. 자국의 인구라고 해서 모두 자국의 병력이 아니라 오히려 적군의 부대이거나 우리 진영으로 잠복해 들어온 적국의 공작대와 같은 마이너스 병력으로 간주해야 할 정도이다. 다시 말해 많은 인구는 국력의 근원인 동시에 오히려 부담이 될 수 있음을 알아야 한다.

미국의 오바마 대통령은 3억의 미국 시민들을 먹이고 돌보느라 대통령에 취임한 지 2년도 안 되어 폭삭 늙지 않았는가? 미국과 중국은 여건이 많이 다르기는 하지만 시진핑 국가주석 역시 15억이나 되는 다수 국민을 먹이고 돌봐야 하며 만약 그렇게 하지 않을 경우에는 많은 국민들의 공격 대상이 될 수 있음을 알아야 한다. 중국이 동북공정을 관철한다면 얻는 것보다 잃는 것이 더 많아짐을 인식할 필요가 있다. 오히려 나라의 부채와 괴로움이 쌓이는 것을 알아야 하는데 그런 사실을 모르고 나라만 키우고 패권주의를 추구하는 것은 사고방식의 후진성을 드러내는 것밖에 되지 않는다.

과거 고구려는 말갈족이 살던 지역으로, 고구려의 영토였다는 한강 이북의 한반도 땅까지 자국의 영토라고 주장하는 중국의 모습을 보면 어안이 벙벙해진다. 이런 무지막지하고 비이성적인 사람들의 주장은 대한민국의 조상에 대한 호적박탈이며 한민족의 본적과 혈통에 대한 침략이자 박탈행위이다. 중국은 왜 이런 어리석은 짓을 계속하려는 것일까? 우리는 시진핑 국가주석이 그러한 바보짓을 하다가 실수를 범하는 일이 없기를 바랄 뿐이다.

여기서 또 분명히 말하고 싶은 것은 우리나라와 중국의 관계는 4천 년 이상 지속된 오랜 선린경험에 바탕을 둔 것이다. 우리는 중국을 존경하고 우리의 혈육과 같이 지내 왔으며 앞으로도 그럴 것이다. 이러한 보배와 같은 관계를 더욱 굳히며 계속 발전시킬 수 있기를 바랄 뿐이다.

8. 韓中日 3국이 화해 협력 단합할 수 있는 조건

한중일 3국의 화해 협력은 아시아태평양공동체 설립의 전제조건이다. 중국이 아시아에서 존경받고 추종을 얻을 수 있었던 이유는 중국이 아시아 전 지역으로 전파했던 유불선 3교의 높은 정신도덕 · 문화 때문이다. 중국의 한자(漢字)와 그 문화가 퍼뜨린 높은 정신도덕과 문화예술은 아무리 찬양해도 지나치지 않은 인류 최고의 문화자산이다. 이러한 아시아의 문화전통을 중국이 망각하지 않아야 세계평화 또한 잘 유지될 수 있는 것이다.

한중일은 각기 그 나라를 이루었던 정신문화에 따라 아시아태평양공동체를 만들고 발전하는 데 합심하여 노력해야 한다. 여기에는 다음 세 가지 문제가 제기된다. 첫째, 그렇게 좋고 고상한 정신문화를 가졌던 아시아 여러 나라가 왜 서구 열강에게 무릎을 꿇고 패망하거나 의존하게 되었는가? 둘째, 기독교나 이슬람교가 어째서 유불선 3교보다 더 위세를 부리는 종교가 되어 국제관계에 큰 영향을 미쳐 왔는가? 셋째, 이상과 현실, 고상한 교리와 다중의 힘이 지배하는 현실이 언제나 다를 수 있더라도 현재는 힘보다 지혜가 훨씬 소중하다는 것을 알아야 한다.

이러한 물음에 답변하겠다. 첫째, 고상한 정신도덕·문화와 추잡한 현실세계 간에는 괴리가 불가피하다. 이상과 현실의 다름은 어쩔 수 없는 오늘의 현실이다. 우리가 사는 세계에서는 추악한 현실이 고상한 정신도덕과 문화를 이기는 것 같지만 조만간 밀려나게 되어 있다. 따라서 고상한 이상이 현실적으로 지는 것 같지만 끝내 승리하게 된다는 것을 알아야 한다. 그러므로 시간이 지남에 따라 이러한 모순과 괴리는 점차 개선될 것이다. 이에 지난 세기에 비해 21세기에 훨씬 더 가까워졌음을 보여 준다.

둘째, 기독교와 이슬람교는 그 내용으로 보아서 유불선 3교와 크게 다른 것은 아니다. 세계 5대 종교는 형태는 다르지만 그 내용은 비슷하다. 형식보다 내용, 가짜〔가상(假相)〕보다 진실이 중요하다. 현실은 가상이고 진실은 영원불변한 것이므로 가상에 너무 신경을 쓸 필요는 없다. 현실의 권력과 국력은 변화무쌍한 것이다. 그러나 인간의 존엄성을 전제하는 민주주의의 가치는 영원불변한 것이다.

셋째, 진실을 추구하는 고상한 교리와 힘이 지배하는 현실의 거리는 시대가 지남에 따라 계속 좁아질 것이다.

9. 한국 외교의 중심과제와 당면과제

무릇 한국 외교의 목표는 무엇이겠는가? 국제사회에서 한국의 안전보장과 더불어 자국의 이익을 최대화하는 것이다. 우리 국민의 안전, 행복, 그리고 경제이익을 보장하는 가운데 세계평화를 위해 국민의 잠재력을 유감없이 발휘하자는 것이다. 오늘날 한국 외교의 당면과제는 북한의 핵무기 개발을 저지함으로써 한국의 안전보장에 만전을 기하는 것인데 그러자면 우선적으로 미국과의 안보협력을 통하여 군사적 억제력을 유지하는 것이 중요하다. 또한 중국은 북한에 대하여 군사적 제재보다는 경제적 압박을 통해 핵무기나 유도탄 개발을 중단할 수 있도록 활동해야 한다.

그렇다면 한국 외교가 따로 맡을 역할과 임무는 무엇이겠는가? 그것은 아시아태평양공동체의 설립을 주도하는 일이다. 그러기 위해 여러 국가의 참여와 지지를 최대화해야 한다는 것이 필자의 소견이다. 앞서 박두식 논설위원이 한국이 가장 경쟁력을 갖춘 분야는 정치일 것이라고 강조했음을 밝혔다. 그것이 무슨 뜻이겠는가? 필자는 아시아태평양공동체 회원국의 역량을 총동원하는 일보다 더 중요한 정치적 과업은 없다는 뜻이라고 생각한다. 여기서 한국의 선도역할이 기대된다.

아시아태평양공동체 설립을 주도하는 데 있어 가장 중심적인 역할을 해야 할 나라는 한중일 3국임은 이미 말했다. 그런데 우리나라 국민들이 일본과 중국의 국민들에 비해 관련 지식과 정보가 너무나 부족한 것은 아닌지 염려스럽다. '知彼知己百戰不殆'(지피지기백전불태)라 했다. 특히 일본에 대한 지식과 정보는 지나친 증오, 악견, 편견 등으로 가려져 있는 것은 아닌지 …. 그래서 필자는 이 글을 통해 일본과 중국에 관한 최소한의 토막지식이라도 제공하고자 한다.

2012년 5월 31일 자 〈조선일보〉에 "세계인은 일본이 좋다고 한다"라는 제목의 양상훈 논설위원 칼럼이 실렸다. 그 요지는 요즘 한국에서는 일본인들의 파렴치한 과거사 부정이 논란이 되고 있지만 선진외국에서의 일본인에 대한 평가는 늘 상위권이며 어떤 경우에는 최상위에 오르기도 한다는 것이다. 그에 비해 한국은 유럽의 평가에서 중위권 이상으로 올라간 적이 없다고 지적했다. 그 예로써 영국 BBC 방송이 해마다 실시하는 국가평판조사를 제시했다. 그 결과를 보면 지난 역사에 대해 일본이 독일처럼 반성하지 않는데도 불구하고 국제사회에서 독일과 비슷하게 인정받고 있는 현실, 바로 여기에는 한중일 과거사 문제에 대한 왜곡된 지식 내지 단견이 작용한 것은 아닌가 하는 생각을 해보았다.

중국과 일본은 우리의 이웃 나라이며 천년 이상 가까운 관계를 유지했다. 이웃 간의 외교관계는 늘 좋을 수도, 나쁠 수도 없는 법이다. 분명한 것은 이웃과 좋은 관계를 유지하기 위해 꼭 필요한 것은 고상한 인격이며 여기서 나오는 인내, 포용, 그리고 용서의 미덕이다. 이것을 구비할 수만 있다면 3국 간의 협력과 단합은 저절로 이루어질 수 있다고 믿는다. 우리가 바로 그 변화의 실체이며 그런 능력을 갖추고 있다는 것이 얼마나 자랑스럽고 고마운 일인가?

마지막으로 한국이 3국 간의 협력과 단합을 제안하는 경우 각국이 얼마나 큰 이익을 기대할 수 있으며 또 어떠한 반응을 보일 것인가? 우선 한국이 어떤 마음으로 3국 간의 긴밀한 협력과 단합을 제안하고 추진하려는지 검토해 보자.

한국 외교의 당면과제가 무엇이며 그것을 어떠한 방법으로 성취하겠다는 것인지 여기서 결론을 내고자 한다. 현재 한국 외교가 성취하고자 하는 목표는 한중일 3국의 화합과 단결 그리고 긴밀한 협조이다. 그러한 결과를 얻기 위해서 3국은 어떻게 생각하고 행동해야 하는가? 한중일 3국이 피차 상대에 대하여 과거의 부정적인 생각, 의혹, 경계심, 적대감정 등을 씻어 버리고 의도적·계획적으로 긍정적인 시각, 신뢰, 감사의 마음을 키우고 유지하면 되지 않겠는가?

그것은 어떻게 가능할까? 그동안 마음속에 품어 온 부정적인 인식,

불신, 그리고 적대감정을 어떻게 갑자기 제거할 수 있겠는가? 그것은 사람이 결심만 하면 되는 것이다. '필요는 존재의 어머니'라는 말이 있지 않은가? 일본이나 중국과 화해 협력하겠다고 결심만 한다면 그러한 생각과 행동에 방해가 되는 사상, 언행, 소신은 저절로 잊힐 것이다.

구체적으로 일본이 한국을 침략하고 억압, 수탈하였다는 기존의 생각을 일본으로 인해 한국이 국내외 정세에 눈을 뜨게 되었고 세상에 대한 새로운 인식과 대응방법을 배우게 되었다고 긍정적으로 생각하도록 노력하면 될 것 같다. 이런 관점을 당시의 역사적인 현실과 결부시켜 다시 생각해 보자.

19세기 조선왕조 말기 사회에서는 양반계급의 위정척사파, 중인계급이 다수 진출했던 개화독립파, 서민계급이 주도했던 동학혁명파가 대립하고 있었다. 현시점에서 당시 세 정파들 중 어느 노선이 가장 옳았던가를 생각해 본다면 서방국가들과의 화친과 협력을 주도했던 개화독립파의 노선이 매우 적절했다고 판단할 수 있을 것이다.

위의 세 정파의 배후국가를 생각해 본다면 위정척사파는 청나라, 개화독립파는 일본, 동학혁명파는 러시아혁명 후의 소련이 아니냐는 생각을 하게 한다. 당시 갑신정변을 후원하였다가 청나라 군대에게 밀렸던 일본이 재기하여 보복한 것이 청일전쟁이며 러시아의 야심을 제압한 것이 러일전쟁이 아니었던가? 결과적으로 일본이 아시아의 패권국가가 된 것은 조선을 병탄하고 지배하였기 때문이다. 그 후 한국이 일본의 식민지배를 받았다고 할지라도 한민족에게 해악만 주었던 것은 아니란 것이 일본인들의 역사인식이다.

1948년 대한민국이 독립국가가 된 후, 1960~1980년대에 이룬 비약적인 성장과 발전은 20세기 전반기에 한민족이 일본에 의해 겪었던 수

모와 수난에 힘입은 것이었다고 생각할 수는 없을까? 《화엄경》(華嚴經)에는 삼세일체불이나 세상의 진리를 알고 싶다면 일체유심조(一切唯心造)를 알라는 말이 있다. 모든 것이 생각하기 나름, 마음먹기 나름이라는 뜻이다.

▪ 요점

한민족과 중국의 뿌리는 정신적·사상적 뿌리와 육체적·국가적 뿌리와는 구별되어야 한다. 정신적 뿌리는 그 관계가 매우 모호하나 국가라는 육체적 뿌리는 중국에서 파생되었다고 보아도 틀린 말이 아니다.

중국의 삼황오제(三皇五帝)시대와 단군(檀君)조선의 시대는 그 선후를 따질 수 없다. 그러나 국가적 뿌리는 기자조선, 위만조선, 한사군에서 파생된 것으로 보아, 한민족 국가는 중국의 모체에서 파생된 것이 확실하다. 고구려, 백제도 중국의 영토와 연계된 부여국에서 파생되었다고 볼 수 있다. 삼국시대 이후 중국대륙에 종속되어 그 국가생활을 영위하는 경우가 더 많았다.

19~20세기에 들어서 일본이 부강해지고 한반도와 중국대륙을 지배함에 따라 한국은 일본의 식민지가 되었으나 제 2차 세계대전 이후에 일본으로부터 독립하게 되었다. 한국이 앞으로 일본이나 중국의 지배로부터 계속 독립할 수 있을 것인지 장담할 처지는 아니지만 아마도 대등한 관계로 발전하지 않을까라고 확신하고 싶다.

한국 외교의 알파와 오메가는 대한민국의 안정보장이다. 북한의 핵 협박은 미국이 막아 주고, 북한 경제를 중국이 견제해 주더라도 일본이 북한을 도와준다면 한국의 안보는 다시 위태로워질 수 있다.

한국 외교의 최고목표는 세계평화이다. 그 목표를 향한 중간목표가 아시아태평양공동체의 설립과 운용이다. 아시아태평양공동체의 설립과 운용을 위한 한중일 3국의 화해와 단결이 우리의 당면과제인 셈이다. 이 과업을 성공적으로 성취하지 못한다면 대한민국의 존속은 계속 불확실할 것이다.

4장

동아시아의 국제관계, 더 좋아질 수는 없었는가?

2014년 3월 6일

아시아의 6개국하면 남북한 대립관계, 특히 북한 핵무장의 문제와 결부되어서 자주 거론된 6자회담의 당사자들을 연상하게 된다. 미국, 중국, 일본, 러시아, 그리고 남북한 등이 포함되는데 아시아의 평화와 안정을 위해서는 이 6개국 간의 합의와 협조가 매우 중요하다.

문제는 현재 소치동계올림픽 개최로 세계 수십억 인구의 이목이 집중되고 있는 가운데 러시아가 아닌 나머지 5개국의 불만과 긴장은 근래에 와서 더욱 격화되고 있는 조짐을 보이고 있다는 점이다. 미국과 중국 상호 간의 불신과 경계는 쌍방의 철저한 표정관리에도 불구하고 그 골은 깊어만 가고 있다. 가까운 미래에 정면충돌이라는 사고로 이어지지는 않을지라도 관계개선의 가능성은 더욱 멀어지고 있는 것 같다.

1. 지역공동체 창립의 소리는 왜 안 들리는가?

여기서 또 아쉬운 사실은 세계의 평화와 번영에 크게 이바지할 것으로 예상되었던 아시아 지역공동체를 키우며 가동케 하려는 의지는 물론 주요 국가 간의 노력이나 움직임도 사실상 중단된 상태라는 점이다. 그러다 보니 아시아태평양공동체라는 지역협력기구 출현의 노력도 근래에 와서는 거의 논의조차 없어지고 있는 것 같다. 이런 현상을 어떻게 이해해야 할까?

첫째, 이런 초국가적인 지역기구의 출현은 미국이나 중국같이 국제사회에 대하여 영향력을 가진 초강대국들이 주도함직한 일이다. 그럼에도 불구하고 이런 문제에 주도적으로 나서서 지도력을 행사하려는 움직임은 전혀 보이지 않고 있다. 그 이유는 미국이나 중국과 같은 초강대국들이 모든 국가를 상대로 벌이는 개별적인 외교를 통하여 마음대로 통솔, 조종할 수 있다고 생각하기 때문일 것이다. 실제로 그런 기구가 생겨난다고 해도 어떤 실익이 생기기보다는 신경을 써야 할 일만 많아질 것으로 비관하기 때문이 아니겠는가?

둘째, 그 지역 안에 초대형 국제기구가 생겨난 경우도 그 국제기구가 자국과 경쟁관계에 있는 다른 강대국에 의하여 이용될 가능성이 커지는 것을 염려하는 것 같다. 중국의 경우를 본다면 아시아의 여러 나라가 미국이나 일본의 도움이나 조종을 받아 중국에게 불리한 행동을 할 가능성을 경계해야 한다. 또 한편 미국은 아시아의 여러 나라가 경제적·문화적 근접성으로 인하여 중국에 편들며 반미행동에 동조하게 될 것을 우려하는 면이 없지 않다.

셋째, 아시아태평양지역의 지역공동체가 말만 무성할 뿐 실천에 옮겨지지 않고 있는 가장 큰 이유는 이 지역 여러 곳에 뿌리 깊게 남아 있는 반외세 민족주의 때문일 것이다. 아시아태평양 국가의 과반수가 과거 식민지배로부터 해방되어 독립을 이룩한 지 얼마 되지 않은 나라들이다. 그래서 강대국에 대한 피해의식이나 경계심이 아직 완전히 가시지 않은 상태이다. 그리고 경쟁국가에 대한 의구심이나 경계심이 적지 않게 작용하고 있는 것 같다.

미국과 중국, 일본과 러시아는 상호 간에 경쟁심과 아울러 불신과 경계심이 아직 적지 않게 남아 있다. 중국은 세계의 유일 패권국가인 미국에 대한 경계심과 경쟁의식이 강한 데다, 미국 역시 중국이 너무나 빠르게 성장하고 있어 자국의 패권에 도전하는 추세에 신경을 쓰고 있는 것처럼 보인다.

2. 미국에 대한 중국의 競爭의식과 경계심

21세기에 들어서 미중 관계는 어떻게 변화했는가? 필자가 판단하기에는 중국의 패권이 너무 빠르게 강화되어 가는 것은 아닌가 한다. G2의 위치에 올랐으니 좀더 밀어붙여 G1의 위치로 올라야겠다는 야심이나 탐신을 두드러지게 드러내는 것은 아닌가 싶다. 중국은 개혁·개방 초기에 도광양회(韜光養晦)의 말에서 볼 수 있었던 조심성이나 신중함 등은 이제 모두 벗은 듯하다.

중국의 이러한 패권주의적 태도가 왜 갑자기 강화되었는가? 미국의 오바마 대통령이 미국은 아시아의 권력으로 남겠다고 의사표시를 한데 대한 반응으로 짐작한다. 미국이 태평양을 넘어 아시아에 발을 들여

놓은 것은 19세기 초부터였다. 제 2차 세계대전 중 일본 군국주의를 응징하고 한국전쟁에도 출병함으로써 미국은 아시아에서도 최강국임을 세계만방에 과시했다.

그러나 중국은 자신이 아시아의 최강국가 행세를 하고 싶은 모양이다. 아시아는 자고로 중국이 지배하는 지역이며 어느 나라가 마음대로 지낼 수 있는 지역이 아니었다. 미국이 그 사실을 깨닫지 못하고 섣불리 나섰다가는 혼쭐이 날 것이다. 이런 사실을 미국이 깨닫도록 하기 위해 중국은 적극적으로 군사력을 강화하고 남중국해에 해군력을 확대하는 등 동남아 각국에 군사적 압박을 기도하고 있다.

일본 영토로 되어 있는 센카쿠열도(중국명 댜오위다오)에서 중국 해군은 무력시위를 강화하여 일촉즉발의 위험상황을 거침없이 만들었다. 중국의 영해(領海) 밖으로도 방공(防空)식별구역을 확대하는 등 국제적인 관례를 무시한 군사적인 위력을 휘두르는 모습도 위협적이다. 2013년 12월 2일 자 〈조선일보〉에는 "동북아 新패권경쟁"이라는 제목으로 다음과 같은 글이 게재되어 있다.

> 최근 중국은 국방 개념도 공세적으로 바꾸는 분위기다. 인민해방군이 군대를 방어 위주인 7대 군구(軍區) 체제에서 작전 중심인 5대 전구(戰區)로 개편해 연합작전 지휘 체제를 강화하려는 움직임을 보이는 것도 이런 맥락에서다. 미국·일본 등과 동아시아 주도권을 놓고 본격적으로 경쟁하기 위해 공산혁명 이후 손보지 않았던 군 체제도 개혁하려는 것이다.

3. 일본에 대한 중국의 競爭의식과 적개심

중국은 일본에 대해서도 극도의 피해의식과 경쟁의식을 보였다. 하루 빨리 일본의 영향력을 아시아에서 밀어냄으로써 고대 아시아에서 유지했던 중국의 패권적인 지위를 복원하려고 열망하는 것 같다. 그러나 일본은 1960년대 이래로 우세한 경제력을 이용하여 아시아의 여러 후진국에게 경제 및 기술원조를 제공해 왔으므로 그 국가들로부터 많은 환심과 지지를 얻어왔다. 얼마 전까지 거대민국이었던 중국으로서는 여러 나라에 그 영향력을 행사하는 데 일본이 적지 않은 걸림돌이었음을 매우 불편하게 느꼈을 것이다.

중국의 입장에서 볼 때 과거 침략행위를 일삼았던 일본이 동남아시아에서 대권행세를 하는 것이 못마땅하였을 것이다. 중국은 과거에 누렸던 패권국가의 위상을 회복하기 위하여 아시아의 많은 군소국들의 지지와 추종을 얻고자 노력하였지만 그 상황이 여의찮았다. 그런데 전범(戰犯) 국가인 일본이 아시아에서 선진국 행세를 하는 모습이 중국에게는 크게 거슬렸던 것이다. 중국도 개혁·개방 초기에는 일본의 경제적·기술적 지도를 받았다. 그러나 그러한 도움은 일본이 중국에 지은 죗값에 비해 턱없이 부족하다는 것이 중국의 대일인식이다.

중국의 패권주의 노선에 또 다른 장애요인은 타이완의 존재이다. 자고로 타이완은 중국대륙에 부속된 작은 섬일 뿐이었다. 그런데 그런 벽지 같은 도서가 1894년의 청일전쟁(淸日戰爭)의 결과로 일본이 통치하는 식민지가 되었다. 제 2차 세계대전 후 일본의 패망으로 타이완은 중국의 영토로 복귀하였다. 1947~1948년에 장제스의 국민당 정부와 국부군은 중국대륙으로부터 중공군(中共軍)에 밀려 타이완으로 쫓겨났고 자유중국의 군사진지 영토가 된 것이다.

물론 중공군은 국부군이 점거하고 있는 타이완마저 점령하기를 원했으나 장제스 정부를 지원하던 미국의 군사력이 타이완을 지킨다는 이유로 공산 정권은 그 뜻을 이루지 못했다. 중국 공산 정권으로서는 중국의 주권행사를 방해하는 미국에 대하여 적개심을 품었지만 중국은 때를 기다리며 은인자중해 무력행사를 자제해 온 것이다. 뿐만 아니라 타이완 사람들에게는 중국대륙을 자유롭게 여행하며 투자를 통해 돈을 벌 수 있게 해주는 등의 후한 자유와 권리를 주었다.

그럼에도 현재 타이완 사람들의 과반수가 타이완이 자유중국으로 남기를 바라고 있다. 그리고 여기에는 타이완의 분리와 독립을 지지하는 미국과 일본이 중국을 견제하고 있다는 점도 작용하는 것이다.

일본에 대한 한국의 적대감정과 동북아시아의 국제관계에 관해서는 충분하게 언급하였다. 한국은 그동안 기회가 있을 때마다 한국에 대한 일본의 침략과 수탈, 비인도적인 가해행위를 고발하고 질타하며 반성과 사과를 요구했다. 필자는 그러한 한국의 대응방법이 국제적인 평화와 안정에 기여하는 방법인지에 대해 냉철하게 재평가해야 한다고 생각한다.

4. 한국의 對日감정과 敵對행위에 대한 소감

동아시아의 국제관계를 개선하는 데 있어서 한국의 대일태도나 적대행위노선을 찬양하고 싶지 않다. 1945년 한국은 일본의 36년 식민통치로부터 해방되었다. 일본에 의한 압정을 받았던 나라가 일본에 호감을 가질 수는 없는 일이나, 박정희 대통령은 일본으로부터 3억 달러의 배상금과 3억 달러의 민간융자를 받았고 일본의 기술지원에 힘입어 1960년대에 산업화 정책에 큰 성과를 거둘 수 있었다는 점에서 일본은 그들의 죗값을 치렀다고 평가하고자 한다.

한국에서 산업화혁명이 단시간에 이루어졌다는 점과 기록적인 단시일 안에 세계의 10대 경제대국으로 올라섰다는 점을 감안한다면 한국과 일본의 관계가 결코 악연만이 아니었음을 인정하지 않을 수 없다. 일본이 아니어도 한국이 세계의 경제대국이 될 수 있었다고 강변하는 사람도 있으나 이런 사람은 대한민국 정부가 태어나지 말았어야 한민족이 더 행복해질 수 있었다고 말하는 부류와 다를 바 없다고 생각한다.

그 후 한일관계는 박정희 정권으로부터 시작하여 김대중·노무현 정권에 이르는 동안 비교적 큰 무리 없이 윈-윈(*win-win*)의 방식으로 순조롭게 유지되었다. 그러나 이명박 정권 말기에 와서 뜻하지 않았던 대통령의 실언으로 인해 한일관계는 크게 악화되었다. 그리고 박근혜 정부에 와서는 걷잡을 수 없을 정도로 더욱 악화되었다. 그 책임은 누구에게 있는가? 박근혜 정부는 일본이 과거의 역사에 대해 반성하지 않고 과거의 침략과 악행들에 대해 죄의식을 갖지 않는다고 주장했다. 게다가 일본 아베 정권의 보수화 회귀추세가 한국여론을 자극하여 한일관계를 더욱 악화시켰다고 볼 수 있다.

일본의 보수 세력이 일본 민족주의를 계승하며 과거의 제국주의적 팽창주의를 변명하며 옹호하는 입장을 취했던 것은 사실이다. 또한 박근혜 대통령은 부친인 박정희 대통령이 친일파였다는 좌파 세력의 악구를 의식하여 과거보다 더 뚜렷한 반일민족주의의 입장에 서서 자주적인 기개와 정치노선을 과시하려는 듯 보였다. 친일은 반민족이며 반일만이 애국주의라는 좌파 세력의 거듭된 홍보선전으로 한국의 국민정신은 세뇌되어 온 터이므로 그러한 고정관념과 정서가 반일감정의 밑바닥에 깔려 있는 것이 원인이라고 하겠다.

박근혜 대통령은 종래의 친미주의와 새 시대의 친중 의지를 같은 수준의 열의를 가지고 추진하여 왔다. 종래의 외교전통과 쇄신을 결합한다는 것은 정치지도자로서 바람직하다고 평가할 수 있다. 그러나 새롭게 드러난 반일외교성향의 적실성은 다각도로 검토되어야 한다. 과연 잘하는 일일까? 이러한 문제는 보다 크고 넓은 안목으로 지혜롭게 처신하는 것이 바람직하다.

박근혜 외교노선의 타당성 여부는 동아시아의 국제관계라는 환경과 맥락에서 판단되어야 한다. 중국의 패권화 움직임은 미국과 일본의 동맹을 강화하는 결과를 가져왔다. 또한 일본 민족주의를 소생시킴으로써 보수 세력의 정권장악을 가능케 한 것이다. 뿐만 아니라 일본의 재무장을 촉진하는 구실을 만들어 주었다. 이것이 모두 중국 민족주의에 의하여 강화된 반미의식과 반일열기가 초래한 결과 아니던가?

보수파의 대표인 아베 신조가 일본의 새로운 통치자로 올라서도록 여건을 조성한 것도 중국 민족주의 파장에 기인한다. 이러한 국제적 상황변화가 박근혜 대통령을 친중·반일외교의 방향으로 유도한 것이다. 이러한 친중·반일외교가 미국의 대아시아 정책과 충돌한다면 그것이 한국의 국가이익에 보탬이 된다고 볼 수 있겠는가?

한국 외교는 내친김에 반일외교활동을 다른 인접국에도 전파하려고 노력해 왔다. 그러나 세계의 주요 국가들은 이에 적극적으로 호응, 동조하려 하지 않았다. 크게 결심하여 힘껏 내리친 칼이 목표물을 두 동강 낸 것이 아니라 칼날만 부러지는 경우도 있는 것이다. 그런 반일공

세에도 아베 정권이 물러나지 않았다면 한국 정부의 입장만 더 어려워진 것이 아닌가?

남에 대한 비난과 악구는 결국 자신에게 되돌아온다는 옛말을 상기해야 한다. 한국 언론이 연일 일본을 비난하며 공격하니, 일본 언론도 한국에 대한 욕설과 비난으로 들끓고 있다고 한다. 한일관계가 왜 이렇게 악화되었으며 이러한 상호 파괴는 얼마나 더 계속되어야 하는가? 이것은 국가이익을 증진하는 외교가 아닌 반외교적 처사가 아닐까?

한국의 신문과 방송은 연일 반일선전 및 선동과 관련된 기사보도에 열을 올리고 있다. 그런데 한국 정부와 국민이 그런 몰지각한 언론보도의 태도나 선동을 계속 부추기고 있는 것은 아닌지 …. 한국에서 반일감정을 고취하여 그 열기가 더해질수록 그에 정비례하여 일본에서도 반한감정이 들끓게 된다는 사실을 모르는 것인가? 과거에는 많은 일본 관광객들이 한국에 방문하였고 그 덕에 숙박업계, 식당가, 그리고 재래시장이 활기를 띠었는데 그 수가 격감되어 한국의 서민경제가 오랜 불황을 겪게 된다면 이것을 국가이익으로 환영해야 하는가? 한국 전역의 공격적 언론활동에 무조건적으로 흥분만 하지 말고, 대한민국의 위엄과 품위를 훼손하며 국익에 도움이 되지 않는 언론의 선동을 부추겨 온 것은 누구였는지 생각해 보아야 할 것이다.

5. 민족주의의 수준에도 上・中・下가 있다

민족주의는 인간관계에 있어서 개인주의와 비슷한 속성을 가지며 어느 나라에도 존재하지 않을 수 없는 속성이라고 보아야 할 것이다. 개인주의는 흔히 이기주의와 동일시되기도 하지만 그 개념은 동일시할 수 없는 것이다. 개인주의가 이기적인 요소와 함께 이타적인 요소도 포함하는바 민족주의도 여러 가지 유형의 민족주의가 있다. 도덕적인 측면과 결부시켜 본다면 상질, 중질, 하질의 민족주의가 공존하고 있다는 뜻이다.

하질의 민족주의는 자기 민족 집단의 안전이나 이익만 챙기며 다른 민족에게 해악을 주는 것에 개의치 않는다. 타 민족을 마구 죽이거나 노비, 성적 노리개로 취급하기를 서슴지 않는다. 중질의 민족주의는 대상을 선별적·인간적으로 대우할 줄 아는 사람들이 실천하는 민족주의이다. 상질의 민족주의는 민족주의를 겉으로 내세우는 것을 자제하는 편이다. 말하자면 민족주의는 경천애인의 사상이나 자유민주주의, 사회민주주의, 국제평화주의 명분을 앞세우며 고상한 명분 뒤에 스며들어 있는 것이다.

결과적으로 민족주의란 말보다는 민주주의, 사회주의, 애국주의, 국제주의, 세계평화사상의 베일 뒤에 숨어 있지만, 그 밑바닥, 곧 집단 무의식 속에는 민족주의가 숨어들어가 있는 것이다. 민족주의는 고질화될수록 나 자신이나 자국민에 못지않게 타 집단을 포용하며 인류에 봉사하려는 정신으로 승화된다. 한국 민족주의의 이상은 바로 홍익인간의 정신을 실천하는 민족 집단이 받들고 실천하는 정신상태를 표방한다.

사람은 백인, 황인, 흑인 등으로 갈리지만 인종이 다르다고 차별대우하는 것은 수준 높은 사람들의 소행이 아니다. 수준이 낮은 사람일수록 신분이나 사회적 지위를 가려 차별대우한다. 수준 높은 사람은 나 자신이나 자국민이 잘났거나 못났음을 들먹이지 않는다. 그러나 사람들이 들먹이지 않는다고 해서 개인이나 민족의 차등이 없어지는 것은 아니다. 개인이나 민족 집단이 얼마나 크고, 높은가 하는 차이는 유지된다.

근대화, 산업화를 이룩한 한국은 저급의 민족주의로부터 중급의 민족주의로 발전하는 물질적 기반을 갖추게 되었다. 물론 한국인의 민족성이 과거에 비해 크게 좋아진 것은 사실이지만 우리 민족 이념이 표방하는 홍익인간적 민족주의 수준에는 아직 이르지 못한 상태이다. 우리가 그 수준에 오르려면 한국 국민의 인간성, 민족성이 현재보다 훨씬 더 순화되고 높아지며 깊어져야 한다. 그러나 이런 변화는 의식적인 노력 없이 저절로 이루어지는 것이 아니다. 고도의 의식적인 노력을 통해서만 꾸준히 이루어질 수 있는 것이다.

과거 일본이 한국을 천대하거나 박대한 것은 일본 민족주의가 도덕적으로 성숙하지 못해, 다수 국민들이 하질 민족주의 수준에 머물러 있었기 때문이다. 일본은 침략주의적 민족주의로 과거 한국을 강제합방하였다. 그 결과 한국에서 생겨난 것이 반일민족주의였다. 반일민족주의에도 상·중·하질의 민족주의가 있다고 보아야 한다. 중·하질의 민족주의는 일본이 한국에게 한 행동과 똑같거나 더 혹독하게 보복하고, 잔인하게 가해하려는 정신과 태도이다.

한국의 민족주의자들은 일제와 타협하여 일정시대를 편안하게 지낸 사람과 독립운동을 하거나 저항투쟁을 하느라 고생했던 사람을 저항적인 애국파와 타협적인 친일파로 분류하여 차별화할 것을 주장했다. 이것은 특히 민족주의 좌파들의 사고방식인데 원칙적으로 타 집단에 대한 증오와 적대행위를 부추기는 것은 수준 높은 민족주의 행위가 아닌 것이다.

그에 비하면 자국 민족주의의 발전을 도모하면서 이웃 나라와 화해 협력하여 국제적 평화와 공존을 추구하는 것이 중질 이상의 민족주의이다. 사람은 누구나 자국의 안전과 이익을 추구하지만 국제사회에서는 좋은 이미지와 위엄을 유지하면서 국가이익을 챙기는 것이 중질 이상의 민족주의자들의 속성이다. 오늘날 구미사회의 선진국들이 이런 입장을 유지하는데, 대체로 민족주의란 말은 사용하기를 꺼린다. 그 이유는 민족주의를 내세우면 자국의 위엄과 품위가 떨어진다고 생각하기 때문이다.

그러나 식민지 생활을 겪었던 한국은 민족주의란 말을 굳이 회피할 필요는 없다. 더구나 한국은 현재 분단국가이기 때문이다. 북한의 적색(赤色) 민족주의는 증오와 파괴를 선동하는 전형적인 저질 민족주의이다. 남한이 내세우는 민족주의는 홍익인간적 민족주의인데 이것은 상질의 민족주의이다. 우리는 북한 민족주의를 이런 상질의 민족주의로 끌어올리며 북한 체제를 격상시켜야 한다. 그것이 가능한 일인가?

필자는 가능하다고 믿는다. 그것은 북한 정권이나 인민을 설득해서가 아니라 한국이 중국과 일본의 협력을 얻어 아시아태평양공동체의 창건을 주도한다면 가능하다고 믿기 때문이다. 남한이 내세우는 홍익인간적 민족주의는 아시아인들을 자비와 용서로 포옹하고 감싸 안는 봉사정신과 세계평화사상을 담고 있다. 이것이 바로 아시아태평양공동체의 이념이다. 북한은 한국의 뜻을 따르지 않을 수도 있겠으나 아시아의 모든 나라가 한목소리로 말한다면 따르지 않을 수 없을 것이다.

미중대립, 중일갈등, 남북대치를 홍익인간형 민족주의로 수습, 화해, 타협, 단합시키는 것이 바람직하다. 남북불화도 한국이 내세우는 홍익인간적 민족주의에 의하여 순화, 격상되어야 한다. 또 한중일 3국의 협력에 의하여 어렵지 않게 해결될 수 있다고 믿는다. 미국, 중국,

러시아, 일본, 북한의 정치인들은 무명(無名), 무공(無功), 무기(無己)에 바탕을 둔 한국의 리더십에 동조하는 데 어려움이 없을 것이다.

만일 한국 민족주의가 일제하에서 억압되고 착취당했다는 이유로 경천애인의 정신을 망각하여 일본인들이 한 것과 똑같은 부도덕한 행동으로 보복하려 한다면, 그것은 한국 국민의 정체성에 어긋나는 행동이며 저질의 수준에서 탈피하지 못했음을 증명하는 것밖에 되지 않을 것이다.

6. 미일에 대한 중국인들의 비우호적인 감정과 적대의식

위에서 우리는 중국이 왜 미국이나 일본에게 비우호적이며 적대감정을 가져왔는지 그 원인에 대하여 고찰해 보았다. 중국이 미국, 일본에 대하여 비우호적으로 대하는 것은 이유 없는 행위가 아니다. 그러나 중국의 비우호적인 태도나 행동은 미일 양국으로부터 그에 상응하는 적대감정과 행동을 유발하는 것이므로 중국은 더 많은 피해를 입게 될 것이다. 그런 반응의 여파로 동아시아의 국제관계는 더 악화되는 결과를 초래할 것이므로 피차 보복행위의 악순환은 세계의 평화와 번영에도 커다란 저애요인으로 작용하게 됨을 알아야 한다.

그런데 이와 같이 바람직하지 않은 영향이나 결과가 명백함에도 불구하고 중국이 미국과 일본에 대하여, 또 한국은 일본에 대하여 적대적인 행위를 계속해 온 심리적 동기는 무엇일까? 또한 비우호적 태도나 적대적 행동으로 인하여 앞으로 확대될 보복의 악순환은 어떻게 단절할 수 있겠는가?

불교에서는 중생들의 공통된 특성으로 탐진치를 들고 있다. 이것은 감정적 동물인 인간의 성격적 약점이 드러나는 방법이다. 유식학에서는 이것을 인간의 근본번뇌라고 말하고 있다. 필자는 전에 한중일 3국의 성격적 약점으로 중국은 탐(貪)의 병, 한국은 진(瞋)의 병, 일본은 치(痴)의 병 때문에 잘못 나가게 됨을 지적한 바 있다. 제 2차 세계대전 중 탐진치에 깊게 빠진 것이 일본의 패전 망국의 원인이 된 것이다.

인간의 탐진치 3독은 중생의 어리석음이나 미망(迷妄) 때문에 계속되는 악업이다. 또한 불가피하게 좋지 못한 업보나 재앙을 불러들이는 요인임을 알아야 한다. 불교신앙과 무관한 사람이나 개인, 국가의 경우에도 죄를 지으면 벌을 받고 악행을 저지르면 재앙을 만나게 된다는 인과법칙을 모르는 사람은 없을 것이다.

중국이 계획적인 정치공작이나 정책을 통해 미국을 초강대국 자리에서 밀어내지 않더라도 미국은 이미 세계의 유일 초강대국 자리에서 물러나고 있다. 아마도 중국이 그 자리를 메우게 될 것으로 예상하지만 섣불리 미국을 건드린다면 때 아닌 재앙을 만날 수도 있다. 중국이 미국을 군사력으로 밀어내려고 안간힘을 다하는 것은 어리석은 행동이며 자기파멸의 길일뿐이므로 그런 위험한 짓은 하지 말아야 하겠다.

중국이 일본의 중국침략과 해악을 자주 거론하며 일본을 깎아내리려고 하는 행위도 중국의 패권을 강화하려는 정치목적을 위해서는 필요할지 모르겠으나 아시아의 평화를 확립하려는 취지에서 본다면 전혀 바람직한 행위가 아니다. 우리는 가까운 동맹국들이 그런 잘못된 길을 가지 않도록 저지하고 충고하며 선도해야 한다. 아니면 동아시아가 전화(戰禍)에 휘덮이는 재앙을 만나게 될 것이다.

▪ 요점

동아시아의 평화와 번영은 한중일 3국의 공동책임이다. 근래에 와서 중국과 한국은 일본의 과거 침략주의와 반성 부족을 빌미로 공격하고 있다. 또한 중국은 유일 초강대국의 자리에서 미국을 밀어내기 위해 준비를 강화해 왔다.

일본을 압박하고 과거의 죄업을 계속 들추며 공격하는 것은 일본을 재무장으로 내모는 행위이다. 그리고 중국이 미국의 패권지위를 빼앗으려는 것도 재앙을 불러들이는 행위밖에 되지 않으므로 한국은 이러한 모험을 말리는 데 진력해야 한다.

한국은 반일행위로 일본을 고립시키려 하지 말아야 한다. 중국도 군사적 패권국가가 되려는 야심을 버리고 아시아태평양공동체를 건설하는 데 합심해야 한다. 한국은 우호 인접국가로서의 의무와 책임을 이행하는 데 앞장서야 한다.

5장

악화되어 온 韓中日 3국 관계를 어떻게 바로잡나?

2014년 1월 20일

1945년 제 2차 세계대전이 끝난 후 오늘에 이르기까지, 특히 근래에 와서 동아시아의 국제관계는 계속해서 악화되어 왔다. 가장 큰 이유는 중국이 고속 성장을 계속하면서 세계의 유일 초강대국인 미국의 패권을 위협하게 되었기 때문이다. 미국도 그 상황을 인식하여 중국의 위협에 대한 견제장치를 키워 왔다. 현재까지의 유일 초강대국과 차기 패권국가 간의 대립이라고 본다면 이런 대립과 긴장은 예상할 수 있는 일이며 그에 대한 대책이나 전쟁방지책은 고안되어야 한다.

이런 문제와 관련해서 생각할 수 있는 것은 20세기까지는 세계에 패권국가가 필요했을지 모르나 21세기 세계에도 패권국가가 필요한가에 대한 의문이다. 그동안 유일 초강대국으로서 미국이 패권국가 노릇을 해왔음은 모두가 아는 사실이지만 미국의 경제사정이 나빠지면서 군사비를 감당할 수 없게 되어 패권국가의 자리에서 내려오게 된다면 그 후

유증이 염려스럽다. 우리는 미국을 대신할 패권국가가 다시 부상하는 것을 원하지 않는다. 국내 및 국제문제 그리고 관련국 간의 문제해결은 이성적인 대화와 외교적 협의로 해결함이 바람직하다.

오늘의 국제연합, 곧 UN 기구는 국제적 분쟁을 해결하는 데 매우 중요한 역할을 해왔다. 현재의 UN 기구는 상임이사국의 과다한 권한행사가 국제적 분쟁을 평화적으로 처리하는 데 걸림돌이 되어 왔다. 이러한 문제는 앞으로 지역협의 기구 간의 합의에 의해 결정되어야 할 것이다.

현재 세계의 관심사는 동아시아 내부의 국제관계이다. 특히 한중일 3국 관계가 거의 최악의 상태로 악화되어 있는 것은 심각한 현실문제이다. 한일관계로 말한다면 종전 후 일본 식민지 상태에서 해방된 한국으로서는 일본에 대한 악감정 때문에 우호적인 관계를 유지할 상황이 아니었다. 그러나 한국전쟁 후 한국을 보호하던 미국이 한일관계 개선을 종용하였고 박정희 정권도 경제개발 당시 6·25 전쟁으로 황폐해진 자국을 경제적으로 부흥시키기 위해 근대화, 산업화를 위한 기술협력이 필요했기 때문에 한일관계를 개선하지 않을 수 없었다.

제 2차 세계대전 후 세계는 미국을 추종하는 자유진영과 소련을 따르는 공산진영으로 양분되었다. 당시 미소 냉전대립의 상황에서 미국, 일본, 그리고 남한으로 구성된 남방 3각 관계와 소련, 중국, 그리고 북한을 중심으로 하는 북방 3각 관계가 서로 대치하는 상황이 전개되었다. 한국은 반공진영의 결속을 중요시했던 처지였으므로 일본과의 동맹도 환영하는 입장이었다.

1. 동서냉전 이후의 세계정세와 한일관계

1980년대에 와서 소련을 중심으로 하는 공산권이 해체되면서 중국이 새로운 강대국으로 부상하였다. 한국은 박정희 정권의 급속한 산업화 정책에 힘입어 세계 10대 경제대국의 위치로 접근하게 되자 차츰 일본을 추월할 욕심도 생겼으며 경쟁의식도 갖게 된 것 같다. 중국은 박정희 대통령의 산업화 정책에서 아이디어와 용기를 얻어 급속한 경제발전을 이룩하자 세계 유일 초강대국 미국의 위치도 넘보려는 야심도 갖는 듯하다.

중국은 세계의 유일 초강대국 자리에 오르기에 앞서 먼저 아시아에서 패권국가의 자리를 굳혀야 했다. 아시아의 패권국가 자리에 올라 행세를 하려면 우선 세계 2위의 경제대국 자리에 올라 있는 일본을 밀어내야 했다. 그러자니 그동안 일본과 미국으로부터 첨단적 과학기술과 경제역량을 키워 왔던 한국과의 동맹강화가 매우 소중한 자산이 되었던 것이다. 여기서 일본에 대하여 경쟁의식을 갖는 대한민국과의 협력도 자연스럽게 강화되었던 것 같다.

미소 간의 냉전대립이 종식되자 한국과 중국은 긴밀한 협조관계를 맺는 계기를 맞았지만 그에 반비례하여 중일관계나 한일관계는 급속히 냉각되기 시작했다. 그 이유를 추적하면 첫째, 한국이 경제적으로 크게 발전하여 세계의 10대 경제대국의 위치로 접근하게 되자 일본에 대한 우호감정이 경쟁의식으로 바뀐 것이다.

한국은 일본이 과거 한국과 그 국민에 대한 죄악에 대하여 깊이 반성하며 사죄하거나 보상하려는 의지가 적은 것을 책망하여 언성을 높여왔다. 특히 일본이 한국이 지배하는 독도에 대한 소유권을 주장하는 데 대하여 크게 흥분하며 반일감정을 더욱 키우게 되었다.

2. 한국과 중국의 대일본 정책과 태도

둘째, 중일관계는 왜 급속하게 악화되었던가? 중국은 종전 후 소련을 따라 공산화되어 중국에 공산 정권을 뿌리내리는 데 경황이 없었다. 그러나 마오쩌둥 이후 덩샤오핑의 개혁·개방 정책으로 전환하게 되자 국력이 급속도로 강화되어 일본으로부터의 경제지원이나 기술지원에 의존할 필요가 없게 되었다. 게다가 중국은 일본이 세계 제 2의 부국 행세를 하는 데 배가 아프고, 질투심과 증오감이 크게 부풀려진 상태였다.

이러한 까닭에 중국과 한국은 과거 일본의 전쟁범죄 행위를 열심히 들추며 대외적으로 반일홍보에 주력했다. 왕년의 전쟁범죄국가이며 중국과 한국에 큰 범죄를 지었던 일본이 왜 큰 벌을 받지 않고 도리어 세계 제 2의 경제대국 행세를 하고 있는 것인가? 일본은 과거의 죄업에 대하여 더욱 사죄하고 배상을 해야 할 나라가 아닌가? 그런데 보통국가라는 빌미를 내세우며 재무장을 서두르고 있다. 게다가 미국을 비롯한 유럽의 선진국들이 이런 피해국의 절박한 소리에 귀를 기울이려고 하지 않고 일본만 감싸는 것이 못마땅한 것이다. 이것이 중국과 한국의 큰 불만이었다.

이런 이유로 중국과 한국의 전략적인 동맹이 강화되는 동안, 미국은 중국의 부상을 저지할 목적으로 미일동맹을 대폭 강화하였다. 일본은 왕년에 영국과 미국의 세력을 아시아에서 몰아내고자 세계대전까지 불사한 나라였다. 이런 전범국가는 다시는 고개를 들지 못하도록 만들어야 하는 이 시점에 일본을 아시아의 반중억제 세력으로 키우는 것은 천부당만부당한 처사가 아닌가?

현시점에서 미국과 일본의 최대 관심사는 중국이 세계 최고의 패권국으로 부상하는 것을 저지하는 일인 것 같다. 그러기 위해 일본의 재무장도 조속한 시일 안에 달성될 전망이다. 이러한 상황에서 한국 정부의 입장은 매우 불편해졌다. 한국은 일본을 반대하는 것이 아니라 극우보수적인 정책을 추구하는 아베 총리와 그 일당의 득세를 반대하는 것뿐이다. 그러나 한중 양국의 반일선전과 정책이 일본 국민들을 아베 정권 쪽으로 밀어 넣는 것은 아닌가? 옛말에 남을 저주하면 자기파멸의 구멍이 두 개 더 열린다는 말이 있는데 현재 한국 정부의 입장은 진퇴양난의 어려운 상황에 빠져 있는 격이다.

이러다가는 제 3차 세계대전, 곧 지구의 존속을 위협하는 핵전쟁의 위기로 몰리는 일은 없겠는가? 이런 위험과 불행을 저지하는 방법이 무엇인지 빨리 찾아야 한다.

3. 韓中日 3국의 화해 협력으로 세계평화의 礎石이 되어야

현재 동북아시아의 국제관계가 이러한 형국이라면 대한민국 정부가 선택하고 추진해야 할 외교 정책은 어떠해야 하는가? 한국의 외교 정책은 한국의 건국이념과 국시를 따라 파생되어 나오는 것이다. 한국 외교는 우리 조상부터 전승되어 내려온 경천숭조(敬天崇祖), 재세이화(在世理化), 홍익인간의 정신과 부합해야 한다. 한국의 외교 정책은 무조건 친미·반중일 수도 친중·반미일 수도 없다. 또한 친일·반중은 물론 친중·반일에서도 하루빨리 벗어나야 한다.

왜 그런가? 한국은 박애주의자의 입장에 서는 것이 홍익인간의 정신에 부합하기 때문이다. 박애주의의 입장을 따른다면 특정 나라만 선호하고 주변국을 적대하지 않고 모두 포용하며 존대와 이익을 보시함으로써 평화세계를 조성하는 외교 정책을 추구해야 한다. 그러나 그런 외교를 추구하는 나라가 어디 있겠느냐고 반대하는 사람들도 있을 것이다.

개인의 경우와 마찬가지로 어느 국가나 선호하는 대상이 있고 기피하고 싶은 대상이 있기 마련이다. 이것은 보통 사람, 일반 민중의 경우이지만 군자나 성인의 경우는 모든 사람을 평등하고 따뜻하게 대하며 특별하게 선호하거나 기피하려고 하지 않는다.

예수나 석가모니가 좋아하는 사람, 싫어하는 사람을 가리고 차별대우하는 것을 보았는가? 도덕수준이 높은 사람은 사람을 차별대우하지 않는다. 국가의 경우에도 도덕수준이 높은 나라는 좋아하는 나라나 미워하는 나라를 가리지 않고 모두 포용하고 후대한다. 홍익인간을 추구하는 한국 외교는 바로 그러한 정신자세를 유지해야 하는 것이다.

대립·경쟁하는 두 나라를 동시에 섬기는 나라에는 두 가지 종류가 있다. 하나는 국력이 너무 미약하기 때문에 그렇게 하지 않을 수 없는 나라이다. 또 하나는 정신도덕적으로 대국이므로 그렇게 포용할 수 있는 나라이다. 그러면 국가이익이 실종되지 않겠느냐는 말이 나올 수 있다. 군자불사의 나라, 동방예의지국은 세계 전체의 이익을 가릴 뿐 자국의 이익에 집착하지 않는다. 이것이 한국 외교의 본령이며 기본수칙이 되어야 한다.

나라의 국력이 너무 약해 상반하는 두 나라를 섬겨야 했던 경우가 있다. 고대 중국의 고사에서 볼 수 있는데, 그 이유는 두 나라 중에서 어느 한 나라만을 편들겠다고 했다가는 다른 한 나라로부터 물러나게 될 수 있기 때문이다. 한국의 경우도 미국과 중국 두 나라 중 어느 한 나라의 편에 서겠다고 할 경우에는 그런 불이익을 감내해야 할 입장이다. 대한민국이 멸망할 수 있다는 뜻이다.

4. 21세기 세계에는 새로운 패권국가가 생겨나지 말아야

그렇다면 한국은 상대적으로 강하지 못한 국가이기에 중국, 미국과 동시에 화해, 협력하겠다는 것인가, 아니면 미중 양국을 능가하는 정신 도덕적 강대국이기 때문에 두 나라를 동시에 포용하겠다는 것인가? 한국 외교의 현실주의를 강조하던 한국 외교부의 입장은 전자를 선택하겠다고 나설 것이다. 그러나 한국 외교의 이상을 추구하는 입장에서 아시아태평양공동체의 설립을 주장해야 한다. 이 지역공동체에서는 강대국이 불필요하며 모든 나라가 평등한 권리를 누린다. 그리고 모든 국가와 인간이 중요시된다.

현실주의 외교든 이상주의 외교든 친미·친중하자는 것이 한국의 입장이 되어야 한다. 또 실제로 한국은 그럴 수밖에 없는 절박한 상황에 놓여 있다. 그러나 미국과 중국, 두 나라를 동시에 섬기겠다는 한국 외교의 논리적 배경은 무엇인가? 어느 한 나라에게 밉게 보였다가는 엄청난 불이익을 당할 우려가 있기 때문인가, 아니면 미국·중국 두 나라보다 훨씬 높은 사상적·도덕적 근거를 가졌기에 그리하겠다는 것인가?

우리는 세계와 아시아의 평화를 지키려는 일념에 충실할 뿐이다. 친중 · 반미나 친미 · 반중으로 행동할 의사는 처음부터 없었다. 다만 우리는 세계평화를 지키기 위해 약소국, 강소국의 입장이 아니라 중견국의 입장에서 중국과 미국을 화해케 하는 역할을 추진하려는 것이다.

한국은 패권국가가 되려는 의지도 능력도 없는 나라이다. 그러나 중국으로서는 패권장악의 유혹을 물리치기가 어려운 처지일 것이다. 일본은 패권국가가 되려는 의지를 잃은 지 오래 되었지만 중국의 패권국가화를 막을 의지와 능력은 가지고 있는 나라이다. 그래서 중국과 일본은 일촉즉발로 서로 충돌할 수 있는 나라이기에 아시아 여러 나라는 단결하여 그런 전쟁을 예방하거나 저지해야 한다. 아시아태평양공동체를 설립하자는 이유가 바로 여기에 있는 것이다.

아시아에서 패권국가는 다시는 생기지 말아야 한다. 중국이나 일본은 아시아에서 패권국가가 되고자 기도했거나 앞으로 그리되겠다는 의지를 갖춘 나라, 또는 그런 의지를 감추지 않는 나라이지만 그들이 그런 욕심을 채우도록 허용했다가는 아시아가 불바다가 되는 것은 시간문제일 것이다. 그런데도 그런 허망한 꿈을 버리지 못하는 족속들을 우리는 도의의 힘으로 저지해야 할 것이다.

패권이란 권력욕의 표현이며 그 실천수단이다. 패권은 국제관계에 있어서 권력의지와 그 능력을 뜻하는데, 그것을 누가, 왜 가지려고 힘쓰는 것인지 그 문제부터 규명해야 한다. 권력의지든 패권의지든 어떠한 인간들이 무엇 때문에 그것을 행사하려는 것인가? 이런 문제를 정신분석의 입장에서 연구한 유명한 학자들 중 미국 시카고대의 정치학자 해롤드 라스웰(Harold D. Lasswell) 교수의 이야기를 제시하겠다.

해롤드 라스웰 교수에 의하면 사람이 권력을 탐하는 원인은 자신의 열등감이나 결함을 보상하려는 보완심리가 작용함으로 인해서 권력을 탐내게 되며 권세를 휘두르는 것이라고 한다. 중국은 왜 노쇠해 가는 미국을 밀어내고 세계의 유일 패권국가가 되려는 야심을 갖는 것일까? 라스웰의 학설에 따르면 사람이나 국가는 자국의 부족함이나 일종의 열등감(*the feeling of self inadequacy*)을 권력획득의 방법으로 보상받으려는 심리에서 그런 욕구와 행동을 하게 된다는 것이다. 그렇다면 중국은 어떤 열등감으로 인해 권력이나 세계적 패권을 가지려고 애쓰는 것일까? 또 그런 열등의식을 가진 나라가 왜 패권국가가 되려는 것인가?

중국은 오랫동안 외세에 의하여 침공을 당하고 푸대접 받으며 농락당해 온 데 대한 분함을 보상 받으려 보복의지를 가지게 되었다. 이러한 역사적인 굴욕에서 중국이 세계를 지배하려는 권력욕이 표출되고 있는 것이다. 생각해 보면 중국은 오랫동안 몽골족, 만주족, 일본, 서양제국으로부터 짓밟히고 농락당하고 수모를 받아 온 데 대한 보복의지를 아직도 가슴속 깊이 간직하고 있는 것 같다.

중국은 많은 국내적 결함, 모순, 빈곤, 그리고 열등감 때문에 심한 가슴앓이를 해왔다. 여전히 중국은 심한 물 부족 국가이며 공기도 매우 오염되어 국민들의 건강이 위협받고 있다. 인구는 엄청나게 많지만 대다수가 가난하며 국민소득도 다른 선진국에 비해 최하위에 가까운 상태이다. 세계의 중심국가, 일등국가가 이런 상태에 머물 수는 없는 것 아닌가? 보기와는 달리 중국인들의 마음은 매우 불안하며 속상한 상태인 것 같다.

필자는 중국이 다른 선진국처럼 부유하게 그리고 존경을 받으며 행복하게 살 권리가 있다고 본다. 그러나 그렇게 되기 위하여 중국이 세계 최강의 군사력과 경제력 그리고 국제권력을 가질 필요는 없다고 생각한다. 모든 사회적 가치는 이웃 나라들과 자유롭게 왕래하며, 교류

·협력을 통해 선의와 물자를 자유롭게 주고받는 활동을 통해 이룩할 수 있어야 하는 것 아니겠는가?

그러면 세계 유일의 패권국가인 미국의 높은 자리는 영원히 유지된다는 것인가? 필자는 미국은 외부로부터 침략이나 침공을 당하지 않더라도 국내문제로 인하여 저절로 노쇠하여 무력해질 것이라고 본다. 그러므로 미국에 대해서는 염려하지 않아도 된다고 생각한다. 게다가 오늘날의 세계도 시간이 흐를수록 평준화되고 자유로워질 것이며 보기에 따라서는 더 살 만한 세상이 될 것이라고 믿어도 되지 않을까?

5. 아시아태평양공동체는 21세기 세계평화의 기초이며 礎石이다

필자가 관여하고자 하는 아시아태평양공동체는 현재의 국제정세로 보아서는 가능성이 매우 희박한 목표처럼 보인다. 그러나 한중일 3국의 화해와 협력은 오늘의 시대적인 요청이며 한중일 3국이 뜻을 유지하고 노력한다면 불가능한 일이 아니라고 믿고 싶다. 한중일 3국은 현재 각기 재앙을 불러일으키며 멸망, 쇠약의 길로 돌진하려고 망동하며 설치는 모습을 보이고 있다.

탐진치 3독이 문제의 초점이다. 한중일 3국의 국제관계가 나빠지고 위태로워지는 원인은 각 나라가 뿜어내는 탐진치 3독에 의해 조장되어 왔다. 중국은 탐욕으로 나라를 위태롭게 만들고 있다. 한국은 적절치 못한 화와 흥분으로 인해 볼품없이 망가지고 있는 것 같다. 그래서는 선진국으로 들어가는 길이 더 멀어질 뿐인데도 말이다. 일본은 중국이나 한국의 공격에 잘못 대응하면 치를 초래하게 되는데 그로 인해 나라의 품격을 떨어뜨리지 말라고 충고해 주어야겠다.

한중일 3국이 이러한 병세와 속앓이에서 벗어나려면 어떻게 해야 하는가? 각자가 자신과 관련된 집념과 그로 인한 정신병에서 벗어나야 한다. 이것은 모든 일을 하는 데 있어 자신의 마음을 비우라는 뜻이다. 아공(我空, 무아가 됨으로 인하여), 민족에 대한 잘못된 집념에서 벗어난 세계인, 다시 말해, 더욱 보편적인 인간상〔진인(眞人), 신인(神人)〕으로 접근하도록 노력한다. 이런 방법으로 세계평화의 목표를 향하여 최선의 노력을 기울이자. 그런 마음이 아니고는 구원을 받기가 어려울 것이다.

이런 구원의 길은 한중일 3국이 아시아태평양공동체를 설립하고 공동으로 노력하며 상호 간에 미워하거나 싸우지 않고 선의를 가지고 협력하는 데서 찾을 수 있다. 이것이 동양 3국이 세계평화를 앞당기는 길임에도 모두가 그리 하지 못하고 있는 데 대하여 우선 한국인들부터 반성하고 참회해야 한다. 특히 한국의 정계와 언론은 깊이 반성해야 할 일이다. 신문에 난 기사를 인용해 보겠다. "정부가 일본군 위안부 피해자 관련 기록을 유네스코 기록문화유산으로 올리는 방안을 추진한다." 이런 행동은 동방예의지국의 후손이 할 일이 아니라는 생각이 잘못된 것인가?

이런 행위는 우리 조상을 욕보이는 백치에 가까운 사람들이 하는 짓이라고 말하는 필자의 생각이 잘못된 것인지 …. 아무튼 앞으로 세계평화의 보루가 될 아시아태평양공동체를 설립하여 세계평화의 길을 찾을 수 있었으면 좋겠다. 우리에게 희망이 있다면 그 길뿐이다.

6. 韓中日 3국 간의 화해 단결은 이념적으로도 밑받침될 수 있다

그동안 필자는 동아시아에서 아시아태평양공동체를 한민족 주도로 창립할 것을 주장했다. 한중일 3국이 협력하며 주도권을 잡기 위해서는 그것이 국가이익만을 위해서가 아니라 이념적으로도, 도덕적으로도 밑받침될 수 있어야 한다. 그런데 최근 한중일 3국 관계가 최악의 상태로 악화되어 가는 것이 이념과 토대가 부실해서 일어나는 현상이라는 생각이 든다. 이런 문제와 관련하여 필자가 추천하는 활동노선을 다시 점검해 보아야겠다.

한중일 3국의 협력과 단결은 단순히 일시적인 상황의 필요성 때문에 편의를 위해서 주장하는 것이 아니다. 3국의 관계는 동양사상과 역사를 통하여 추구된 3국의 선린관계를 더욱 발전시키고자 하는 요청의 정당성 때문에 강조하는 것이다.

우리 3국은 같은 아시아 인종이라는 데 그치지 않는다. 문화적으로도 동일한 한자문화권에 속하며 역사적으로 동조동근 문화를 함께 창조한 조상들의 후예라는 점을 중요시해야 한다. 3국은 종교적으로도 동일한 유교문화권에 속한다. 유교・불교・선교는 3국의 정신적인 젖줄이며 그런 문화적 배경을 통해 사해동포(四海同胞)의 이념을 생활신조로 받들며 살아온 역사를 중시한다.

그러나 유불선 3교를 받들어 온 3국의 정신문화는 19세기 말 근대화 과정에서부터 달라지기 시작하였다. 20세기에 들어, 특히 제 2차 세계대전 후 3국의 정세변화로 인하며 그 차이점은 더욱 뚜렷해졌다. 일본과 한국은 일본의 군국주의로부터 벗어나 정치적으로는 자유민주주의, 경제적으로는 시장경제 체제로의 길로 발전하기 시작했다.

그와는 대조적으로 중국과 북한은 일제의 침략과 싸우는 과정에서 정치적으로는 공산주의나 일인독재의 권위주의 체제, 경제적으로는 사회주의라는 이름의 통제경제 체제를 선택했기 때문이다. 결과적으로 이러한 문화적 이질화로 인하여 동아시아 3국의 관계는 더욱 껄끄러워질 수밖에 없었던 것이다. 그러나 이 중에서도 남북한이 분단되어 서로 충돌하는 대한민국의 입장은 가장 고통스러울 수밖에 없었다.

우리 한국인들은 크게 변화하는 시대사회에 휘말린 긴장 속에서 어렵게 살아왔다. 현재 세계는 대립과 갈등의 시대로부터 화해와 타협의 시대로 바뀌는 중이다. 그리고 이러한 변화가 21세기의 시대정신으로 반영되어 우리를 압박하는 면도 없지 않다. 이러한 변화에 순응하려면 한중일 3국이 종래의 남북대립과 갈등의 압력으로부터 빨리 벗어날 수 있도록 유도해야만 한다.

그러므로 중국과 일본의 달라진 입장과 행동을 용납함으로써 상호 불신과 적대감을 최소화하는 노력이 절실하다. 중미나 중일 간의 해빙(解氷)은 1960년대 닉슨 대통령의 베이징 방문으로 시작되었다. 남북 간의 해빙은 2000년 김대중 대통령의 평양 방문으로부터 본격화된 것이라고 말할 수 있다. 그런 이유로 오랫동안 가슴속에 응어리졌던 이질감이나 거부감을 떨쳐내어 상호 용납과 호감의 마음으로 전환하는 노력이 절실해진 것이다. 이것은 한중일 3국의 도덕적 각성에 의해 치유될 수 있다.

이런 이유로 한중일 3국 관계에도 변화가 일어나야 할 때가 왔다. 서로 접촉하게 될수록 쌍방의 이데올로기는 서로 섞이는 가운데 별개로 존속하더라도 상호 간의 큰 거부감은 줄어야 한다. 현재 세계에는 천주

교와 기독교, 독일의 사회민주당과 기독교민주당, 영국의 보수당과 노동당, 불교의 대승불교와 소승불교 등이 공존하지만 큰 싸움이 있었다는 말을 들어 본 일이 있는가?

한국 사람들은 독일의 통일을 부러워하면서도 그들의 상호 포용의 정신과 지역공동체인 EU의 기능을 보지 못하고 있는 것은 이상한 일이다. 바로 EU가 개인주의・자유주의・자본주의와 전체주의・통제주의・사회주의, 이 두 부류의 문화가 혼합하고 융화하는 문화 속에서 성장하는 지역공동체인데 우리도 그런 국제적 도덕성을 가질 수는 없는 것인가? 그에 앞서 우리는 한중일 3국이 이념적으로 동질화하며 원만하게 잘 지내는 화해와 융합, 옛말로는 원융(圓融), 무애(無碍)의 정신세계 속에 살 수 있는 정신훈련을 할 필요가 있다. 이것이 바로 21세기의 신문명의 본모습이며, 아시아태평양공동체의 정신문화임을 명심할 필요가 있다.

▪ 요점

한중일 3국은 세계평화의 전초기지가 될 아시아태평양공동체의 선도국가이다. 그런데 화해와 협력단계가 요구되는 이 시점에서 3국의 정신자세에는 이상신호와 위험신호가 계속 나오고 있다. 기독교의 관점에서 보면 이것은 하나님의 가르침에 역행하는 현상이다. 불교의 관점에서 본다면 오탁악세의 원인이 되는 탐진치 3독에 중독된 상태라고 할 수 있을 것이다.

현재 중국은 탐(貪)의 병에 걸렸다. 한국은 진(瞋)의 병에 걸렸다. 탐도 진도 잘못된 길이므로 절대 성공하지 못한다. 중국이나 한국이 성공하는 길로 가지 못한다면 실패의 길로 간다는 뜻이다.

그렇다면 일본은 어디로 가는 것인가? 아마도 일본은 치(癡)의 길로 빠지는 것이 아닌가? 일본이 치의 길로 가지 못하게 하는 책임도 우리에게 있는 것이다.

제4부

'현대사 백년전쟁'은 인민공화국의 부활 · 역공 신호인가?

1. '현대사 백년전쟁'과 격화되어 가는 문화투쟁
2. 시대정신의 변화와 한국 문학의 과제
3. 진보성향의 문단과 한국의 미래

1장

'현대사 백년전쟁'과 격화되어 가는 문화투쟁

〈국제문예〉, 제50호 특별기고

1. '현대사 백년전쟁'은 진보좌파 측 문화투쟁의 새로운 국면

요즘에 와서 전에는 들어보지 못한 '현대사 백년전쟁'이란 말이 사람들의 주목을 끌며 자주 회자되고 있다. 이와 관련해 2013년 3월 14일 자 〈동아일보〉에 실린 황호택 칼럼은 다음과 같이 글을 시작한다.

> 민족문제연구소가 제작한 역사 다큐멘터리 〈백년전쟁〉이 조회 수 200만을 넘어섰다. 일선 학교에서도 일부 교사들이 〈백년전쟁〉을 계기수업 교재로 활용하고 있다고 한다. 백년전쟁은 1910년 한일강제병합 이후의 100년을 친일과 반일 세력의 대결로 보는 역사관이다. 이런 수준 미달의 다큐멘터리를 비판할수록 클릭 수를 높여줄 뿐이라는 무시 전략

이 있지만 지금은 그 단계를 넘어섰다.

이 글을 통해 필자가 말하고자 하는 요지를 더 잘 전달하기 위해 몇 구절을 더 인용해 보겠다.

> 대한민국을 건국한 초대 대통령을 친일파 갱스터에 바람둥이, 협잡꾼으로 매도하고, 건국 세력에 친일 컬래버레이터(협력자)라는 딱지를 붙여서 결국 무엇을 얻자는 것인가. … 〈백년전쟁〉은 대한민국을 부정하는 사관(史觀)에 입각해 현란한 미디어 조작기술을 과시한다. 미래세대에게 역사적 사실을 객관적으로 재구성한 균형 잡힌 역사를 가르쳐야 한다.

여기서 우리가 문제 삼고자 하는 것은 민족문제연구소(반민족문제연구소의 후신)가 문화투쟁의 목적으로 계속해 온 한국 친북좌파의 문화투쟁이 너무나 허황되고 뻔뻔하다는 사실이다. 한국의 친북좌파 세력이 즐겨 내놓았던 주장의 요지는 한국의 반공보수 세력은 친일반역 세력이고 용공친북, 진보좌파 세력만이 시종일관 반일애국노선을 견지했다는 무고성, 기만성의 발언이었다.

이런 식 친북좌파들의 문화투쟁은 이미 오래전부터 써먹어 온 종북좌파의 단골메뉴였다. 그런 주장의 신선도가 이미 없어졌음이 염려되었던지 '한국 현대사 백년전쟁'이란 설을 간판으로 들고 나온 것이다. 반일애국 세력이 친일반역 세력인 보수우파 정치 세력에 대항하여 투쟁해 온 그 역사가 이미 100년이 되어 간다는 주장이다. 필자는 이러한 주장은 근거가 희박한 역사왜곡이므로 언급할 가치조차 없다고 생각한다. 그러나 요즘 젊은 세대들은 한국의 현대사에 대해 너무나 무지하며 왜곡, 편향된 교육을 받아 온 것을 알고 있기에 한국 현대사의 중요한 시기를 몸소 살고, 직접 경험한 사람의 입장에서 그들이 왜곡해 온 그릇된 역사인식을 바로잡으려는 것이다.

2. 친일 세력 대 항일투쟁 세력의 대립기간도 40년을 넘지 않았다

지난 호(〈국제문예〉, 통권 제 49호)에서 필자는 종북좌파의 역사인식은 어둠과 증오의 역사관에 기초한 데 반해 보수우익성향의 역사인식은 역사적 현실을 너무 안이하고 포용적인 현실인식에 기초하고 있는 것을 지적하였다.

최근 거론되고 있는 '현대사 백년전쟁'은 좌파 세력에 의한 새로운 문화투쟁선언이다. 그 목적은 박근혜 정부에 대한 민중투쟁을 강화하라는 선전포고에 의하여 2017년 제 19대 대통령선거에서 정치권력을 반드시 되찾겠다는 좌파 측의 정치의지의 표현이라고 하겠다.

2012년 결코 질 수 없으며 져서도 안 되는 국회의원 및 대통령선거에서 연거푸 패배한 좌파정치 세력으로서는 대(對)정부 전투력을 최대화하려는 묘책을 만들어야 하는 입장임을 모르는 것은 아니다. 그래서 좌파투쟁의 중심에서 활동하려는 민족문제연구소가 이 '현대사 백년전쟁' 설을 들고 나온 것이지만 이것은 매우 근거 없는 왜곡된 문화투쟁전략이다. 필자는 다음과 같은 근거에서 반론을 제기하고자 한다.

첫째, 한국 현대사 100년은 친일파와 반일투쟁 애국 세력 간의 전쟁기간이 아니었다. 둘째, 친일 세력은 그렇게 구분될 수 있는 단일 세력이 아니었다. 셋째, 한국 현대사 100년은 일본에 빼앗긴 국권을 독립운동을 통하여 되찾았으나 남북이 갈라짐으로써 다시 대결하게 되었다. 그러나 남북대립에서 대한민국 측이 승리한 반면, 북한 인민공화국 측의 패배가 명맥하게 드러난 시기였다.

현대사 100년을 1900~2000년까지의 시기로 한다고 하더라도 친일파와 반일투사 간의 권력투쟁으로 시종했던 것은 아니었다. 한국의 현대사는 보통 1884년 개항기를 기준으로 하는 것이 보통이나 1900년부터라고 해도 일제강점기를 지나 한국의 건국과 산업화, 민주화시대까지 포함한 시기이다. 한국에서 친일파가 설치던 시기는 1905~1945년까지였다. 친일파와 항일투쟁파가 반목하며 대결했던 시기는 기껏해야 40년 정도를 넘지 못한다. 1945년 일본이 연합군에 무조건 항복한 후로 친일파는 몸을 숨기고 참회, 후회하느라 바빴기에 항일독립투사들에게 대적할 것은 엄두도 내지 못했던 것이다. 그런데 무슨 전쟁을 100년 동안 계속했다는 것인가?

1910~1945년까지 36년은 일제식민통치 기간이었다. 그러나 그 후 65년은 높은 수준의 사회변화와 국가발전을 성취한 시기였다. 다시 말해 한국은 일시적으로 망국의 시기는 겪었으나 해방 후의 건국과 산업화를 통하여 상당 수준의 성장과 발전을 이룩하였으며 남북의 체제경쟁에서 대한민국의 우위성을 유감없이 과시한 시기였다.

또 일제통치시기에 있어서 친일 세력과 반일 세력은 그렇게 명료하게 구분될 수 있는 집단 세력도 아니었다. 사람은 누구나 본능적으로 이기적이다. 국가관 역시 사람의 이기심을 바탕으로 형성되는 것이다. 어떤 사람이 일제강점기에 표면적으로 친일적이었다 하더라도 실제로는 이기주의 50%, 애국심 25%, 친일(표면상) 감정 25%였다고 가정해 보자. 그러면 이 사람을 친일파로 간주해야 하는가, 기회주의자로 간주해야 하는가?

조선총독부가 한반도를 통치했던 시기에 한국의 중상류층은 반일분자가 아닌 척을 했기 때문에 사회지도층의 위치에 있을 수 있었고, 비교적 잘 지낼 수 있었다. 이런 부류를 친일파, 민족반역자로 분류해야 한다고 말하는 사람들도 있지만 그것은 과장된 표현 아닌가? 물론 그들 가운데 진성 친일분자도 없지는 않았을 것이다. 그러나 일본인 앞에서는 친일 하는 척은 했어도 이면에는 반일적인 언행을 하는 사람도 적지 않았을 것이다.

일본의 육군 중장이었던 홍사익의 경우를 예로 들어 보자. 그는 일본 육군사관학교를 졸업했으며 일본군에서도 유능하고 우수한 장교로 인정받아 중장의 자리로 승진할 수 있었다. 그러나 그가 진정한 친일분자였다면 태평양전쟁 중에 사단장, 군단장, 그리고 모두가 우러러보는 지역 전선의 최고사령관 자리에 오를 수 있었을 것이다.

그러나 그가 차지한 보직은 필리핀 지역의 포로수용소장 자리였다. 결국 그는 일본 장병들이 연합군 포로들을 학대하였다는 죄목에 대한 책임으로 전쟁종료 후 연합군의 군정재판에서 사형선고를 받았다. 그때 상해 임시정부를 비롯한 많은 독립투사들까지 그의 사면을 요구하는 진정서를 보냈다는 사실을 미루어 볼 때 그가 진정한 친일분자가 아니었음을 알 수 있다.

그리고 중국 전선에서 가장 용맹을 떨쳤던 한국인 일본군 장교 김석원 중좌의 경우도 마찬가지다. 그는 일본이 패망한 후 사람들이 보는 앞에서 눈물을 글썽이며 한국의 해방을 기뻐하며 자신의 여생을 한국군을 육성하는 데 바치고 싶다고 실토하였다. 그는 한국전쟁 시 출정하여 영천(永川) 전투를 지휘하여 북한군의 진격을 저지하는 데 큰 공을 세웠다. 이때 북한군에 의하여 영천이 뚫렸더라면 대구를 수호할 수 없었을 것이며, 그로 인하여 전 국토가 북한군에 의하여 점령당하고 말았을 것이다. 그는 군의 작전문제로 미군 고문단과 다투다가 예편되고 말았다.

마지막으로 인촌 김성수의 일화에 대해 이야기하겠다. 어떤 사람이 인촌을 방문하여 자신은 상해 임시정부에서 보낸 사람이다, 독립운동 자금을 위해 모금 차 왔으니 찬조해 달라고 했다고 한다. 그때 인촌 김성수는 돈이 다락 속에 있기는 하나 독립운동경비가 될 정도는 아니라고 대답하였다. 그 사람은 언제 오겠다는 말만 하고 갔는데, 약속한 날이 되자 인촌은 외박을 한 뒤 그 시간에 와서 돈을 꺼내 갔다고 한다. 이런 상황이라면 어떻게 친일파와 항일파 간의 전쟁이 계속되었다고 말할 수 있겠는가?

3. 일본의 조선침략, 그 원인과 결과

우리는 일본군이 일본열도를 벗어나 한반도, 만주, 그리고 중국 및 동남아시아에 침략전쟁을 벌이게 된 동기와 그 배후사정에 대해 정확하게 알아야 한다. 일본은 어떤 목적을 가지고, 어떤 마음으로 조선을 침략하였는가? 그 내막을 알아야만 친일 세력의 협력동기와 그에 대한 저항운동의 의의도 정확하게 이해할 수 있을 것이다.

16세기 말 도요토미 히데요시(豊臣秀吉)의 조선침략 이후 17세기부터 일본천하를 장악했던 도쿠가와 바쿠후(德川幕府) 정권은 근 150년간 오랜 평화를 누릴 수 있었다. 한국은 임진왜란 후 병자호란을 겪으면서 국력이 더욱 약해졌고 사색당파 싸움에 여념이 없었다. 이때 활성화된 실학사상과 그 운동을 조정이 받아들였더라면 한국은 아시아에서 가장 일찍 근대화의 길로 들어설 수 있었을 것이다.

18세기에 이르러 동아시아는 서세동점이라는 외부로부터의 충격을 겪어야 했다. 처음에는 유럽의 네덜란드나 포르투갈의 배들이 들어와서 문화접촉을 하다가 1835년 갑자기 미국의 해군함정이 일본 항구에 들이닥쳐 개항을 요구하더니 일본이 그들의 요구를 거부하자 함포사격의 맛을 보여 준 것이다.

1835년 일본인은 그 미국군함을 흑선(黑船)이라고 불렀다. 일본의 조야(朝野)는 미군함정의 함포사격에 혼비백산하여 무릎을 꿇었고, 그 소문이 전국으로 퍼지자 일본열도 서남지역의 무사 집단이 중앙의 도쿠가와 바쿠후 정권에게 최후통첩을 보냈다. "통치권력을 천황에게 반환해라. 그리고 외세에는 더 강력하게 맞서야 한다"라고 말이다. 이것이 이른바 존황양이(尊皇攘夷)의 명분이었는데, 이 요구가 받아들여지지 않을 경우에는 일본의 중서부와 구주의 무반들이 실력행사를 하겠다는 협박과 압력을 가했다.

규슈(九州) 사쓰마와 중서부의 죠슈의 장병들이 속속 모여들어 건곤일척(乾坤一擲)의 대회전이 벌어질 찰나, 공격군의 총수인 사이고 다카모리(西鄕隆盛)와 도쿠가와 바쿠후의 가쓰 가이슈(勝海舟)가 만나 극적 협상과 합의를 이루었다. 이러한 합의로 쌍방은 전국적인 무력충돌을 모면하였고, 도쿠가와 바쿠후의 통치권력은 천황에게 헌납되었다. 또한 그들의 합의에 따라 정부의 고위직과 국가이권은 쌍방에게 균등하게 배분되었다. 그러나 그동안 전쟁을 준비하며 진격의 명령을 기다리고 있었던 중급, 하급무사들은 무직자로 전락하고 말았다.

더욱이 각지의 무반들도 해체되기 시작하니 그들의 밥줄은 끊어질 판이었다. 그래서 나온 국론이 정한론(征韓論)이다. 왕정이 복고된 메이지유신 후, 일본은 부국강병 정책을 통하여 세계적인 강대국 체제로 개편하는 일에 매진해야 했다. 일본은 세계의 강대국으로 성장해야 했고 이를 위해서 일차적으로 한반도 합방을 통해 인구를 늘리고 국토를 넓힐 필요가 있었다. 그러다가 청일전쟁과 러일전쟁을 거친 다음 한일합방이 강제로 집행된 것이다. 또한 만주를 장악하기 위해 중국내륙으로 출병을 강행하게 되었다.

이것이 일본 침략전쟁의 원인이자 경과이다. 일본으로서는 서양강국들의 침략으로부터 동양의 평화를 지키기 위해 구미국가들을 능가하는 군사력을 갖고자 노력한 것이다. 물론 이러한 일본의 침략 정책과 명분이 여타 국가의 국민에게 동의를 얻은 것은 아니었다. 그럼에도 이것이 일본의 군국주의 및 제국주의 정책의 구실이었으며 명분이었던 것이다.

일본의 한국지배는 한국인들의 거부반응과 저항심리를 불러일으켰다. 일본은 그들의 침략행위가 서양열강으로부터 동양의 문화와 가치 그리고 평화를 수호하려는 과정임을 강조하였다. 그 결과 일본군부의 위세는 커졌고 일본 측의 홍보 선전도 이해되어 일본에 대한 저항의지가 조금은 완화되는 조짐도 보였다. 물론 일본인들 앞에서 받아들이는 척했다고 해서 그것이 거부 및 저항감정의 약화를 의미하는 것은 아니었다.

4. 남북한에 있어서 친일파 숙청이 체제변화에 미친 영향

한국의 진보좌파가 말하듯 일제 치하에서 반일 세력과 친일 세력 간의 대립과 긴장이 없었던 것은 물론 아니다. 그러나 당시에 상대적으로 사회적 · 경제적 측면에서 부유하게 살았던 사회계층을 모두 친일 세력으로 매도하는 것은 문제가 있다. 하물며 공산 세력과 반공 세력 간의 대립은 친대륙 세력과 친해양 세력의 대립을 의미하는 것인데 이것을 반일애국 세력과 친일매국 세력 간의 대립과 동일시하는 것은 너무나 편파적 견해라고 할 것이다.

1948년 8월 15일 남한에서는 이승만 박사의 주도하에 대한민국 정부가 수립되었다. 곧이어 9월 22일 북한에서는 조선민주주의인민공화국이 수립되었다. 북한에서는 정부가 수립되자마자 북한에 사는 중산층 이상의 주민들을 친일파로 몰아 숙청하였으며 주택, 토지, 재산 등을 몰수하였다. 반면 남한에서는 친일행위자들을 최소한으로 처벌하여 그들의 가옥, 토지, 재산을 몰수하지 않고 대부분을 자유롭게 살 수 있도록 허용하였다.

남북한에서 북한의 공산주의 체제는 사회정의를 추구했던 정치 세력이다. 이에 반하여 남한의 자유민주주의 체제에는 불의, 부패, 타락을 허용하는 미국 제국주의나 친일파 잔존 세력으로 매도하는 정치사회현상도 생겨난 것이다. 그러나 그렇게 단정하는 것은 사고의 단순성과 경직성을 반영하는 것이며, 그런 사고의 폐쇄성이 북한을 쇠퇴와 멸망으로 몰아넣은 것이다. 한국의 친북좌파 세력은 아직도 북한식 사고유형을 고수하며 답습하려고 하는데 이것은 어느 모로 보나 현명한 판단이 아니다.

결과적으로 100만 명에 가까운 인구가 가난 때문에 북한에서 남한으로 내려온 것이다. 남한은 일본, 만주, 북한 등의 지역에서 피난 온 귀환동포들로 인해 살림이 더욱 옹색해졌다. 반면 북한은 적지 않은 인구가 국외로 빠져 나갔으므로 더욱 여유롭게 잘살 수 있어야 했지만 결과적으로 더 좋아진 바가 별로 없었다. 게다가 6·25 전쟁까지 벌어졌으니 남한의 상황은 더욱 어려워질 것으로 예상되었다. 그러나 북한의 살림은 더 옹색해졌다. 반대로 남한의 살림은 어려운 가운데 차츰 넉넉해지는 변화의 묘리를 드러냈다.

이러한 남북한의 정부 정책은 어떠한 변화를 가져왔던가? 남한은 건국 후 친일파를 철저하게 숙청하지 않았으며 북한으로부터 친일파, 민족반역자 취급을 받은 수많은 인구를 흡수하였다. 북한은 사회정의를 강조하면서 친일파와 성분이 좋지 않은 사람들을 숙청하거나 추방한 데 비해 남한은 흐리멍덩하게 여러 부류의 사람들을 포용하고 용해했다. 결과적으로 개방사회를 표방한 남한 사회는 활기를 띠며 빠른 성장과 발전을 이룩했지만 북한 사회는 경직되고 상황은 어려워져 더욱 가난해졌고 현대 세계의 거지국가로 추락하고 만 것이다. 과연 그 이유는 무엇일까?

결과적으로 북한의 인위적인 계획과 통제는 남한의 최소한의 계획과 강제 그리고 상대적으로 폭이 넓은 자유방임 체제보다 훨씬 더 비능률적임을 보여주었다. 친일파를 엄격하게 응징하고 제거한 북한과 비교해 그렇게 하지 않았던 남한의 경제규모를 본다면 북한보다 40배나 더 잘사는 사회로 변화한 것이다. 북한 사회가 남한 사회보다 도덕적으로 더 우월하다는 말을 옳다고 받아들이는 사람이 있겠는가?

이처럼 좌우파 간의 싸움이 정의와 불의의 싸움이며 100년 동안 계속되었다는 주장도 폐쇄적 독재 세력인 좌파 세력의 빗나간 문화투쟁의 헛소리임이 증명된 것이다. 이러한 문화투쟁은 반생산적일 수밖에 없으며 오로지 나라를 멸망으로 이끄는 지름길임이 증명된 것이다. 종북좌파의 사상이 거짓임이 드러난 것이 아닌가?

민족문제연구소가 내놓은 역사 다큐멘터리 〈백년전쟁〉은 공산주의자들이 매우 중요시하는 문화공작이며 문화투쟁의 일환이다. 이탈리아의 공산당 당수였던 안토니오 그람시는 레닌 이후 가장 영향력 있는 마르크스-레닌주의자이며 뛰어난 사상가였다. 그는 공산주의혁명에 있어서 노동자・농민계급이 추진하는 정치・경제투쟁보다 지식인, 학생 등 문화인들의 문화활동이 더 효과적인 혁명 전략임을 증명한 사람이었다.

그람시는 노동계급이 꾸준한 문화공작을 통하여 문화권력을 장악하게 되면 유혈혁명투쟁을 하지 않고도 사회주의 정권을 세울 수 있다고 주장하였다. 이런 이유로 공산주의자들은 지식인들에 의한 문화투쟁이나 공작에 더 역점을 두는 전략에 의존하게 된 것이다. 이러한 추세가 김일성의 어록에도 심심찮게 나타나고 있었다. 한국에서는 386세대부터 이들의 문화투쟁역량이 크게 향상, 발전하였던 것이다.

5. 문화전쟁에서 밀리고 눌려서 더 일그러진 보수 세력

최근 〈미래한국〉(442호)에 "문화전쟁, 밀릴 데까지 밀렸다"라는 글이 실렸다. 글쓴이는 숭실대 남정욱 교수로 매우 설득력 있는 지적을 하였다고 판단이 되어 그 글의 일부를 여기에 소개하고자 한다.

> 지난 수십 년간 우파는 정치, 경제, 권력을 장악하고 오만을 떨었다. '야마'를 잡고 있으니 다른 건 별로 중요하지 않다고 생각했다. 그래서 허술하게 내주거나 방치한 것이 문화권력이다.
>
> 우파는 세 가지를 간과하고 있었다. 문화는 '시간'과 '인간'을 다룬다는 것을. 그래서 문화권력에는 자연스럽게 역사권력이 딸려 간다는 것을. 그 2개가 합쳐지면 정치, 경제, 권력 같은 건 모래 위에 쌓은 성만도 못하다는 사실을. 연극 〈한강의 기적〉 대관 취소 사건이야기다.
>
> … 연극인의 주장처럼 '이런 연극'이 되기에는 함량이 한참 부족한 작품이었다. 당연히, 그냥 무시하고 넘어가면 되는 사안이었는데 극장 측은 알아서 '기었다'. … 〈한강의 기적〉 대관 취소는 단순하게 넘길 해프닝이 아니다. 대한민국에 대한 반대한민국 세력의 한판 '뜨자는' 선전포고다. … 실은 신호탄은 이미 올랐다. 이른바 역사 다큐멘터리인 〈백년전쟁〉이다.
>
> … 70년대 중후반 출판운동, 80년대 문화운동을 통해 좌파가 진지를 구축하고 내공을 다진 세월이 거의 40년이다. 물들이기에 대학생은 너무 늦다는 생각에 시작한 전교조도 20년이다.
>
> 전교조의 반국가, 반민족, 반역사 이데올로기 집중 교육 10년 동안 배출된 학생이 600만 명이다. 이들 대한민국 좌파 문화권력의 든든한 받침대가 있는데 〈한강의 기적〉이 무산된 게 그리 이상한 일일까.
>
> … 대한민국에 대한 좌파 선전포고다. 이런 다큐멘터리들이 속편처럼 꼬리를 물고 제작되고 일부는 편집돼 다시 새로운 콘텐츠로 대중에게 무차별적으로 살포된다. 밀릴 데까지 밀렸다. 6·25로 치면 부산 하나 남은 셈이다. 치고 올라가야 할 것은 물론이고 인천상륙작전처럼 허리도 한번 끊어 놔야 한다.

6. 대한민국의 문화권력은 민중화의 바람을 타고

문화전쟁이란 한마디로 보수우익과 진보좌파 간의 문화권력의 쟁탈과정을 의미하는 것이다. 한국의 문화전쟁이 친북좌파의 손으로 넘어간 것은 정치권력이 전두환 정권에서 노태우 정권으로 바뀐 시기였다. 노태우 대통령이 6·29 선언을 한 후 민주화가 사회적인 추세가 되면서 문화권력도 좌파들의 손에 넘어가게 되었다. 이러한 추세는 김영삼·김대중·노무현 정권을 거치면서 제도화되기 시작하였으며 그에 따라 민중화도 공고히 뿌리를 내린 것이다. 민중화와 민주화는 엄연히 다른 것인데 한국에서는 그 양자가 동일시되어 왔으며 이것은 포퓰리즘의 풍조를 낳고 말았다.

노무현 정권이 끝나면서 권력은 이명박 정부로 넘어갔다. 그러나 이명박 정부는 이미 좌파 세력으로 넘어간 문화권력을 고스란히 좌파 세력의 영역이라고 생각하여 그들의 권익을 존중하는 것이 신사도라고 믿었다. 정권 초에 있었던 촛불시위 이후, 사회가 비교적 빨리 안정을 유지한 배경에는 이명박 정권이 좌파들 손에 넘어간 문화권력을 되찾아 올 생각이나 노력을 포기했기 때문이었다.

그러나 이명박 정부 말기에 갈수록 한나라당(현 새누리당)의 위세나 대중인기는 계속 위축되어 하강세로 이어졌다. 한나라당의 차기 정권의 선두주자로 부상한 당시의 박근혜 후보가 등장할 무렵에도 여당의 지지율은 전혀 높은 편이 아니었다.

그러나 박근혜를 대통령 후보자로 받드는 세력이 노력한 결과 국회의원총선거에서 152 대 127석의 차이로 민주통합당을 제압할 수 있었다. 이것은 야당과 좌파 세력이 너무 방심했기 때문이다. 더구나 같은

해 12월 19일에 거행된 제 18대 대통령선거에서 박근혜 후보가 초기의 예상을 뒤엎고 대통령으로 당선된 것도 놀라운 이변이었다. 한국의 문화권력이 친북좌파들의 손에 장악되어 있는 상황과 여건에서 어떻게 이런 일이 일어날 수 있었던가?

7. 종북좌파의 강화된 문화권력에 대한 正統 세력의 대처방안

펜이 총, 칼보다 강하다는 말은 옛날부터 많이 들어 온 말이다. 그럼에도 오도된 문화권력에 대해 군사력이나 정치권력은 적절한 대응책을 갖지 못한 것이 문제였다.

사실 대한민국의 건국 이래로 오늘에 이르기까지 문화권력에서 보수우익 세력이 혁신좌파 세력을 이겨 본 적이 없다. 이것이 정치불안의 중요 원인이었는데 좌파 측 '참새'들의 문화권력을 밑받침하며 그 대세를 좌우하는 중추적인 주도 세력은 누구였던가? 그것은 문학의 광범한 독자층, 연극·영화 애호가, 다양한 예술지망자, 대학생 혹은 다양한 식자층, 교수, 교사, 목사, 승려, 언론인, 법조인 등 세파에 덜 오염된 추종자들이었다.

일찍이 누군가 말하지 않았는가? 20대의 젊은이 중 공산주의자가 되지 않은 사람은 가슴(*heart*)이 없는 자이고, 30대가 넘도록 그 생각에서 벗어나지 못한 사람은 머리(*brain*)이 없는 자라고. 젊은이들은 마음이 순수하고 감성이 고도로 예민하여 다정다감하다. 그래서 문예작품에 쉽게 영향을 받는데 특히 좌경성향의 영향을 받기가 훨씬 쉽다는 것을 의미한다.

이들에 비한다면 대한민국을 수립하고 어려운 여건에서 산업화를 추진하고 국민의 총력을 동원하여 국가위기를 타개해 온 사람은 누구였던가? 사회의 기득권자들, 이른바 보수우익 세력과 그 추종자들 아니었던가? 1988년 서울올림픽을 성공적으로 개최하여 국위를 크게 선양한 것도 이러한 눈부신 성공의 집중적인 표현이라 할 만하다. 그런데도 이승만·박정희·전두환, 이 세 사람의 국가지도자는 한국의 역사교과서에 의하여, 또 일상적인 언론에 의하여 지나칠 정도로 낮게 평가되며 비난과 공격의 대상이 되어 왔다. 그리고 아직도 오물덩이를 뒤집어쓸 뿐 명예회복조차 되지 않고 있다. 그 이유는 무엇인가? 이것은 한국의 문화권력이 아직도 좌파 세력에 의해 장악되어 있으며 매사를 부정적으로 평가하는 그들의 시각이 나라의 문화를 지배하고 있기 때문이다.

이처럼 이 나라 문화권력의 주체는 누구이며 그 '참새'들은 어떤 속성을 가지고 있는가. 문화권력의 소지자나 행사자는 대부분 문인, 신문기자, 방송인, 시민운동 간부들이다. 말하자면 군이나 행정관료 및 그 추종자들로 구성된 정통 세력과는 상대가 되기 어려운 인물들이다. 또는 좌경성향의 언론과 문화에 영향을 받은 '참새' 또는 개미 집단이라고도 할 수 있다. 그러나 이들은 보수우익 세력을 무력화시키는 방법을 알고 있다. 지도급 인사나 거물들을 말이나 글로 쳐부수면 그들을 추종하는 세력은 자동으로 타격을 받아 흩어진 다음 다시는 세력을 모으지 못하고 소멸된다는 것을 말이다.

한국이 좌파 측 문화권력의 영향하에 있었음에도 불구하고 2012년 대통령선거에서 국민들이 민주통합당 후보 문재인이 아니라 새누리당 후보 박근혜를 근소한 표차로나마 많이 지지함으로써 제 18대 대통령으로 선출하였다. 그 원인에 대해 생각해 본다면 첫째, 과거 박정희 대통령을 지지했던 보수 세력의 표가 박근혜 후보에게 몰렸기 때문이다. 둘째, 박근혜 후보가 좌파정당 못지않게 대담한 국민복지 정책을 들고 나왔기 때문이다. 셋째, 좌파지지 세력의 정서불안 때문이다. 한국의 좌파 세력은 정서적으로는 좌파성향에 쏠리게 되어 있으나 그것이 지성적으로 밑받침되지 못해 사소한 자극만으로 투표의 향방이 바뀌었던 것 같다.

게다가 박근혜 후보가 이명박 정권하에서 소외되어 있었다는 사실로 인해 어느 정도의 동정표가 그녀에 몰린 것 같다. 이명박 정권하에서 경제가 좋아질 것으로 기대했지만 실제로 거의 실적을 올리지 못했던 것이 유권자들의 불만이었다. 당시 박근혜 후보가 당에서 소외되었던 것이 도리어 선거에서는 유리하게 작용한 것이다. 그러나 그중 가장 큰 원인은 박근혜 후보는 낯익은 얼굴이었던 데 비해 문재인 후보는 상대적으로 낯설었다는 점인 것 같다. 그러나 박근혜 정권에 와서 '현대사 백년전쟁'은 아마도 2014년 4월에 일어났던 세월호 사건으로 서서히 기지개를 켜기 시작하여 이것이 박근혜 정권 퇴진운동으로 발전할 뻔하였다.

'현대사 백년전쟁'은 한국의 좌경 세력이 한국의 반공보수 세력을 한국 사회의 주요 기관에서 친일반역매국 세력으로 몰아 무력화하거나 제거하려는 목적을 가지고 시작한 하나의 문화투쟁이며 그 전략전술이라고 할 수 있다. 이것은 박근혜 정부 시절에 와서 과거의 용공좌파 세력의 문화운동을 개편하고 보강한 것이며, 그 시작은 박근혜 정부를 약화시키거나 제거할 목적으로 시작한 것이 아닌가 생각해 본다.

그러나 박근혜 정부에 대한 적개심은 세 가지 이유에서 완화된 것으로 이해된다. 첫째, 박근혜 정부의 서민복지 정책에 대한 열의와 둘째, 중고교 역사교육에 대한 무간섭 원칙 때문이다. 그로 인하여 좌경성의 역사교육이 큰 차질 없이 추진되었다. 셋째, 박근혜 정부 외교의 적극적인 친중·반일 정책노선의 열의 때문이다. 차기에 보수우익 정권이 들어서기 전에는 거의 휴전상태로 유지되는 것 아니냐는 추측이다. 이런 현상을 어떻게 보느냐 하는 것은 각자의 몫이다.

8. 새로운 시민정신교육의 필요성과 타당성

미국의 저명한 역사학자 중에 폴 케네디(Paul Kennedy)라는 교수가 있다. 그는 미국 예일대 교수로서 노벨 문학상을 받은 저명한 역사학자이다. 그가 세계 역사를 논한 바에 따르면, 고대 로마가 중심이 된 문명시대는 중세기를 거쳐 영국으로 대표되는 유럽문명의 시대를 낳았다. 그 후 미국이 중심이 된 20세기 문명의 시대를 거쳤는데, 이는 앞으로 아시아태평양시대로 옮겨질 것이다. 아시아태평양시대는 중국, 일본, 그리고 한국에 의해 운영될 텐데 그중 한국이 중심국가가 되어 주역노릇을 하게 될 것이라는 게 그의 예견이다.

그렇다면 어떻게 한국이 아시아태평양문명의 주도국가가 될 수 있다는 것인가? 폴 케네디 교수는 미래세계는 세 가지 특징을 가진 나라가 주도하게 된다고 하였다. 우선 종교적으로 뿌리가 깊은 나라여야 하고, 둘째로는 국민들이 정신도덕적으로 다른 나라의 모범이 될 수 있어야 한다. 그리고 자유민주주의와 인권사상에서 우수한 자질을 보이며 모범적인 나라여야 한다고 설명했다. 그러면서 이런 세 가지 특징을 구비한 나라는 한국밖에 없지 않느냐고 반문했다.

우리는 폴 케네디 교수의 혜안에 감복하는 한편, 한국 국민이 과연 그가 말하는 그런 시민의 덕목을 구비하고 있느냐 하는 데 자괴감을 느끼지 않을 수 없다. 우선 한민족은 뿌리 깊은 종교신앙의 전통을 가지고 있는 것은 틀림없다. 그러나 실제로 얼마나 높은 도덕성을 가진 국민인가? 또 실제로 모범이 될 만한 자유민주주의의 정치전통을 가지고 있는 국가인가? 이에 대해 솔직하게 말한다면 우리는 자신하지 못한다.

다만 우리가 확실하게 말할 수 있는 것은 우리 정통 세력이 다른 어느 국민과 비교하더라도 높은 도덕감정과 자유민주정치의 자질과 소양을 가지고 있다는 점이다.

이러한 정신적·도덕적 규제는 종북좌파 세력에게도 중요하다. 좌경 세력은 보수우파 세력을 크게 도덕적으로 비판하고 규탄해 왔다. 그러나 그런 도덕성 규제를 보수우익에게 요구하기에 앞서 그들의 도덕성 수준을 먼저 반성하며 자기비판을 해야 하지 않을까? 언제나 그러했듯이 무자비한 투쟁이나 비판을 보수우파에게 행하기에 앞서 스스로에 대한 회개와 자숙에 더 열을 내야 한다. 이런 말은 특히 언론인이나 문학인들에게 특히 적용되어야 한다.

지난 호(〈국제문예〉, 통권 제 48호)에서 나는 한국의 문학작품이 노벨상을 수상하지 못하는 이유에 대하여 언급한 바 있다. 한국의 문학작품, 그중에서도 특히 좌경성향의 문학작품들이 외국에서 높은 평판을 얻지 못하는 가장 큰 이유는 정신도덕적인 면에서 소양이나 깊이가 미달하며 부족하기 때문이다. 특히 소설가 조정래 씨가 이러한 지적을 감안하여 도덕성과 그에 관련된 고민의 수준을 높여 작품을 리모델링한다면 노벨 문학상 수상자가 될 수 있다고 믿는다. 해방 후의 좌우투쟁과 6·25 전쟁이라는 소재가 너무 아깝다는 생각이 들기 때문이다.

앞에서 우리는 종북좌파의 비이성적이며 반도덕적인 문화투쟁의 공격에 맞서 싸울 수 있는 정의의 세력을 키우는 문제를 가지고 고민한 바 있다. 한국이 21세기 세계를 영도할 수 있는 문화투쟁의 수호 세력을 양성하고 조직할 필요가 있는 것 아니겠는가?

차제에 우리는 그동안 한국 문단을 오도하였던 감성적인 증오 위주의 좌파 문화투쟁노선에서 벗어나, 좀더 새롭고 참신한 문학노선을 창도할 문화투쟁 세력을 키워야 할 때가 온 것이 아닌지 한국의 문학인들에게 제안하는 바이다. 새로운 시민정신교육운동에 동참하자는 제안도 곁들이고 싶다.

2장

시대정신의 변화와 한국 문학의 과제

〈국제문예〉, 제51호 특별기고

필자는 2013년 한 해 동안 오늘의 시대정신과 한국 문학의 상호 관계에 대해 4번에 걸쳐 논하였다. 이러한 주제와 관련하여 이미 많은 언급을 했는데 또다시 긴 글을 써야 하는가 하는 생각을 하면 마음이 답답하다. 조선공산당의 산하단체인 조선문학가동맹은 해방 후 한국 문학의 지향점으로서 반일본 제국주의와 반봉건주의 투쟁이라는 테제를 제시하였다. 그 후 60여 년 동안 우여곡절은 많았지만 한국 문단의 큰 줄기는 대체로 진보 세력의 초기테제의 정신을 계승하여 오늘에 이른 것이 아닌가 하는 생각이 든다. 그래서 잘되었다는 것인가, 아니면 그렇지 못해 오늘에 이른 것은 아닌가 생각해 보게 된다.

1. 진보성 문학테제가 이 나라와 후대에 미친 악영향

시대정신은 시대를 따라 변하기 마련이다. 8·15 해방 이후 한국 정치사회의 고질병이 계속되었다면 그것은 좌우익의 대립과 남북한의 분단갈등이라고 말하지 않을 수 없다. 해방 후 거의 70년이 지나도록 변함없이 지속되어 온 우리 사회의 불치병, 그것을 고치려면 어떻게 해야 하는가? 좌우화해와 남북통일의 단합, 이것이 앞으로 추구해야 할 새로운 시대정신 아니겠는가?

한국 문학도 오랜 대립과 갈등의 과정을 통해 고민하면서 긴 세월을 보냈다. 이러한 고질적인 불치병을 그만 치료해야 하는데, 어째서 이 사회적·정신적 질환은 오늘에 이르도록 치료되지 못하고 있는 것인가? 앞으로도 그러한 한국병을 해소하거나 치료할 수 없는 것인가? 그게 아니라면 어떻게 완화하거나 치료해야 하는가?

지금까지 그 해결방법을 찾지 못했다면 그 원인은 무엇이며, 책임은 누가 져야 하는가? 이것은 전통사상에 대한 일반 국민들의 무지와 무관심 때문 아닐까? 또한 일본 제국주의를 반대하며 봉건사상과의 투쟁을 목표로 내걸었던 해방 후의 한국 문학테제를 받들어 온 진보좌파 세력의 책임 아닌가? 아니면 일제에 대한 철저한 투쟁을 회피하거나 도리어 일제에 철저하게 투쟁해 온 좌파 세력을 미워하고 반공국시를 받들며 독재 정권을 유지해 온 보수우익 세력에게도 책임이 있는 것이 아닌가?

냉정하게 그리고 객관적으로 판단한다면 그 잘못의 책임은 쌍방 모두에게 있다. 좌우대립이나 남북불화의 책임은 모두에게 있는 것이다. 양시론(兩是論)이나 양비론(兩非論)은 무책임한 현실도피이며 아무런 해결책도 되지 못한다고 말하는 사람도 있을 것이나 좌우가 충돌하며 문제를 해결하지 못한 이유는 그 문제해결을 상하에게 물어보지 않았기 때문이다. 좌우가 대립하여 화해하지 못할 때는 윗사람이나 아랫사람의 생각이나 판단을 따르는 것이 좋을 때가 많다. 좌우가 서로 싸우느라 보지 못하는 허물들이 그들에게는 잘 보이기 때문이다.

현대인들이 해결하거나 수습하지 못한 문제는 전통사상이나 미래지향적인 사람들로부터 그 해결책을 찾는 데 어려움이 없을 것이다. 이해관계가 직접 얽혀있지 않은 사람들이어야 판세를 정확하고 객관적으로 읽을 수 있다.

2. 한국의 고질병에 대한 유교 및 불교사상의 해결방법

진리는 언제나 가까운 곳에 있다. 그리고 그 진리는 알게 모르게 실천된 경우도 많다. 공자의 말씀에서 해결방법을 찾아본다면 그 해결책은 다음 한마디로 족하다. 《논어》에 "君子和而不同 小人同而不和"(군자화이불동 소인동이불화: 군자는 서로 다르면서도 화목하게 지내지만 소인들은 서로 같으면서도 화합하지 못한다) 란 말이 있다. 이 말은 좌우대립에도 남북갈등에도 똑같이 적용된다.

다만 이런 원리가 적용되려면 대다수 사람들의 심성이 군자처럼 높아져야 한다는 조건이 붙는다. 남북한 국민이 모두 착하고 자비롭고 덕성스러워진다면 좌익과 우익이 왜 싸우려고 하겠는가? 자유민주주의자는 자유를 존중하고, 사회주의자나 공산주의자는 평등을 존중한다.

물론 한국 사람들도 평등이 자유 못지않게 중요하다는 것을 알며, 북한 사람들도 자유가 평등 못지않게 중요하다는 것을 안다. 그렇다면 좌우익이나 남북한 국민들은 서로 싸울 필요가 없는 것이다. 그런 이유로 남북한 국민들이 올바른 사람들이라면 서로를 미워하고 적대하며 싸울 필요가 없었던 것이다. 그런데 정치는 반대로 가르치며 선동해 왔다.

공자가 말하지 않았던가? 君子和而不同, 小人同而不和. 유교를 포함한 전통사상이 이 짧은 말속에 모두 담겨 있다.

남북한 국민이 군자에 가까워질수록 또는 도덕성이 높아질수록 화해협력의 가능성은 높아진다. 반면 사람들이 낮은 수준에 머무를수록 나라는 평화와 안정에서 멀어진다. 좌우익 간의 대립이나 남북한의 갈등은 인품이 깊어지고 고상해짐으로써 해결할 수 있다. 그런데 이것은 현대사상에서는 찾아보기 어려운 철학사상이다.

3. 불교사상에서 본 한국의 사상대립과 남북갈등

전통사상에서 빠뜨릴 수 없는 것이 불교사상이다. 필자는 불교사상에서도 가장 심오하다는 화엄사상을 인용해 설명하고자 한다. 난삽한 불교사상을 말하는 데 《화엄경》을 요약, 해설했다는 의상(義湘) 대사의 《법성계》(法性戒)를 인용하고자 한다. 그 첫마디가 "法性圓融 無二相"(법성원융 무이상)이란 말이다. 이것은 진리는 원만한 것이므로 두 가지의 다른 모습으로 대립할 수 없다는 뜻이다. 진리는 하나이므로 좌익이든 우익이든 어차피 하나로 귀결되는 수밖에 없으며 다른 명분을 세우거나 다른 모습을 보이면 그것은 진리일 수 없다는 것이다. 의상 대사의 《법성계》 번역본에서 인용해 보겠다.

법의 성품은 원융하여 둘의 모습이 없다. 모든 법은 움직임이 없어 본래 고요하다. 이름도 없고 모양도 없어 일체가 끊어졌으니 모든 법은 움직임이 없어 본래 고요하다. 이름도 없고 모양도 없어 일체가 끊어졌으니 증득한 지혜로 아는 것도 여타의 경계가 아니다. 참된 성품은 깊고 깊어 지극히 미묘한지라 스스로의 성품을 지키지 않고 인연 따라 이루어진다.

위에 인용한 말은 다음과 같이 풀이할 수 있다. 진리(법)는 원만하고 융통성이 많은 것이므로 자유민주주의든 사회주의든 모두 다른 것이 아니다. 사물의 본질은 매우 깊은 것이며 그것이 인연에 따라 이런저런 사상이나 서로 다른 모습으로 나타날 뿐이다. 남한의 정치사회도 북한의 정치사회도 겉모습만 다를 뿐이다.

불교에서는 모든 사람이 부처다. 그러나 부처가 될 가능성을 가졌을 뿐 거의 모두가 번뇌, 망상에 사로 잡혀 살며 정신이 탐진치로 오염된 채 살고 있는 중생들이다. 그들은 사물을 제대로 보고, 듣고, 말하지도 못한다. 진리는 정신이 맑고 깨끗하여 조용하게 깊이 가라앉은 정신상태를 가질 만큼 수행을 정진한 사람만이 터득하며 실천할 수 있다. 진리나 정의는 오탁악세에서는 실현될 수도 기대할 수도 없다. 그러하니 좌우가 늘 헛되게 싸우며 남북이 늘 시끄럽고 평화스럽지 못한 것은 어쩔 수 없는 현실이다.

한국 사회가 안정되고 남북이 평화 속에서 통일될 수 있으려면 국민대중의 정신은 정화되고 선량해져 부처님의 가피를 받을 수 있을 정도로 착하고 성실해져야 한다. 그러자면 국민 대중의 정신상태가 모두 깨끗하고 착해져야 한다. 오탁악세에서 멀리 벗어나야 한다는 뜻이다. 모든 국민이 죄업을 짓고 업장에서 벗어나지 못하여 처벌이나 재앙을 기다리는 가운데 중생들에게 평화와 안정 그리고 좋은 세상이 와서 오랫동안 머물 수 있어야겠다. 그런데 보통 사람들에게 이것이 가능하겠는가?

마음이 맑고 깨끗한 사람들의 눈으로 보면 진보좌파사상이든 보수우익사상이든 모두 똑같이 옳다. 그러나 자칫 잘못하면 해롭기도 마찬가지다. 그 사상 자체가 좋은 것도 나쁜 것도 아니다. 그 사상을 들먹이거나 적용할 때 사람들의 정신이 잘못되어서 이롭기보다는 유해하게 작용하는 것이다. 어떤 사상이든 그 개념을 들먹이거나 적용하는 사람들의 사고가 경직되고 잘못되었기 때문에 진리나 정의에서 벗어나는 것이다.

한국의 문학인들 중 불교사상을 배경으로 작품을 쓴 작가는 많다. 필자가 아는 작가만 해도 최인호, 최인훈, 고은, 그리고 그에 훨씬 앞서 춘원 이광수도 있지만 그 오묘한 사상을 국민 대중에게 효과적으로 전달하면서 높은 차원으로 계도한 작품은 아직 눈에 띄지 않았다. 이것은 필자의 과문 탓일 수도 있다. 한국인은 본래 머리가 좋아서 어떤 오묘한 철학원리도 쉽게 푸는 능력을 가지고 있다. 그런데 반제국주의라든가 반봉건투쟁 등 사고와 실천운동에 많은 제약과 금기를 부가하면서 종교의 영향력을 제약하거나 박탈하는 결과를 가져온 것이다.

4. 인간성의 심화나 도덕성의 고양이 문학정신에 어떻게 투영되는가?

인류의 인문학 사상이나 전통은 인간성의 심화나 도덕성의 완성에 크게 기여해 왔다. 아시아에서는 중국 한나라와 당나라에 성행했던 전통사상과 훈고학(訓詁學), 서양에서는 중세시대와 그 후의 고전적 전통사상이 고도의 문화기반을 유지했다. 그러나 그 후의 탈현대적인 문화풍토는 그러한 전통으로부터 벗어나 각자의 삶과 새로운 진실을 자유롭게 추구하려는 새로운 노력이 유행을 이루게 된 것이다.

예를 든다면 프랑스 문학의 백미라고 할 수 있는 귀스타브 플로베르(Gustave Flaubert)의 《보바리 부인》(*Madame Bovary*)이나 톨스토이(Leo Tolstoy)의 《안나 카레니나》(*Anna Karenina*)에서는 여자주인공이 외간 남자와 사랑에 빠져 간음을 하게 된다. 쾌락을 즐기면서 전통적인 도덕률에 구애받지 않는 것이 자신에게 충실한, 즉 새로운 시대의 모럴(*moral*)이란 것이다. 사랑하고 싶으면 사랑하라. 왜 낡은 도덕감정에 방해를 받는가? 진정 하고 싶은 것이 있으면 과거의 도덕감정에 구애받지 말고 과감하게 실행하라! 그러다가 죽은들 무엇이 두려울까! 그것이 진정 자신의 의지라면 서슴지 말고 하라. 남들의 선이나 전통적 도덕률에 구애받지 말고 자기의 진심, 양심에 충실한 것이 바로 문학적인 진실이라는 것이다. 그러나 그래서 사람이 더 행복해졌는가?

국가에게 충성하고 나라의 전통을 존중하는 것이 과거 인간의 도리였다. 그러나 그런 낡은 사고방식에 구애받지 않은 한 인물, 항일독립운동가 김 산의 일생을 그린 작품 《아리랑》을 보자. 추측건대 그는 젊은 시절 문학청년으로, 영웅적인 생애를 낭만적으로 문장화하고 싶어서 미국의 여류작가를 찾아가 자신의 혁명활동과 삶에 대해 이야기한다. 그녀의 손을 빌려 소설로써 자신의 삶을 형상화한 소설이 나온 것이다. 김 산이란 애국청년이 일제의 한국지배를 반대하여 조국의 독립을 위해 중국으로 건너가 중국 공산당 활동에 투신했던 이야기가 세상에 알려지게 된 것이다.

그는 영웅적인 삶을 위해 가족으로서의 도덕적인 의무나 고국과 지인에 대한 의리와 의무를 버리며 목숨도 부지하기 어려운 고생길을 선택했다. 그가 택한 혁명활동은 사실상 성공할 가능성이 거의 없는 생지옥의 고생길이었다. 그 자신도 그런 생활이 즐거웠을 리 없지만 한편으로는 영웅적인 모습에 자아도취된 삶을 계속 유지했다. 그러나 또 한편으로는 자신에 대한 최소한의 인간적 권리와 도덕적 의무를 저버린 곤경 속에서 마음이 흔들리지 않았을까? 이런 상황과 여건 속에서 하늘을 우러러 한 점 부끄럼 없는 인생이라고 자위할 수 있었겠는가?

필자는 일제강점기에 조국의 해방을 위하여 중국 공산당 운동에 가담하여 투쟁하였던 젊은이들의 투쟁방법과 양태 그리고 그 결과를 대충 짐작할 수 있다. 특별한 경우가 아니면 그들은 대부분 중국 공산군 8로군 예하 조선의용군으로 배속되었을 것이다. 그들은 아마도 무정(武亭) 장군의 지휘 아래 활동하였을 것이다. 그 군대는 일본군과 용감하게 싸우는 군대로 명성이 높았다.

전쟁이 끝나자 조선의용군은 무정 장군의 인솔 아래 북한으로 갔으나 김일성은 그들을 반기지 않았다. 그들은 어렵게 북한으로 입국한 후 조선인민군으로 편입되었다. 그들은 북한군이 남침하는 전투에 투입되었고 선두에 배치되어 전투장에서 대부분 전사하였다. 설상가상으로 김일성은 개인적으로 무정 장군을 매우 미워하여 푸대접을 하였으니 조선의용군 출신 장병에게도 그러했을 것이다. 무정 장군은 전투에서 승리하지 못했다는 이유로 일찌감치 숙청되었으니 그의 최후를 확인한 사람은 없었다. 일제하 조선의 독립을 위하여 외지에서 고생한 공산청년의 말로가 이렇게 비극적으로 끝난 것이다.

그러나 그 결과가 어떠했던 조선독립을 위해 해외에 나가 싸웠던 젊은이들의 모습은 존경스럽고 찬양받을 만하다. 다만 그러한 인생을 살지 않았다는 이유로 일제에 협력한 친일, 반민족, 반역자로 매도하는 행위에는 찬동할 수 없다. 필자는 누군가 자신과 똑같이 행동하지 않았다는 이유로 그를 폄하하고 비난하는 행위는 너무 편협한 사고방식이라고 생각한다. 모두가 좀더 겸손한 태도로, 남을 비난하는 행위를 삼가 주기를 바란다.

물론 현대사회의 문학인들은 관습화되고 형식화된 도덕윤리에 도전하면서 자기 나름의 진실성과 도덕성을 치열하게 추구했다고 자부할 것이다. 그러나 그런 과정에서 얼마나 많은 사람들을 고생시켰는가? 그 자신도 천사인지 악마인지 분간하기 어려울 것이다. 좌파성향의 지식인 중에는 하늘을 우러러 한 점 부끄러움이 없다는 말에 감동하며 그렇게 살기를 동경하거나 희망하는 사람도 많다. 인간성이란 본래 그렇게 간단하지도 순수할 수도 없는 것이기에 대부분이 매우 착각하면서, 자아도취나 자기최면에 걸려 안간힘을 쓰며 살아갈 뿐이다.

5. 비극의 주인공을 양산해야 하는 좌경 집단과 그들의 상투적인 사고악습

소설 《아리랑》과는 무관한 실화를 소개하고자 한다. 1948년 5월 10일은 대한민국 제헌국회의원을 선출하는 선거일이었다. 남조선 노동당의 당수인 박헌영은 5·10 선거 결사반대를 선언하였다. 그리고 당원 모두에게 총탄이 되어서 그 선거를 결사저지하라는 지령을 내렸다. 선거일 투표소는 경찰과 청년(폭력) 단원에 의하여 삼엄하게 경비되고 있었다.

그런데 투표인들의 줄에서 어느 청년이 튀어나와 단독선거 반대를 외치며 투표함 쪽으로 돌진했다. 그러자 경비하고 있던 경찰과 청년단원들 그리고 선거 공무원들이 달려들어 그 젊은이를 폭행하며 짓밟았다. 피투성이가 된 그 청년은 경비를 서던 사람들에 의해 질질 끌려갔다. 그런 가운데 투표는 계속되었다.

줄에 있던 필자는 그 후 투표를 하고 나왔지만 기분이 매우 참담했다. 그 젊은이가 죽지는 않았는지, 그렇지 않더라도 병신(病身)이 되지는 않았는지 걱정이 되었다. 그리고 UN 감시하의 총선거를 반대하였던 남로당의 폭력혁명전술이 큰 잘못이라고 생각하였다. 좌파정당으로서 5·10 선거를 반대할 수도 있겠으나 선거가 강행되었다면 그것은 진행되도록 두고 다음 투쟁을 생각했어야 옳았을 것이다.

어째서 제헌국회선거에 입후보한 사람들까지 습격하여 칼로 찌르고, 투표소를 습격하는 등 아수라장으로 만들어야 했던가? 남로당의 강경반대에도 선거가 강행되었다면 합법적인 투쟁을 통해 정치권력을 취득하려고 해야 했던 것 아닌가? 필자는 당시 한국의 정치상황을 보아 한국의 좌파정당이 합법적인 선거를 통해 정권을 잡을 가능성이 충분하다고 판단하였다.

8 · 15 전후의 모든 사정과 과정을 종합적으로 고려한다면 한국의 공산당을 비롯한 좌파정치 세력은 한마디로 박복한 중생들이라는 판단을 하게 된다. 가만히 기다리면 저절로 될 일인데도 공연히 폭력혁명전술을 써 패망과 좌절이라는 결과를 초래했기 때문이다. 당시 한국에서 폭력혁명노선은 유해무익한 전술이었는데 그들은 왜 쓸데없이 죄업을 지어 국민의 심판과 하늘의 벌을 자초했던가?

그동안 남북한 공산주의자들이 해온 일들을 냉정하게 살펴보아라. 그들의 실패는 필연적이며 그들의 멸망은 시간문제로 보인다. 이것은 정치학 초보생의 판단으로 필자는 객관적으로 보기 때문에 이는 틀리기가 어렵다는 생각이었다.

5 · 10 선거를 결사반대했던 한국 진보좌파 세력과 관련된 이야기를 이어가겠다. 그 투표를 방해하고자 투표장에 왔던 좌파 젊은이들은 적어도 10여 명 정도였을 것이다. 남로당의 지령을 받고 투표행위 저지에 나선 청년 한 사람을 제외하고는 나머지 행동대원들은 모두 숨거나 도망을 친 것이다. 그래서 그 투표함을 공격하려던 한 사람만이 맞아 죽을 정도로 희생된 것이다. 나머지의 영웅심에 충만했던 공산청년들은 모두 줄행랑을 친 것이다. 그것이 무슨 영웅적인 투쟁인가? 남로당의 지령을 받아 충직하게 집행하려던 청년 한 사람만 희생된 꼴이 아닌가?

필자는 그 무서운 테러현장에서 도망친 공산청년들을 비난할 생각은 없다. 다만 그처럼 위험한 지령을 내린 공산주의자들, 즉 남로당을 규탄할 뿐이다. 노동자, 농민, 피압박대중을 위한다는 사람들이 왜 그렇게 무고한 희생자를 양산하려고 했을까? 물론 필자는 그렇게 해온 좌파들의 수법에 대해 잘 알고 있다. 좌파청년들의 희생을 통하여 우익 정권이 그토록 무자비하며 잔인한 악마들임을 보여주려고 한 것이 아니겠는가? 그렇게 악독하고 비인도적인 악마들을 정치에서 몰아내려면 공산혁명이 필요하다는 선전선동, 그런 자료를 만들고자 꾸민 정치술수 아니겠는가? 제주 4·3 폭동사건도 동일한 전술의 산물이었다. 이들은 사람들의 불행이나 희생을 겁내지 않으며 오히려 그것을 정략적으로 이용하여 정권을 잡고자 했다.

그런 무서운 테러현장을 목격한 사람들이 누구를 미워하고 이를 갈며 저주하겠는가? 그들 대부분은 테러전술에 맞선 이승만을 정점으로 반공보수 우익 집단 및 그 정권을 미워하도록 국민의 마음속에 각인을 시키려고 했을 것이다. 이런 상황에서 한국의 문단은 어느 쪽에 서서 문학작품을 만들어야 하겠는가?

6. 21세기의 시대정신은 진테제를 지향한다: 좌우파나 남북 간의 상호 화해 협력 그리고 화합의 노력이 존중되어야

과거에는 동양과 서양이 별개의 세계로 발전했다. 그러나 서세동점 이후 세계는 하나로 통합되었다. 서양은 중세사회가 근대화되면서 민주화되었고 산업사회로 바뀌었다. 그 후 사회주의 혁명의 영향을 받아 현재는 산업화의 기반 위에 복지사회가 보편적인 사회질서로 확산되고 있다. 한때 자본주의 사회와 사회주의 사회가 냉전, 대립을 해왔지만 현재는 상호 화해하며 협력하는 분위기로 바뀌었다. 또한 강대국과 약소국, 선진국과 후진국 간의 대립도 현재는 양자가 서로 돕는 좋은 관계로 변하고 있다.

이 모든 것을 종합하면 과거의 대립과 경쟁의 시대는 화해와 협력의 시대로 바뀌어가고 있음을 느낄 수 있다. 오늘의 시대정신이 이렇게 방향을 잡은 것이 사실이라면 한국 문학이 가야 할 방향도 결정된 것이나 다름없다. 더불어 전통사회 · 현대사회, 보수주의 · 진보주의, 전통주의 · 개혁주의의 화해와 협력, 이것이 새 시대의 원리와 윤리가 되었음을 의미한다. 이것은 엄청난 사회적 · 문화적 변화를 의미하는데 우리나라 사람들은 이러한 변화를 어느 정도로 이해하며 받아들이려고 하는가?

이것은 보수애국사상 · 진보좌파의 사람들 그리고 남북한의 지도층이 과거처럼 불신하고 적대하는 대신, 상호 신뢰하고 존경하며 협력하는 마음가짐으로 서로를 받아들이면 되는 것이다. 유교식으로 말한다면 충효예의 사회윤리나 인의예지신(仁義禮智信)을 포함하는 사단(四端)에 의존하는 것이다.

불교식으로 말하면 상대방에게 화경(和敬)의 정신태도를 가져야 함을 강조한다. 신자(身慈) 화경, 구자(口慈) 화경, 의자(意慈) 화경 등의 정신태도는 자비희사(慈悲喜捨)의 정신이며 이런 정신을 가지고 살아가자는 것이다. 또 신흥민족 종교식으로 말한다면 해원, 상생, 협력, 조화의 정신을 가지고 살아가야 평화세계가 유지된다. 이것은 이 나라의 진보좌파들의 자기반성과 회개, 정신전환과 사상개조의 노력을 통해 이루어질 수 있는 정신태도인 것 같다.

우리는 그것을 한국 마르크스 경제학의 대부로 알려진 서울대 안병직 명예교수의 예에서 찾아볼 수 있다. 그리고 저항시인 김지하의 태도 변화에서도 확인할 수 있다. 그러나 서울대의 영문학자이자 한국 문단의 대부인 백낙청 교수로부터는 반성이나 사상변화의 글을 본 사람은 없을 것이다. 필자는 1980년대 말에 그의 글을 읽은 적이 있다.

그 글은 리영희 외 여러 진보계 인사들이 공동 편집한 《현실인식의 논리》란 책에 "인간해방과 민족문화운동"이란 제목으로 실린 매우 장황한 글이었다. 거기서 그는 인간해방이 민족문학의 주제가 되어야 한다고 강조한 것 같은데 필자는 남미의 해방신학의 주제가 현시점에서 왜 한민족의 주요 관심사가 되어야 하는지 납득이 가지 않아 초점이 빗나간 문화론이 아닌가 하는 느낌을 받았다.

2010년 봄, 한국 선진화의 싱크탱크라는 〈시대정신〉에서 안병직과 백낙청의 대담(對談)이 있었다. 여기서 안병직 교수는 지나칠 정도로 말을 아꼈지만 백낙청 교수는 공감이 가지 않는 말만 늘어놓았던 것으로 기억된다. 이것은 자기변화의 의지는 없으면서 종래 해온 대로 하겠다는 태도가 아니었는지? 나중에 김지하로부터 호되게 얻어맞게 된 원인이었을 것 같다.

백낙청 교수의 생각이 어떠하든 그것은 중요하지 않다. 다만 필자가 염려하는 것은 한국지성의 선두에 서야 할 한국 문단이나 지식계에서 아무런 변화의 조짐이 보이지 않았다는 점이다. 시대는 분명 변화하고 있는데 한국의 문단에서는 그러한 변화의 조짐이 보이지 않는다는 것은 한국 지성계의 인식이나 현실대응능력에 문제가 있는 것은 아닐까? 또한 그러한 현상이 정신오염이 정화되어 가는 조짐조차 보이지 않고 있음을 알려주는 것이라면 어떻게 해야겠는가? 불교에서 말하는 업장중생이란 말이 무엇을 뜻하는 말인지 아시는가?[10] 이미 지은 죄의 대가

10 불교에서는 사람이 짓는 죄 중 몸으로 짓는 죄를 살(殺)·도(盜)·음(淫)이라고 하고, 입으로 짓는 죄는 기어(綺語)·망어(妄語)·양설(兩舌)·악구(惡口)라 하며,

로 벌을 받기 위해 사는 존재라는 뜻으로 우리 국민이 과거에 지었던 죄에 대한 벌을 받기 위해 산다는 것이다. 한국의 문단이나 지성계는 이런 상태에서 벗어나야 하는 것이 아니겠는가?

문학은 인생을 살면서 죄를 짓고 벌을 받는 과정을 그리며 그때에 느끼는 깨달음을 묘사하는 것이 보통이다. 문제는 각 문학작품이 인생과 사회를 달관하며 숭고해지는 깨달음을 주는 것인지 아니면 더 깊은 수렁 속에 빠지게 하는 것인지 하는 것이다. 그동안 한국 문학작품은 어느 쪽을 더 많이 그려 왔는가? 그동안 한국의 문학인들은 인생과 사회의 긍정적인 측면을 주로 그려 왔는가, 아니면 부정적인 측면을 주로 그려 왔는가?

그 결과 한국인은 인생과 사회를 고상한 방향으로 살게 되었는가, 아니면 저질화, 사악화의 방향으로 살게 되었는가? 일부 사회가 주창하는 바대로 '현대사 백년전쟁'에 기여하는 작품을 써왔는지 아니면 수렁에서 벗어나는 것을 설득하는 작품을 써왔는지 분류해 보자는 것이다. 회상해 보면 안병직 교수는 후자의 입장으로 극도로 말을 아끼는 편이었고, 백낙청 교수는 전자의 입장을 고집하면서 쓸데없는 소리만 길게 늘어놓았다. 한국의 문단이 언제, 어떻게 성숙할 것인지 그 전망이 아득하다는 생각이 들었다.

마음으로 짓는 죄는 탐·진·치라 한다. 이 세 가지 죄업으로 사회가 오염되는 것인데 좌우파, 중간파 어느 쪽이든 자기들이 보다 많은 죄업을 지음으로써 사회의 오염을 더 늘리는 일이 없도록 조심해야 할 것이다.

3장

진보성향의 문단과 한국의 미래

〈국제문예〉, 제 48호 특별기고

최근 2012년 노벨상 수상자가 발표되었다. 과학부문의 수상자는 미국, 영국, 프랑스, 일본에서 나왔다. 일본의 경우 교토대 야마나카 신야 교수가 받았는데 이것은 일본인으로서는 19번째로 받는 노벨상이라고 한다. 매년 발표되는 노벨상 수상자에 한국인이 포함되어 있지 않은 것을 서운하게 생각하는 사람은 필자만이 아닐 것이다.

모두가 알다시피 한국인으로 노벨상을 수상한 사람은 김대중 대통령(2000년 노벨 평화상) 한 사람뿐이다. 그런데 그의 수상을 매우 기뻐하며 자랑스럽게 생각하는 사람은 많지 않다. 김대중 대통령이 남북화해를 위해 노력했다는 것은 익히 알려져 있다. 한반도에서 햇볕 정책을 폈고, 평양에 방문하여 처음으로 남북정상회담을 열었고, 6·15 남북공동선언에서 남북통일을 위해 노력했다. 그러나 그의 기여로 남북관계가 개선되었는가? 남북통일에 새 기운이 생겨난 것도 아니지 않은가? 이처럼 결과가 없는데 무슨 노벨 평화상인가? 또한 그와 관련된 비리와 소문들이 많이 떠돌아서 노벨상의 가치도 크게 바랜 것이다.

2012년 노벨 문학상은 《붉은 수수밭》을 쓴 중국의 소설가 모옌(莫言)이 중국인으로는 최초로 수상했다. 그러나 이에 대하여 모옌이 중국 공산당 통치에 순종하고 정권에 협력한 사람이라는 등의 잡음이 일었다. 그러나 그의 문학작품은 수준급이 아니라는 비판은 받지 않았던 것으로 알고 있다. 오래전에 중국인이 노벨 물리학상을 수상한 적도 있다고 하는데 그것이 사실이라면 중국도 최소 두 사람의 노벨상 수상자를 배출한 것이 된다.

1. 장구한 역사를 가진 문화민족임에도 노벨 문학상에 접근하지 못했던 이유

건국 30~40년 만이라는 기록적인 단기간에 산업화·민주화·현대화를 달성했다고 하여 세계인의 찬탄과 선망을 받아 온 한국. 올림픽에서는 세계 200여 개 국가 중에서 늘 10위 안팎의 위치를 차지해 온 대한민국이 어째서 노벨 과학상이나 문학상은 한 번도 받지 못하였는가? 올림픽, 고전음악이나 무용 콩쿠르, 그리고 매년 열리는 국제영화제에서 빈번히 금상을 차지하는 한국이 왜 문학에서만 미개국의 수준에서 벗어나지 못하고 있는 것일까?

한국은 국민의 교육수준이나 재능 면에서 중국이나 일본을 훨씬 앞지른다. 또 오랜 세월에 걸쳐 선비정신을 한국인의 이상적인 인간상으로 받들었는데 문학 부문에서 세계적인 인정과 평판을 받지 못한 것은 어떤 이유에서일까? 첫째로 한국의 문학작품이 외국에 많이 알려져 있지 않다는 점이 지적되어야 할 것이다. 한국은 1970년대에 이르기까지 후진국, 약소국으로 분류되어 외국의 군사적 · 경제적 원조를 받는 처지였기에 한국어를 배우려는 외국인이 매우 드물었다.

그러나 그런 경우에도 세계인이 공감할 수 있는 문학작품을 많이 발표하거나, 이를 위한 노력을 했더라면 좋았을 것이다. 그러나 배타적 민족주의와 동족이나 이웃 나라에 대한 원망과 적개심이 한국의 문단에 퍼지면서 이를 초월하고 승화한 정서의 표현을 찾지 못해 그랬던 것은 아니었는지 필자는 감히 이런 생각을 해왔다.

1950~1953년 한국에서 벌어진 6 · 25 전쟁은 그 규모로 보아 제 3차 세계대전에 버금하는 세계 역사의 대사건이었다. 세계사적인 전쟁이 지나면 그 전쟁을 배경으로 한 문학작품이 나오기 마련이다. 미국 남북전쟁을 배경으로 한 마가렛 미첼의 《바람과 함께 사라지다》(*Gone With The Wind*), 스페인 내전을 배경으로 한 어니스트 헤밍웨이의 《누구를 위하여 종을 울리나》(*For Whom The Bell Tolls*), 제 1차 세계대전을 배경으로 한 독일 소설가 레마르크의 《서부전선 이상없다》(*All Quiet On the Western Front*)와 제 2차 세계대전 직전에 발표한 《개선문》(*Arc de Triomphe*) 등이 그 예이다. (이외에도 제 2차 세계대전을 다룬 작품들이 여럿 나왔다.) 그런데 한국의 6 · 25 전쟁 후에는 이렇다 할 대작이 나오지 않은 것은 너무나 이상스럽고도 유감스럽다.

일부에 서구 자본주의 국가의 사회와 문화를 배우려는 열의에 찬물을 끼얹거나 반미를 선동하는 사람들이 있음을 우리는 알고 있다. 또 애국주의나 국수주의적 정신이 과한 나머지 외국어를 배우고 사용하려는 사람들을 속물시하는 사람들도 있다. 그런 편협한 정신풍토는 누가 만들어 왔는가? 그리고 한국의 문학인들 중 보편적 차원에서 세계인들과 의사소통하며 자국의 문학을 국제적으로 알리려고 한 문인들이 너무 적었다는 것, 이것은 한국이 아직도 미개국의 상태에서 멀리 벗어나지 못한 증거라 하겠다.

문학작품과 밀접한 관계가 있는 분야는 영화계이다. 2004년도에 〈태극기 휘날리며〉라는 영화가 개봉하였다. 당시 한국 영화계에서는 드물게 100억대이라는 거대한 제작비로 만들어진 영화였다. 이 작품은 국내 관객뿐만 아니라 해외 영화시장의 관심도 끌기 위해 만들어진 역작이라는 말을 들었다. 필자가 보기에 그 영화는 치열한 전쟁장면을 잘 표현했고, 제작기술면에서도 어느 외국영화에 뒤지지 않은 것 같았다. 그럼에도 국제영화계에서 크게 환영받지 못한 이유는 문학적 깊이가 보편적인 수준에서 미달했기 때문은 아닌가 하는 생각이 들었다.

그 후에 비슷한 소재로 나온 영화는 〈웰컴 투 동막골〉과 〈고지전〉이 있다. 역시 소재는 매우 좋은 편이었으며 제작기술도 수준급이었다고는 생각했지만 그 작품들 역시 문학적인 면에서는 해외영화계에 큰 반응을 일으킬 정도의 수준은 못 되었던 것은 아니었던가? 이는 한국 문단이 산출하는 문학정신의 수준과 그 강도가 부족해서 생긴 현상이라는 생각이 들었다.

최근 신경숙의 소설 《엄마를 부탁해》가 여러 언어로 번역되어 호평을 받고 있다고 한다. 박경리의 장편 대하소설 《토지》는 이미 영어와 일어로 번역되어 노벨 문학상을 받을 수 있는 작품으로서 사람들의 입에 오르내리고 있다는 말도 들린다. 필자는 한국 문학에 대한 전문지식은 없으나 우선 박경리의 《토지》부터 노벨 문학상을 받을 수 있기를 바라고 있다. 그다음은 이문열과 박완서의 작품이 노벨 문학상의 대상이 될 소지가 있다고 보고 아직도 그 꿈을 버리지 않고 있다.

이광수, 김동리, 황순원, 최인훈 등의 작품들은 아직 번역되지 않았는데 하루속히 그들의 작품 몇 개라도 먼저 번역되어야 할 것이다. 정부는 우선 여러 언어의 번역 문학가들을 양산해야 할 것이며 그들의 생활을 보조해 주어야 하지 않을까? 특히 외국인들 중 외국에서 한국의 어문학을 가르치는 사람들에 대한 연구비를 지원해 주었으면 좋겠다. 그러기 위해서는 우선 정부차원에서 문예진흥예산을 크게 늘리는 것이 선결업무일 것이다.

2. 한국의 문학인들이 만들어 왔던 한국 문단의 風土病

한국의 문학작품들이 외국에 잘 알려지지 않은 사실 외에 한국 문학에 대한 국제사회의 무지나 무관심의 원인에 대해서도 생각해 보자. 그것은 한국 문학계의 내부지향성 혹은 폐쇄적 정신풍토 때문은 아닌지? 한국이 일제식민통치를 받은 사실을 너무 속상해 하고, 그 이전에 조선왕조가 중국의 명나라나 청나라에 조공을 올려야 했던 종속적 위치에 있었다는 데에 지나친 자격지심을 가졌기 때문은 아닌가?

반일주의와 봉건주의 잔재를 숙청해야 한다는 한국 문단의 집념이 한국 국민의 생활감정을 지배하며 그런 부정적인 생각으로 인하여 한자를 제거한 한글전용 정책이 나타났다. 과거 3천년 동안 사용해 온 한자를 일거에 제거한다는 것은 온당한 조치가 아니라는 것이 필자의 소견이다. 이런 역대 정부의 문자 정책은 한국인들의 생활정서나 성격형성에 중대한 악영향을 미쳤다고 생각한다.

해방 직후에 결성된 조선문학가동맹이 한국 문학의 지향으로 제시한 것은 첫째는 반일과 제국주의 반대였고, 둘째는 봉건주의 숙정이었다. 이 사실은 〈국제문예〉(제 47호)에서 언급한 바 있지만 그것이 한국 국민의 원만한 성격형성을 어렵게 하여 한국인의 정신문화에 좋지 않은 결과를 가져왔다고 생각한다. 실제로 우리나라 국민들의 대부분은 한글과 한자를 모두 알고, 때에 따라 겸용했지만 한글전용 정책으로 글자를 배우기 시작한 후대에게는 엄청난 피해와 불이익을 안겨 준 것이다. 그 이유는 무엇인가?

3. 表意문자와 表音문자의 차이 비교

문자는 사람들의 생각과 감정을 표현하고 의사를 전달하는 수단이다. 표의(表意) 문자는 인간의 사고에 호소하고, 표음(表音) 문자는 사람의 청각을 자극함으로써 의사를 전달한다. 첫째, 시각과 청각 중 어느 것이 더 빠르고 효과적인 의사전달의 수단인가? 사람에 따라 조금씩 차이는 있겠으나 대체로 시각에 의한 표의문자가 훨씬 빠르고 효과적이다. 표음문자와의 차이는 엄청나다고 말할 수 있기에 표의문자가 훨씬 효과적인 의사전달 수단이 된다.

둘째, 표의문자는 인간의 지성과 사상의 전달에 유용하다. 그러나 표음문자는 감정의 표출과 단순한 지성의 전달에 능하다. 연로 세대와 보수적인 지식층은 표의문자를 통한 의사전달을 선호한다. 그러나 젊은 세대와 진보성향의 사람들은 표음문자를 통한 의사전달을 선호한다.

셋째, 표의문자를 선호하는 사람들과 표음문자를 선호하는 사람들의 세대성향 및 능력 차이이다. 전자는 생각이 느리지만 깊고, 직감력이 강하다. 반면 후자는 생각이 빠르고 감각적이다. 이런 차이는 시각과 청각의 기능차이에서 비롯된 것이므로 이것이 노인 세대와 젊은 세대의 차이에도 적용될 수 있다.

북한 공산주의의 대중매체는 처음부터 한글전용이었지만 남한은 1950년대 이후 상당기간 동안 국한혼용이었다. 보수 세력은 국한혼용 정책으로 대중매체를 만들고 배포해 왔기 때문에 젊은 세대가 동조했지만 이것은 노소세대 간의 거리를 넓히고 이질화하는 데 기여했다. 결과적으로 앞으로는 국한혼용을 선호하던 연로 세대는 한글전용세대에 의한 의사단절로 더욱 무력해지면서 외롭고 쓸쓸한 노후를 맞게 되는 것은 아닐까?

동양의 전통문화는 한자에 기초한 유교문화이다. 과거 소련의 스탈린은 유교문화를 봉건시대문화라고 보고 한자를 없애기 위해 집요하게 노력했다. 그래서 마오쩌둥에게 한자를 없애고 로마자를 사용하도록 압력을 가했지만 마오쩌둥은 로마자를 쓰기보다는 새로운 간자(簡字)를 만들어 한자 대신 사용하도록 하겠다고 하여 스탈린의 허락을 받은 것이다. 간자는 한자와 비슷하지만 한자는 아니다. 그럼으로써 마오쩌둥 정권은 전통문화로부터 단절을 집행한 셈이다. 이는 중국인들을 더 높인 것인가, 더 낮춘 것인가? 필자는 후자의 경우라고 판단한다.

4. 한자문화가 없어져야만 민족적 주체성이 지켜지는가?

한국과 같이 주변 강대국에 의하여 오랫동안 시달림을 받은 한국이 한글전용으로 민족적 주체성을 되살림으로써 한국 국민의 정신상태가 주체성을 회복할 수 있는 것인가? 한국 문학의 진로가 오도된다면 한국 문단의 폐쇄와 영양실조의 원인이 되는 폐해를 어떻게 방지할 수 있겠는가? 한국의 옛날 선비들이 한문학에 몰입한 결과로 민족적 주체성을 잃었다고 하는 것은 중대한 편견이며 단견이다. 한국의 한자문화는 지성인들의 정신세계를 우주로 확대하며 사해일가의 보편주의를 심어주었을 뿐만 아니라 매우 깊은 한문학 같은 정신세계로 몰입하여 침잠해 가는 능력을 키웠다.

또 일본의 지배로 왜색문화에 감염되었다고 하지만 일본문화나 일본어의 중요 부분은 한자문화의 파생물일 뿐이다. 그러나 우리는 일본문화보다 일본어로 번역되어 들어오는 전 세계와 동서고금의 문명 그리고 문예사조가 매우 중요했다고 믿었다. 그런 매체 없이 한국 국민이 어떻게 현대 세계와 그 문명을 접하고 배울 수 있었겠는가? 일본문화 그 자체는 동양문명의 산물이며 부스러기였지만 그들을 통해 들어오는 동서고금의 문명은 한국 문화의 값진 자양분이 되었음을 알아야 한다.

한국의 문학, 사학, 철학을 만든 선구자들 중 일본 유학생이 아니었던 사람이 있던가? 현재 한국 문단에서 노벨 문학상의 가장 유력한 후보인 소설가 박경리도 일제강점기에 일본학생들이 다니던 진주여중에서 공부하였으며 그를 통해 정신적·사상적 자양분을 섭취한 사람이다. 박완서도 그 시대에 학교공부를 시작하였다. 비록 숙명여고와 서울대를 다녔지만 일본어로 된 책으로 세계의 문화와 문물을 접할 수 있었던 세대였다. 이런 말을 하는 이유는 세계를 모르고 자란 사람들에게 한국의 주체성이란 개념을 기대하기 어렵다는 말을 하기 위해서이다.

1945년 8·15 해방 후 탄생하여 외래문화를 별로 접하지 못한 채 운동권이 추천하고 보급하는 책만 보고 자란 386세대들은 어디에서도 깊고 넓은 사상을 섭취할 기회를 가져보지 못한 사람들이다. 그러므로 생이지지나 천재가 아닌 이상 그런 세대로부터 노벨 수상자가 나올 가능성은 희박하다고 보아도 잘못이 없다. 사상의 자유나 표현의 자유가 억압받는 좌경 또는 공산 세력의 천하에서 깊이 있는 철학이나 문학이 나올 수 없는 것이다. 다만 천재라면 말이 달라진다. 오늘날 한국 문단의 주류가 이런 비정상적이며 영양이 부족한 문화풍토에서 성장했다는 사실을 생각할 때 속이 상한다. 한국인의 그 좋은 머리를 쓰지 않고 퇴화시켜 버렸는가?

5. 한국 문단 주류의 좌경성향

해방 후 조선문학가동맹의 기본방향 설정에 영향을 받았던 탓으로 한국 문학인들의 3분의 2 이상은 대체로 좌경성향으로 성장했다고 해도 과언이 아닐 것이다. 물론 문학인들 스스로가 그런 사상을 가졌다고 의도적으로 그런 행동을 했다는 것은 아니다. 문학인들은 대체로 매사에 민감하며 정직하고 솔직하다. 그래서 세상을 살다가 마주치는 사회적 부조리를 민감하게 느끼고 마음 아파하며 마음속에서 일어나는 괴로운 심정을 숨김없이 표현하는 재간과 버릇을 가지고 있다. 이것이 인생이나 사회에 대한 불평 혹은 고발처럼 들리기 쉽고, 이로 인하여 좌파처럼 보일 수 있지만 이것은 국가를 부정하거나 반정부 행동을 하려고 작정했던 것은 결코 아니다. 그러나 사색적인 머리가 감성적인 머리로 단순화되거나 퇴화됨으로써 지능이 고도화되지 못하니 문화창조능력이나 발전하거나 노벨상 수상과는 점점 멀어지는 것 아니겠는가?

문제는 이러한 문학인들의 발언이나 심정표현을 좌파 세력의 반정부, 반체제운동과 접목시켜 이들을 정치 세력화하려는 집단이다. 그것은 누구인가? 1970년대부터 활동해 온 〈창작과 비평〉이란 문예지가 그런 역할을 해온 것은 아닌지 반성해 볼 필요가 있다. 그 대표가 바로 한국의 영문학자이며 하버드대에서 영문학 박사학위를 취득한 서울대 백낙청 명예교수이다. 그는 최고의 학교에서 수학하였고 서울대 영문학과의 좌장이기에 그의 사회적 영향력을 무시하며 능멸하는 사람은 없다. 그러나 그가 대학과 사회에서 은퇴해야 할 나이를 넘어서까지 한국 문학을 오도해 온 친북 세력과 좌파문인들의 왕초노릇을 해온 데 대하서는 이해가 가지 않는다.

그런데 지난 12월 4일 김지하 시인으로부터 백낙청 교수는 듣기에 매우 민망할 정도의 공격과 힐책을 받았고 그것은 우리 사회에 적지 않은 파장을 일으켰다. 김지하 시인은 20세기 초, 1970년대의 유신시대에 박정희 유신 정권의 요인들 중 자국을 일본에 팔아먹은 매국5족(賣國5族)과 동일시하는 〈5족시〉(5族詩)를 발표하였다. 그는 그런 글과 시로 인하여 유신 체제하에 모진 옥고를 치렀던 사람이다. 그때 본인도 자신의 표현이 너무 과했다고 생각한 모양이다. 반면 이번에는 너무 잔인할 만큼 정확한 지적을 한 것은 아닌지 염려스럽다. 그 글의 일부를 여기서 인용해 보겠다.

… 싸이의 말춤이 그리 대단한 것은 아니다. 그럼에도 오바마가 참석하는 공연의 대미를 장식한다. 욘사마에 이어 한류의 붐이 와 있다. 한류-르네상스의 핵은 '시와 문학의 참다운 모심'이다. 그런데 이 못된 쑥부쟁이가 한류-르네상스의 분출을 가로막고 있다. 잘라 말한다. 자칭 한국 문화계의 원로라는 '백낙청'이 바로 그 쑥부쟁이다. 왜?

첫째, 백낙청은 한국 문학의 전통에 전혀 무식하다. 그저 그런 시기에 〈창비〉라는 잡지를 장악해 전통적인 민족문학 발표를 독점했을 뿐이다.

둘째, 백낙청은 한류-르네상스의 핵심인 '시'의 '모심'에서 가장 중요한 리듬, 즉 시 낭송의 기본조차 전혀 모른 채 북한 깡통들의 '신파조'를 제일로 떠받들고 있다. 우리 시 문학의 낭송에는 적어도 아홉 가지의 당당한 방법이 있는데도 여기에 대해선 전혀 무식하다.

셋째, 수십 년 동안 창비출판사에서 단 한 번도 지나간 한국 시문학사의 미학적 탐색을 시도한 적이 없다. 무식 때문이다.

넷째, 그는 그 긴 세월을 내내 마치 한국 문화사의 심판관인 듯 행세해 왔고 그 밑천을 겨우 '하버드대에서 영문학', '소설가 몇 사람 공부'한 것으로 내세워 왔다.

다섯째, 그의 사상적 스승이라는 '리영희'는 과연 사상가인가? 깡통 저널리스트에 불과하다. 그런데도 리영희를 앞세워 좌파 신문에서 얄팍한 담론으로 사기행각을 일삼는다.

여섯째, 그의 평론 행위는 평론이라고 말하기 힘들다. 그것은 공연한 '시비'에 불과하다. 대표적인 것이 바로 박경리 씨의 소설 《시장과 전장》에 관한 평이다. 그것도 문학 평에 속하는가? 너절하고 더러운 방담에 지나지 않는다. 그런 것을 발표하고도 '심미 의식'인가?

일곱째, 그 깡통 같은 시국담이다. 무슨 까닭인지 그의 입은 계속 벌려져 있는 상태다. 그렇게 벌린 입으로 과연 지하실 고문은 견뎌냈을까?

그런데 하나 묻자. 백낙청은 지하실에 가본 적이 한 번이라도 있었던가?

여덟째, 계속되는 졸작 시국담에 이어 '2013 체제'라는 설을 내놓았다. 그것도 시국 얘기인가? 아니면 막걸리에 소주를 섞어 먹은 상태인가? 그런 짓 하면 안 된다. 그러고도 '원로'라니?

아홉째, 백낙청은 우선 정치관부터 바로 세워라. 그런 것도 없는 자가 무슨 정치 평을 하는가? 내가 '깡통 빨갱이'라고 매도하지 않는 것만도 다행으로 알라! 마르크스의 《자본론》은 읽었는가? 《경제학 · 철학초고》는? 《도이치 이데올로기》는?

열째, 마지막으로 묻자. 문학을 해서 날조하려는 것이냐? 본디 '시 쓰기'는 고통의 산물이다. 사람은 사회에서 '원로' 대접을 받기 전에 먼저 삶의 '원로'가 되어야 하는 법이다.

이제 이 민족은 지난 시절을 훌쩍 벗어던지고 있다. 이번 선거의 개 똥구멍 같은 온갖 개수작들이 역설적으로, 과거가 끝났다는 증거이다. 문학자는 참된 마음으로 문예를 부흥시켜 이 나라를 '문화대국'으로 키워 가야 한다. 이게 바로 15세기 피렌체 르네상스에서 배워야 하는 테마다.

각오가 돼 있는가? 스스로를 욕할 준비가 돼 있느냐는 것이다. 손곡 쑥부쟁이가 스스로 사라지는 날을 기다리는 사람은 뜻밖에도 많다. 알았는가?

6. 밝음(긍정)의 세계와 어둠(부정)의 세계 간의 대립이 역사의 참모습인가?

고대 원시사회에 조로아스터(Zoroaster, 배화교)는 우주를 만드신 창조신 중 밝음의 신과 어둠의 신이 있는데 그들이 서로 싸우는 과정에서 인간의 역사가 전개되었다고 설명한다. 다시 말해 밝음의 세력과 어둠의 세력, 천신의 세력과 악마의 세력이 싸우는 과정에서 인류 역사가 전개되었다고 믿는 종교신앙이다.

유치한 생각이라고 인식될 우려가 있으나 필자는 정통보수 세력이 밝음과 긍정의 세력을 표방하는 데 비하여 진보좌파 세력은 어둠과 부정의 세력을 표방하는 사람들이라고 본다. 진보좌파의 행동목표는 완전한 선이나 밝음을 지향하기 위한 일시적 수단을 행하는 것이므로 그 자체보다 더 크고 완전한 선(善)으로 접근하는 노력이라고 볼 수 있다. 그런 뜻에서 선에도 악이 있으며 악에도 선이 있다. 고로 궁극에 가면 선이 악이며 악이 선이 될 수 있다는 상위 논리로 발전하는 것인데, 여기서 설명할 여유가 없는 것이 유감이다. 이런 철학문제에 대한 논의는 다음 기회로 미루고 여기서는 일단 간략히 하고 넘어갈 수밖에 없다.

오늘의 진보좌파 세력은 정통보수 세력을 부정하며 도전하는 세력이다. 이렇게 일시적으로 어둠, 부정, 파괴의 세력으로 행세하는 것이 오로지 더 완전한 상위의 선을 실천하기 위한 것임을 모르는 것이 아니다(좌파 세력이 남조선을 부정하고 파괴하는 것은 더욱 차원 높은 통일한국을 건설하기 위한 것이라는 그들의 뜻을 모르지 않는다는 뜻). 혁명이라는 활동도 파괴활동이라는 어둠과 부정의 역할을 수반하는 것인데 그 세력이 어떻게 한국에서 주도권을 잡게 되었는가 하는 그 역사적 과정에 대해서도 필자는 소상하게 알고 있는 처지이다.

한국 문단은 과거의 어둠, 부정, 그리고 파괴의 노선에서 탈피하길 바라며 현재 좌우파가 다시 손을 잡고서 긍정과 건설의 시대로 달려가야 할 시기라고 믿고 싶다. 한국 문단도 이제 그만 선신의 입장에 서서 나라와 세계를 재건하는 데 적극적으로 합류해야 하지 않을까?

사람의 정신작용은 지정의(知情意)로 나뉜다. 사람들이 '지'에 치우치면 진보좌파 세력으로 진입하기 쉽다. 그것은 악을 식별하는 능력이 뛰어나기 때문이다. 반면에 '정'에 빠지게 되면 우경하여 보수 세력으로 흐르기 쉽다. 보수 세력은 기존질서와 그 지도층에 대하여 정이 너무 많아, 눈이 어두워지고 게을러지거나 퇴화하기 쉽다. 사람의 '의'는 지와 정, 어느 한쪽에 머무르거나 치우치게 되면 선을 올바르게 식별하지 못하며 상위의 목적달성도 빗나가기 쉽다. 지식도 여러 가지이며 감정에도 높고 낮은 수준이 있으므로 그 취사선택은 어렵기 마련이다. 그래서 천당으로 가는 문은 좁고 지옥으로 가는 문은 넓다는 말이 나온 것이다.

여기서 중요한 것은 사람들의 깊은 자기성찰과 반성 그리고 참회이다. 인간의 '지정의'가 올바르게 작동하려면 인간정신의 정화와 순화가 전제되어야 한다. 더럽혀진 심정으로 아무리 생각하고 토론해도 올바른 결론에 이를 수 없는 것이다. 오염된 마음을 정화하지 못한 지도자나 정치사회 집단이 아무리 많이 생각하고 연구하며 토론해도 올바른 결론에 이르지 못할 것이다.

어떤 지식이나 감정에도 치우침 없이 '지'와 '정'이 단합하는 가운데 추진하려는 것은 선의지의 작용이다. 그런데 그동안 한국에서는 지와 정이 완벽하게 그리고 조화롭게 결합해 왔던가? 특히 한국 문단의 경우는 어떠했는가? 김지하 시인은 과거에 나라를 팔아넘겼다는 매국5족의 시를 발표하여 유명해진 사람이다. 그런데 그 매국5족이란 사람들은 누구이며 어떤 사람들이었던가? 그 당시 고종 황제가 가장 믿었던 인재들이었지, 쿠데타를 일으키듯 대한제국 조정을 밀치고 들어와 나라를 팔아먹은 도둑이나 사기꾼이 아니었음을 알아야 한다.

한국인의 심정과 의지를 대변해야 하는 한국 문단은 그동안 한국인의 양심, 지도 집단의 역할을 제대로 했는가? 좀더 순화되고 진실하며 고상해지는 길은 없을까? 만일 그 소임을 다하지 못했다면, 그 원인에 대해 생각하고 앞으로 대한민국을 바른 방향으로 이끌어갈 수 있도록 깊이 반성하며, 자기향상을 위해서라도 대한민국 국민들을 계도해주길 바란다.

제5부

대한민국 정부의 통일 정책

1. 남북한 평화통일의 목표와 정책과제:
   제18대 대통령선거에서 제시된 통일 정책
2. 남북관계의 현황과 새로운 대북 정책의 모색
3. 박근혜 정부와 통일대박론과 통일비용
4. 평화통일로 가는 제3의 길: 통일대박론이 현실화되려면
5. 우리가 소원하는 통일의 방법
6. 박근혜 정부의 안보 및 통일 정책에 대한 小考
7. 한반도 중립화 통일방안 그리고 현실적인 대안
8. 언론사가 제시했던 2015년 新年사설의 논지와 그에 대한 소견

1장

남북한 평화통일의 목표와 정책과제: 제18대 대통령선거에서 제시된 통일 정책

2012년 10월 27일

1. 임진각에서 거행된 한라산 백두산의 合水土祭 행사

2012년 10월 11일 오전 11시. 임진각 광장에서는 민주평화통일자문회의 서울강남구협의회가 주관하는 한라산, 백두산의 흙과 물을 합치는 합수토제(合水土祭) 행사가 열렸다. 만일 이 자리에 무당이 참석해 소리 내어 춤을 추면서 기도했더라면 이 행사는 평화통일을 기원하는 제사가 되었을 테지만 기독교인들의 반대를 의식한 탓인지 무당의 춤과 노래는 없었다. 대신 가야금 병창이 짤막하게나마 있었고 북한에서 온 젊은이들과 어린이들이 가수 싸이의 '강남스타일'의 노래에 맞춰 춤을 추었는데, 필자는 그러한 시간이 없는 것보다는 낫다는 생각을 했다. 북한 출신 젊은이들이 한 것이라서 의의가 있었다고 할까?

한라산과 백두산의 합수토제 행사가 시작되자 모두들 일어나 '애국가'와 '우리의 소원'을 합창했다. "우리의 소원은 통일, 꿈에도 소원은 통일, 이 정성 다해서 통일, 통일을 이루자, 이 나라 살리는 통일, 이 겨레 살리는 통일, 통일이 어서 오라, 통일이여 오라." 필자도 남들을 따라 부르기는 했지만 남북한의 통일이 이런 이벤트나 노래만으로 올 수 있겠는가? 맑고 아름다운 늦가을 임진각 광장에서 거행된 평화롭고 즐거운 합수토제 행사이기는 했지만 이런 모임이 있다고 한반도 통일 문제가 해결될 수 없다는 데 아쉬움을 느꼈다.

2. 한반도 국토분단의 기원

남북한의 통일이 겨레의 소원이고 소망인데 왜 한국 해방 67년, 대한민국 건국 후 64년이 지나도록 여태껏 국토통일도 민족통일도 이루지 못했는가 하는 의문이 생긴다. 그 원인을 추적하려면 한반도가 분단될 수밖에 없었던 기원부터 규명해야 한다. 그 뿌리는 1941~1945년까지 계속된 태평양전쟁으로 거슬러 올라간다. 전쟁 초기, 일본군에 밀리던 미영연합군이 일본의 육해군을 격파하면서 일본 본토로 접근하게 되었고 1945년 6월부터 본격적으로 일본 본토 상륙작전을 계획하였다.

그런데 일본에 미영연합군을 투입하려고 보니 표독한 일본군과 일본 국민의 저항을 염려하지 않을 수 없었다. 미국의 군부는 미영연합군이 일본 본토에 상륙해 전쟁을 오래 끈다면 적어도 200만의 희생자가 나올 것이라고 예상하였다. 그래서 결정한 것이 일본에 원자탄을 떨어뜨리며 소련을 이 전쟁에 끌어들여야겠다는 구상이었다.

당시 소련은 일본과 불전(不戰) 조약을 맺고 있었다. 그러나 소련군은 한국의 영토를 떼어 주겠다는 말에 혹하여, 일본에 선전포고를 한 즉시 8월 9일부터 한반도로 진격했다. 그리고 소련군의 참전 일주일 만에 일본은 미영연합군에게 무조건 항복을 선언하였다. 그래서 소련은 한반도의 38선 이북을 점령할 수 있게 된 것이다. 한반도에 진주한 소련군은 38선을 막으며 민간인들의 왕래나 통행을 금지했다. 이것이 국토분단의 발단이 된 것이다. 요컨대 일본으로부터의 해방이 한국의 독립군에 의해서가 아니라 미영연합군와 소련군에 의해서 이루어졌다는 것이 문제였다.

그 후 38선 이북의 국토는 소련의 군정 당국이 만든 조선인민공화국의 임시정부로 이양되었다. 결과적으로 한반도는 미군정이 지배하는 남한과 소련군정이 지배하는 북한지역으로 분할된 것이다. 남한에서는 대한민국 정부가, 북한에서는 조선민주주의인민공화국 정부가 수립된 이유가 여기에 있다.

물론 초기에는 이러한 국토분단이 일본군의 무장해제를 위하여 취해진 임시적인 조치로 이해되었을 것이다. 그러나 이러한 부자연스러운 분단이 반영구적으로 지속될 것이라고 예측한 사람은 아무도 없었다. 그러나 온 겨레의 바람에도 불구하고 남북갈등과 국토분단은 요지부동의 현실이 되어 오늘에 이르기까지 지속되어 온 것이다.

3. 분단극복과 남북한 재통일 노력의 역사

남북통일의 문제는 1945년 8·15 해방 후 남조선 일대의 반란과 게릴라 활동으로도, 소련제 탱크를 앞세운 20만 북한군과 괴상한 피리와 음산한 북을 치며 밀려왔던 100만의 중공군의 침공으로도, 한국군을 포함한 UN군의 북진공격으로도 해결되지 못한 국가적 난제이지 않은가? 이처럼 남북통일의 문제는 한국의 지속적인 외교노력으로도, 북한의 끈질긴 대남공작과 시도 때도 없는 무력침공으로도 이룩하지 못했던 20세기 최대 난제가 되어 버린 것이다.

생각하면 이러한 국토분단은 누가 원해서 생긴 것이 아니다. 아마도 이것은 하늘이 한민족에게 내린 난제이거나 저주이며 세계적 · 문명적 갈등문제인 동시에 시대적 과제였던 것이 틀림없다. 물론 이러한 국제정치문제나 인류역사상의 문제는 한민족 혼자서 해결할 수 있는 문제가 아닌 것으로 이해되었다.

다만 그로 인하여 민족분열, 국토분단의 고통과 재앙을 모질게 겪고 있는 한민족이 이제부터라도 앞장서 이 문제를 해결하지 않을 수 없는 정치문제로 받아들여야 할 판이다. 이러한 인류갈등과 세계평화의 문제는 한민족이 주도적으로 해결해야 하는 역사적 과제이며 앞으로 이 과업은 민족적 사명으로 받아들여야 하는 국가적 과업이 되었다.

한민족의 민족분열과 국토분단은 우발적으로 일어난 정치현상이라고 보아서는 안 된다. 여기서 대한민국을 받드는 사람들과 북한의 조선인민공화국을 수호하려는 사람들이 서로 어떻게 다른가 하는 문제부터 밝혀야 할 것 같다.

우선 남한의 대한민국 정부 수립을 결사반대하고 북한의 조선인민공화국 정부를 만들고 유지하는 데 주도적인 역할을 해온 사람들이 누구였는지 알아야 한다. 이들은 조선공산당을 만들고 지지해 온 사람들이었다. 그들은 조선시대의 양반계급 지배에 불만을 품고 혁명을 꿈꾸거나 당시 저항 세력의 핵심을 이루었던 사람들의 후예였다. 이들은 동학란 당시에 동학혁명운동에 적극적으로 가담하였으며, 한말에 의병활동을 벌이고 일제강점기에는 독립운동을 주도하거나 그들을 추종했던 사람들이었을 것이다. 게다가 수많은 젊은 세대들에게 이들을 존경하며 추종하는 것이 당시의 유행이었다.

반면에 대한민국을 지지하고 반공보수 세력의 주축을 이룬 사람들은 누구였던가? 이들은 일제강점기부터 공산당 세력을 불신하고, 해방 후에도 반공운동에 참가하며 대한민국 정부 수립에 적극적으로 참여한 사람들이다. 이들은 어떤 배경을 가진 사람들인가? 일제강점기에 대체로 한국 사회의 중상층에 살았던 사람들이 대부분이다. 이들은 일제 치하에서도 비교적 잘 적응하며 살았기에 비교적 편안한 삶을 살았고 대체로 애국행위는 한 일은 없으며, 그 자신과 가족만을 위해 살았던 사람들이 대부분이었다.

일제강점기를 편안하게 지낸 사람들은 반일저항활동을 한 사람들로부터 친일파 또는 민족반역자라는 욕을 먹고 배척받았지만 그들의 입장에서 할 말이 없었던 것은 아니다.

중국 패권 치하에서 사대주의를 따르면서 구세대 집권층에 순종하며 봉사해 온 사람들과 비교한다면, 그들은 신흥하는 일본에 붙어 서양의 과학기술을 배우고 근대화과정에 기여해 온 사람들이다. 위의 두 부류를 비교한다면 어느 쪽이 더 정당한 사람들인가를 판단하기는 쉽지 않은 문제였다.

오히려 망해 가는 중국을 따르는 것보다는 세력을 더욱 키우며 서구 세력에 도전하는 신흥국가 일본을 본받아 서양의 근대화문명을 배우고 받아들이는 쪽이 훨씬 유익한 것 아니었는가? 그들이 도덕적으로 더 옳았다고는 말할 수 없더라도 보통 사람들에게는 충분히 말이 되는 소리였다고 판단된다.

조선왕조 말부터 한말에 이르는 동안에 양반·지주계급은 여러 가지 이유로 몰락하고 있었다. 이때 일본의 침략 세력과 손을 잡은 사람들 중 일부는 지주계급도 있었으나 대부분이 중인계층이었다. 당시 한국의 사회계급은 위정척사파, 개항독립파, 그리고 동학혁명파로 나뉘어 있었다. 이때 일본의 침략 세력과 손을 잡은 것은 주로 중인층과 개화파였다. 예를 들면 최남선과 같은 학자도 출신계급으로 본다면 중인계급이었다. 몰락한 지주계급 중에서 중인적 신분으로 내려온 사람들도 일본에 협력하여 살았지만 애국활동 이상으로 뛰어난 기여를 한 사람도 적지 않았다. 이런 관점에서 본다면 일본 세력에 협력했다고 무조건 민족반역자 취급을 하는 것은 편파적인 견해이며 경직된 대의명분파의 주장일 뿐이며 이성적인 주장이 아니었다고 말할 수 있다.

한말의 계급사회에서 양반계급 중 위정척사파라 하여 새로운 외래문화를 배척하는 세력의 애국정신은 이해할 수 있다. 그러나 기능직인 중인계급 중에서 서구화, 근대화를 위하여 노력했던 사람들 중 그 과정에서 일제통치에 협력했던 사람도 적지 않았다. 이들을 친일파, 민족반역자로 몰아세우는 것보다는 한국의 후진성 극복이나 근대화에 기여한 사람이라고 인정하는 것이 오히려 더 공정하고 지혜로운 태도가 아닌가 생각한다.

북한에서는 이들을 친일파, 민족반역자라고 하여 배척하고 숙청하였다. 그 결과로 이들이 모두 남한으로 내려와 반공활동의 제일선에서 활동하였다는 것이다. 이들이 바로 대한민국 정부 수립의 일등공신이었다고 말할 수 있다. 결과적으로 남한 사회가 크게 발전한 데 비해 북한은 남한과는 비교가 안될 만큼 낙후되었다. 근대화, 산업화는 친일파 집단이라고 폄하되어 온 사람들이 능력 있는 사람들이며 대한민국 발전에 기여한 사람들임을 증명하는 것이다.

왜 그랬을까? 나라를 세우고 유지하는 데에는 사나운 투쟁의지와 파괴능력을 가진 이데올로기 그리고 애국자들도 필요하지만 적응능력이 뛰어난 기능인, 화해전문가 또는 실용주의자도 그 못지않게 중요하다. 어느 한쪽 사람들만 가지고는 나라가 유지되며 발전할 수 없다는 것을 부인하는 사람들은 비이성적인 감정에만 치우친 부류인 것이다.

4. 통일에서 필요한 것은 左右派 화해 협조자세

문제는 좌우파 세력이 갈라서고 남북이 통합할 줄 모르는 가운데 한반도에서 어떻게 화해와 통합의 이적 그리고 평화를 창조할 수 있는가이다. 국민통합의 문제는 말로만 할 것이 아니라 실천의 문제들에 대해서도 고민해야 한다. 필자의 소견으로는 현세기의 난제를 해결하기 위해서는 다음 세 가지 요건이 필요할 것 같다. 첫째는 지혜이다. 둘째는 행위자, 곧 민족의 도덕적인 자질과 정신력 개발이다. 셋째는 정부의 실천의지와 능력의 지속이다.

첫 번째로 지혜라는 요인을 들었다. 여기서 말하는 지혜는 보통 사람들이 머리를 굴려 만드는 꾀를 말하는 것이 아니다. 불교《금강경》에서 말하는 지혜는 형이상학적인 진리를 터득해야 가질 수 있는 초능력이다. "일체 유의법은 꿈 같고 환상 같고 물거품 같고 그림자 같으며, 이슬 같고 또한 번개와도 같으니 응당 이와 같이 관할지니라." 여기서 말하는 지혜는 무위법(無爲法)의 지혜를 말한다. 쉽게 말하면 사람의 지혜를 뛰어 넘는 천상(天上)의 초능력적인 지혜를 말하는 것이다.

천상의 지혜는 범인은 갖기 어려운 지혜이다. 그러나 동양철학에 통달한 사람이라면 학문연구를 통해 어느 정도 습득, 요해할 수 있으니 그런 도학자의 자문을 받는 것이 중요하다. 정치인들이 머리만 굴려 얻는 잔꾀와는 전혀 다른 무한히 덕성스러운 깊은 지혜를 말할 것이다.

필자에게 그 내용을 설명하라고 한다면, 그것은 중도철학의 지혜라고 대답하겠다. 남북대립에서 중도의 원리를 취하라고 한다면 그것을 어떻게 처리하라는 것인지 대강 짐작이 갈 것이다. 어떤 사람은 이것을 중립으로 가라는 뜻으로 받아들이겠지만 중도와 중립은 전혀 다른 개념이다.

두 번째로 도덕적인 정신기강을 말했다. 여기서 말하는 도덕성은 공산혁명정신이나 반공투쟁정신의 차원과는 다른 보편적인 도덕성과 박애정신의 국민성 격화를 말하는 것이다. 이것은 대단한 지혜와 정신력을 가지고 장기간 수행하지 않고서는 이루지 못할 국민성격의 형성을 말하는 것이기도 하다. 이것은 쉬울 수 없는 과업이며 이것을 성취한다면 한국 국민은 위대한 민족이라는 말을 듣게 될 것이다.

세 번째로 국민적 실천능력을 언급했다. 그 실천의 선두에는 정부기관이 있다. 한국 정부와 행위자들도 분단극복과 한반도 통일에 대해서는 대단한 열의를 가지며 노력했지만 문제는 해결능력이다. 하는 일마다 틀어지고 꼬였던 한국 정부가 앞으로 어떠한 노력을 하려는가?

오늘의 이런 시대적이며 세계적인 갈등과 대립 문제를 해결하거나 수습하려면 단순히 정치적 문제에만 머물 것이 아니라 동양철학사상이나 정신도덕문제와도 관련시켜 생각할 수 있어야 하며, 이는 서양사상이나 과학기술문화의 대결을 통해 밑받침된 것이어야 한다. 남북통일문제 역시 그러한 철학사상적인 대립을 넘어선 것이어야 하며 단순히 한국인들의 정치외교나 군사적인 노력만으로 해결될 성격의 문제가 아닌 것이다.

남북갈등과 국토분단의 문제가 해결되려면 그에 앞서 한국 사회에서 좌우대립이나 자유민주주의와 사회주의의 이념대립 문제부터 해결되어야 한다. 이런 문제가 다시금 국제관계에서 대륙 세력이나 해양 세력의 대립으로 휘말리게 된다면 한반도의 평화통일은 더욱 어려워질 것이다. 그러나 한민족은 대륙과 해양의 화해 단결을 주장함으로써 시대의 각광을 받게 될 것이다. 일본이나 중국을 위대한 나라로 만들어 한중일 3국이 세계의 중심국가 노릇을 할 수 있어야 한다.

종교적인 사고방법이긴 하지만 '가시가 꽃이 된다'는 말이 있다. 가시는 사람들에게 괴로움이며 고통이지만, 그것을 잘 보듬고 정성을 들이면 꽃을 피우게 된다는 뜻이다. 옛말에 하늘이 어떤 사람에게 큰일을 맡기기 전에 미리 큰 재앙과 고통을 줌으로써 그 사람을 시험해 본다는 말도 있지 않은가?

5. 세계평화의 철학이 통일외교의 설 자리이다

미국과 중국의 힘겨루기나 패권싸움은 세계평화를 어지럽히는 원인이 될 뿐이다. 한국은 중견국가의 입장에서 두 초강대국의 경쟁과 불화를 완화하거나 견제하는 외교를 펼쳐 나가야 한다. 문제는 그렇게 할 수 있는 한국 외교의 힘의 근거를 어디서 찾을 수 있겠는가 하는 것이다.

중국과 미국의 경쟁은 자유민주주의와 사회주의 대립의 연장이다.

동시에 이것은 남북한의 대립과 갈등이기도 하다. 이러한 대립과 갈등을 완화하고 해결하는 것은 바로 평화의 철학과 그 원리이다. 이러한 대립과 갈등을 수습하고 완화하는 행위는 쌍방의 참회와 반성 그리고 화해와 용서의 정신을 필요로 한다.

오늘의 진보와 보수, 미국과 중국, 그리고 남한과 북한은 모두 이러한 정신상태와 태도를 갖지 못한 이유에서 근거한다. 만일 그런 정신상태와 태도를 바꾸지 않는다면 평화는 이루어질 수 없다. 평화가 이루어진다면 통일은 저절로 이루어지게 되어 있다. 강대국이든 약소국이든 평화는 경제력이나 무력경쟁만으로 이루어질 수 없는 것이다.

평화는 정신도덕이며 추상명사일 뿐 현실적인 실체가 아니므로 그 자체는 아무런 힘을 갖지 못한다. 또한 한 나라의 힘만으로 유지되는 것이 아니며 크든 작든 지역공동체를 형성해야만 지켜질 수 있다. 남북한과 밀접한 관계를 갖는 중국과 미국, 일본과 러시아가 여기에 포함되어야 하나 그 외의 지역국가도 그 희망에 의하여 이 지역공동체에 가입할 수 있어야 한다. 이 지역공동체는 바로 평화공동체로 격상되어야만 그 힘을 발휘할 수 있는 것이다.

그러나 평화통일이라고 모두 같은 것은 아니다. 북한 주도의 공산통일이 된다면 그 통일은 대박이 아닌 쪽박이다. 그 통일이 자유민주주의 통일이어야 비로소 쪽박이 아닌 대박이 될 수 있다. 그러니 현재 평화통일의 가능성이 북한의 연방제통일을 적대하기에 어려운 것은 아닌지 심사숙고해야 한다.

필자는 바람직한 통일의 조건은 지혜, 국민의 덕성, 힘, 그리고 실력이라고 본다. 이런 힘을 키우는 데는 많은 시간과 노력이 더 필요한 것이다.

▪ 요점

한반도의 평화통일, 입이 닳도록 여러 번 언급하였지만 아무런 성과가 없다. 대통령으로 당선된 후 박근혜 대통령은 복지약속 이행에 자신이 없어지니 '통일대박론'을 터뜨려 민심을 잡으려고 했다. 그래서 '한반도 신뢰프로세스'란 말도 내놓았지만 과연 북한이 신뢰할 만한 나라일까? 중국 시진핑 국가주석은 박근혜 대통령과 대한민국에 대한 선의지는 확실하나 그가 실제로 대한민국에 의한 남북통일을 단호하게 밀어줄 능력과 의사를 갖고 있는지는 그런 행동을 보기 전에는 확신할 수 없는 상황이다.

한반도의 통일은 결국 우리 자신의 의지와 능력을 믿고 추진하는 수밖에 없다. 그것을 가능하게 만들어 줄 수 있는 것은 다자안보협력 체제인 아시아태평양공동체의 비전인데, 박근혜 정부는 그에 대한 확신을 갖지 못해 아직도 한반도 통일의 전망은 불확실한 상태이다.

그리고 여전히 시진핑 국가주석의 결단을 기다리는 모양인데 그가 결단을 내리기는 상황도 여의치 못할 것이다. 차라리 필자의 구상을 심각하게 참고해 보는 것이 좋지 않을까?

2장

남북관계의 현황과 새로운 대북 정책의 모색

2012년 1월 15일

대한민국 정부가 수립된 지 60주년이 지났다. 금년이 2011년이니까 정확하게 63년이 지나고 있는 셈인데 우리의 마음은 아직도 불안하다. 그동안 한국은 식민지로부터 해방되어 독립국가가 된 수많은 후진국 중에서도 드물게 성장, 발전하여 급속도로 선진국의 문턱에 접근할 수 있었다. 제 2차 세계대전 후 독립한 나라들 중에서 유일하게 건국과 호국, 산업화와 민주화 등 근대화 작업에 성공한 나라로 알려지면서 칭찬과 선망의 대상으로 올랐다.

나라를 세운 후 한국은 6·25 전쟁으로 큰 전화를 입었다. 그럼에도 나라는 크게 성장, 발전하여 OECD 자리에 합류할 수 있었다. 과거에 선진국의 원조를 받고 살았던 나라였지만 이제는 경제원조를 베푸는 나라로 전입된 상태이다. 말인즉 한국이 200여 개의 나라 중에서 최근 10대 경제대국으로 올라서서 후진국을 돕는 위치에 있다고 하니 얼마나 자랑스러운 일인가? 그럼에도 우리 국민들은 여전히 불만과 불안 그리고 분노로 속을 끓이고 있다. 그 이유로는 한반도의 국토분단으로 인해 북한으로부터 받은 여러 가지 피해와 상처가 한몫을 하고 있다.

어떤 사회조직체이든 조직관리가 60년 정도 경과하면 멸망하지 않는 한 안정되고 정상화되어야 정상이다. 이 경우를 한국에 빗대어 본다면 한국의 현실이 안정되고 정상화되지 못하였다면 그 원인은 나라의 분열이나 분단에서 찾을 수밖에 없다. 1948년 당시 대한민국 정부가 남한에서만 건립된 것은 우리 국민의 뜻대로 처리되지 못했기 때문이다. 주변 강대국의 뜻에 따르다 보니 분단국가로 출발한 것이고 그로 인해 아직도 그 상태에서 벗어나지 못한 것이다.

6·25 전쟁 후에는 나라를 위해 경제력만 키우면 될 것이라고 생각하였다. 그러나 경제력을 갖췄는데도 나라꼴이 좋아지지 않으니 독재권력을 민주화하면 될 것으로 믿었다. 그러나 대한민국이 어지간히 민주화되었는데도 그 체제는 여전히 불안정한 상태이다. 그때까지 우리나라의 현실은 비정상적인 상태에서 벗어날 수 없을 것이고 그것이 우리의 현실이다.

6·25 전쟁에서 UN군이 압록강 국경까지 진격해 들어갔을 때 한국은 국토를 통일한 것으로 착각하였다. 그러나 중공군의 참전으로 UN군이 남쪽으로 후퇴하였고 결국 국토통일의 기회는 무산되고 말았다. 최근 들어 한반도 재통일의 기회가 오고 있다는 말이 나돌고 있다. 남북 간의 체제경쟁은 누가 보아도 대한민국의 승리이며 이런 인식은 세계적인 공감을 얻고 있다. 더구나 북한의 독재자 김정일은 이미 사망했고 북한의 무거운 짐은 김정은 등에 얹혀 있으며 내용적으로는 중국의 보호하에 겨우 가는 숨을 쉬고 있으니 그들의 핵 공갈이 얼마나 잘 먹

히겠는가?

이러한 상항에서 남북통일이 가능하다면 중국의 품 안에서 이루어질 수밖에 없다고 판단된다. 그러나 이것이 공산권에서의 좌경화 통일을 뜻하는 것이라면 한국 국민들이 행복할 수 있겠는가? 한국이 중국과 미국 사이에서 등거리를 유지하며 자주적으로 통일할 수 있으려면 다음과 같은 준비와 여건을 갖추어야만 할 것이다.

첫째, 한국의 통일 이념을 중심으로 좌우대립이 수습, 해결되어야 한다. 한국의 정신도덕·문화가 확립되기 위해서는 여러 종교철학사상과 이념을 통합하고 실천할 수 있는 핵심 세력이 육성되어야 한다.

둘째, 아시아태평양공동체를 중심으로 덕업상권, 과실상규, 예속상교, 환난상휼하는 동양의 향약정신과 도덕철학이 오늘의 국제관계에서 재생산되어야 바람직하다. 그러자면 그런 목표와 성격을 갖춘 아시아태평양공동체의 건립을 통해 지역공동체의 결속과 정신무장이 강화되고 부활되어야 한다.

셋째, 세계 5대 종교 간의 단합과 협력을 통하여 세계평화를 증진할 수 있는 정신도덕공동체와 평화공동체의 기지인 아시아태평양공동체가 설립되어야 하며, 이를 통하여 주도적인 정신문화의 수준이 격상되어야 한다.

과거에는 국가의 업무가 군사력을 강화하고 그를 위하여 경제력만 키우면 되었다. 그러나 21세기에는 초강대국의 역할보다도 지역공동체의 비중이 훨씬 높아져야 한다. 그러자면 다수 국민의 마음을 사로잡을 수 있는 문명의 정신문화가 세워져야 하고 확산되어야 한다. 남북한의 통일은 단순히 많은 국가 중에서 한 나라의 생존문제에만 그치는 것이 아니라 전 세계의 안위와 관련된 중요한 문제이다. 한반도의 통일은 모든 인류역사, 문명의 줄기와 직접 관련된 문제이므로 남북통일은 세계평화적 차원과 입장에서 다뤄져야 한다.

1. 남북관계의 현황과 정부의 대응태도

남북한은 6·25 전쟁 후 오늘에 이르기까지 정전협정에 의거한 휴전상태를 지속해 왔다. 이로 인하여 노골적인 적대관계는 억지되었으나 북한은 남한에 대하여 수시로 불의의 무력공격과 침공행위를 감행하였다. 최근에 와서는 핵무기로 군사적인 협박을 계속해 왔지만 한국은 남북갈등이 더 큰 전쟁으로 확대되지 않도록 대응조치를 자제해 왔다. 이것은 동맹국들의 요구에 부응하기 위한 것이었다.

한국은 2010년에 있었던 천안함 폭침과 연평도 포격에 대해서도 북에 공개적인 사과를 요구했다. 그러나 김정일 집단은 그러한 요구에 대하여 들은 척도 하지 않았다. 그러면서도 경제지원과 식량공급을 계속해 줄 것을 요구했다. 그렇게 하지 않을 시에는 언제라도 해악을 가할 것이니 알아서 처신하라는 협박만 할 뿐이었다.

어떤 이유에서든 북한은 우리에게 매우 불편하고 위험한 존재이다. 한국은 참고 견디는 것 이외에 달리 할 수 있는 것이 없는 처지이다. 한국은 미국이나 중국이 북한의 도발행위를 저지해 주기를 기대했지만 막무가내로 날뛰는 북한의 행패에 미국도 어찌할 수 없었으며 북한을 지원하고 지탱해 주던 중국도 북한의 도발에는 책임을 회피해 온 것이다.

한국 내부에서는 북한이 너무 가난하고 인민들은 너무 불쌍하니 무조건 인도주의적 원조를 제공해야 한다고 주장하는 여론도 있다. 실제로 남한에는 정부의 억제나 제재에도 아랑곳하지 않고 능력껏 북한에 돈과 식량을 제공한 집단이 적지 않았다. 북한 사정에 정통한 소식통에 의하면 남한에서 전달되는 식량이나 물자는 김정일 체제의 핵심 계층이나 충성 계층에게만 전달될 뿐 인민들에게는 전혀 전달된 바가 없다고 한다.

북한은 현재 핵무기 보유국이다. 한국은 자력으로 북한을 견제하거나 압박할 수 없는 처지이다. 미국은 중동이나 아프가니스탄의 전쟁에서 너무 많은 힘과 돈을 쓴 나머지 동아시아에서는 어떤 규모의 전쟁에도 개입을 회피하려는 입장을 취하고 있다. 또한 한반도에서 평화가 유지된다는 보장만 있다면 미국은 한국에 주둔하고 있는 지상군을 빼는 것이 미국에게 이익이라는 생각을 내심 갖고 있었던 것이다.

중국은 북한 정권을 회유하여 지리적 이점을 100% 활용하며 북한의 풍부한 지하자원을 확보하려는 욕심 때문에 김정일 정권의 기분을 상하게 하는 것을 몹시 꺼렸다. 이런 사정을 감안한다면 중국은 물론 미국 역시 한반도의 통일문제에 대하여 크게 믿고 의지할 나라는 못 되는 것이 오늘의 현실이다. 그 이유는 미국과 중국은 한반도의 통일보다는 자국의 이익을 챙기기에 바쁜 나라들이기 때문이다.

이런 경우에 한국은 외부세계에 어떻게 대처해야 하는가? 한국의 일은 한국인이 해결하며 그 책임은 모두 한국인이 지는 것이다. 한국의 분단극복이나 통일은 우리의 업무이다. 물론 우리만의 힘으로 할 수 있는 일은 아니기에 많은 국가의 도움과 지원을 받아야 한다. 남북관계가 잘 풀리려면 특히 중국의 도움이 중요하다. 그러나 중국의 태도가 믿음직하지 못할 때에는 어떻게 해야 하나?

6자회담이란 미국, 중국, 일본, 남북한, 그리고 러시아를 포함하는

6개국의 협의기구를 말한다. 그 회담이 생긴 지 7년이 지났는데도 아무런 성과를 거두지 못하고 있다. 남북한이 해결하지 못하는 문제를 경쟁관계에 있는 미국과 중국이 어떻게 해결할 수 있겠는가? 또 미국과 중국이 해결하지 못하는 문제를 어떻게 일본이나 러시아가 해결할 수 있겠는가? 여기서 거론된 6개국 역시 각자의 나랏일로 힘들어서 절절매고 있다. 한국문제에 목숨을 걸 형편도 아닌 그들에게 무엇을 기대하며 바랄 수 있겠는가?

2. 남북한의 통일이 요구하는 국내적 여건과 국제적 환경

한반도의 통일이 이루어지려면 특정한 국내적·국제적 여건 조성되어야 한다. 첫째, 국내적 여건이란 남북 쌍방에 타협과 관용 그리고 화해의 정신풍토가 조성되는 것을 뜻한다. 이를 위해서 남북에는 상호 불신, 적대, 배제적인 정신풍토가 인내, 용서, 그리고 자비의 정신으로 전환되어야만 한다. 이러한 정신적인 변화는 어느 날 갑자기 생길 수 없다. 꾸준한 의도적 노력 없이는 이루어질 수 없는 일이다.

또한 한반도의 화해와 통일은 국제적인 여건의 조성을 필요로 한다. 남북한의 화해 협력은 미국과 중국의 합의만으로는 불충분하다. 그래서 미국은 6자회담을 강조한 것이며 중국도 그에 합의하였다. 최근 서울대 윤영관 교수는 어느 신문칼럼에서 "6자회담만 가지고도 불충분하다. 여기에 ASEAN(동남아시아 국가연합)이 포함되어야 한다"고 주장하였다. 필자는 오래전부터 그런 제안에 머물지 말고 아시아태평양공동체로 확대하자고 제안하였다. 거기에 한반도의 평화와 통일문제를 주도하는 것이 더욱 안전할 것이다, 그것이 최선책이라는 주장을 계속해 온 것이다.

그렇다면 남북관계나 한반도의 문제는 아무도 해결할 수 없는 문제라는 것인가? 필자는 사람들이 생각만 바꾼다면 이러한 문제는 어렵지 않게 해결할 수 있다고 보았다. 한반도의 통일은 남북한 국민이 진정 원한다면 해결할 수 있다. 그러나 다음과 같은 조건이 전제되어야 한다. 첫째, 각자 신봉해 온 정치사회 이념에 목숨을 걸 듯 집착하지 말아야 한다. 그리고 상대방의 정치 이념을 용납하고 포용하는 정신자세를 갖추어야 한다. 이것이 문제해결의 선결조건이다.

둘째, 양 체제의 집권층은 그들의 권력지위에 집착해서는 안 된다. 국민의 대다수 그리고 세계여론의 주류와 그 양식을 존중하면서 국가의 진퇴를 결정해야 한다. 북한의 지배층에는 공산주의자가 포진해 있고, 남한의 지배층에는 반공주의자가 포진해 있다면 남북한의 평화통일은 진전될 수 없다. 다만 서로가 속고 속이며 이기고 지는 게임이 될 뿐이다. 1972년 7월 4일 남북공동성명이 발표되었으며 그것이 적십자회담으로 이어졌지만 그 후 40년이 경과했는데도 남북회담이 아무런 성과를 거두지 못한 이유는 바로 여기에 있다.

셋째, 이념의 전환과 지도 세력의 교체는 급격하게 폭력적으로 이루어져서는 안 된다. 이것은 한반도의 통일이 무력개입이나 강제력의 행사 없이 평화적으로 이루어져야 한다는 것을 뜻한다. 그러나 그것이 가능한 일일까?

2000년 김대중 대통령이 평양을 방문하여 6·15 남북공동선언을 채택하였다. 그 선언에서는 "남과 북은 나라의 통일을 위한 남측의 연합제안과 북측의 낮은 단계의 연방제안이 서로 공통성이 있다고 인정하고 앞으로 이 방향에서 통일을 지향시켜 나가기로 하였다"고 밝히고 있다.

폭력이 일상적으로 난무하는 세계와 대한민국 국회 그리고 유래를 찾아볼 수 없을 정도로 지독한 독재 체제인 북한의 최고인민회의가 힘을 합해 남북연방제국가를 수립하는 데 무력이나 강제력의 개입 없이 가능하겠는가. 그렇게 성취되는 남북통일이라면 차라리 안 하는 것만도 못하다는 말도 나옴 직하다. 평화통일이라는 말이 성립되려면 쌍방 간에 기만이나 협잡, 강제성이 없는 가운데 순리적·자발적으로 이루어져야 한다는 뜻이다.

3. 남북한 통일의 이념적 기조와 정신문화

남북한의 갈등해소와 한반도의 통일이 가능하려면 남북한의 정치적·사상적 이질성이 융합되어야 한다. 또한 남북한 주민들을 순리적으로 아우를 수 있는 정치사상과 철학이 생겨나야 한다. 헤겔은 "실제적인 것은 이성적이며, 이성적인 것은 실제적(현실적)이다"라고 했다. 그런데 남한은 자유민주주의의 가치관을 신봉하고 북한은 공산주의(주체사상)를 신봉하며 살겠다는 고집을 꺾지 않는다면 남북한은 그냥 분단상태를 지속하는 것이 훨씬 나을지도 모르겠다. 양국 간에 변화가 없다면 남북한의 분단과 대립을 철폐하려고 애쓸 필요도 없는 것이다.

그렇다면 남북한 주민들을 한민족으로 재결합, 통합시키는 방법은 없는 것인가? 필자는 있다고 믿는다. 근대 프랑스혁명의 가치는 자유와 평등이었다. 현대 세계의 보편적인 가치는 자유, 정의, 진리이다. 남한은 자유를 중하게 여겨 왔으며 북한은 정의 또는 공정을 중하게 여겨 왔다. 남북한을 막론하고 진리는 모든 인류의 최고 가치이다. 한국 사회가 자유를 강조해 왔지만 앞으로는 정의나 공정성을 더 중요시해야 한다. 북한 또한 과거처럼 정의만 강조할 것이 아니라 자유를 존중하는 마음을 가져야 할 것이다. 그렇게만 된다면 남북한은 통일국가가 될 수 있다. 한민족으로 새롭게 출발하는 데 주저할 이유는 없다. 진리는 남북한은 말할 것도 없고 모든 국가가 최고로 숭상하는 가치이지만 실제로 진리에 도달하기는 매우 어렵다. 그렇다고 노력을 포기해서는 안 된다.

남한이 누려온 자유는 실제로 '불완전한 자유'였다. 북한이 주장해 온 평등은 '가짜' 평등이며 속임수 평등이었다. 그런 것을 사람들은 허위(*half-truth*)라고 일컫는다. 진리는 남북한 주민들뿐만 아니라 모든 인류가 중요시하며 추구하는 가치이다. 요컨대 자유, 정의, 진리라는 보편적 가치는 남북한 주민들이 함께 받들어야 할 정치 이념이다. 남북한은 지금까지 받들어 온 정치사회 이념을 이러한 가치기준으로 접근하지 않도록 노력한다면 남북한은 문자 그대로 한민족의 정치 이념으로 받들고 정치적인 통합을 이룩할 수 있을 것이다.

정치 이념에서 파생하여 행위의 준칙이 되어 일상생활을 지배하는 것이 정치문화 또는 정신문화이다. 남한 사람들의 정치활동과 행위를 지배해 온 것은 무엇이었는가? 겉으로 내세운 것은 자유민주주의였으나 내용적으로는 반공보수 이념이었다. 그에 반대하며 반정부투쟁을 벌여 온 야당 세력은 친북용공의 정치노선을 받아들이면서 진보좌파 세력으로 자처하였다. 대한민국은 이 두 세력의 이전투구적인 투쟁으로 계속되어 왔으므로 정치는 늘 안정될 수 없었던 것이다.

남북한이 통일을 하게 된다면 이 나라는 반공보수 우익 세력과 진보

용공 좌익 세력의 싸움으로 다시 해방 직후와 같은 살벌한 폭력투쟁에 휘말릴 수 있다. 이런 난장판과 무정부상태를 하루속히 면하려면 모든 국민이 너그러운 마음과 융통성을 갖춘 민주시민으로 거듭나야 한다. 나의 권리 못지않게 남의 권리도 존중하며 나의 생각만 고집하지 않고 나와는 다른 생각을 하는 타인의 자유와 권리도 존중해 줄 줄 아는 민주시민이 되는 것이다. 그렇게 되면 남북한의 분단과 대립은 화해와 포용의 분위기로 바뀔 것이다. 그래야만 남북한은 자유, 정의, 진리의 보편적인 정치 이념 아래 통일국가를 이루게 되는 것이다.

이런 정치문화에서는 좌우가 갈라서도 서로 양보하고 협력한다면 국가생활에 어려움은 없다. 이것은 한 몸에 두 팔과 두 다리가 있는 것과 같다. 왼쪽의 수족이나 오른쪽의 수족이 각기 다르게 움직이지만 서로에게 도움이 되지 방해가 되지 않는다. 그것은 중앙에서 두뇌가 쌍방을 적절히 조절하며 지시를 내릴 때, 수족이 그에 저항하거나 고집을 부리지 않기 때문이다. 이것은 좌우파의 이데올로기를 어렵지 않게 통솔하는 지혜나 지성이 있기에 가능한 일이다. 남북한은 좌우파 세력의 정치 이데올로기를 보편적인 가치에 부합하도록 조절하면서 통일국가를 이룩할 수 있는 것이다.

4. 아시아태평양공동체의 창설이 평화통일을 가능케 한다

독일의 평화통일은 유럽에 있어서 동서냉전의 해빙조짐이 만들어 낸 산물이었다. 아시아태평양공동체의 창설은 한반도의 평화와 남북통일을 추진하는 역할을 수행하기 위한 제도적 장치이다. 그렇게 말할 수 있는 근거는 무엇인가? 남북한의 대화가 매번 어렵듯이 미국과 중국을 포함한 4자회담도 어렵기는 마찬가지였다. 그래서 6자회담으로 격상시킨 것인데 지금까지 아무런 효과를 보지 못하고 있다. 따라서 동남아시아 국가들을 추가하느니 아시아태평양공동체의 회원국을 모두 망라한 지역공동체를 창설하여 한반도 문제에 개입하도록 만드는 것이 한반도 평화와 남북통일을 이루는 데 더욱 효과적일 것이다.

아시아태평양공동체라고 하면 과연 몇 나라가 그 안에 포함될 수 있겠는가? 이 지역공동체는 각 나라의 가입의사 여부에 따라 그 수가 조절될 것이다. 그러나 캐나다, 미국, 뉴질랜드, 오스트레일리아 등은 반드시 포함되어야 한다. 여기에 더해 아시아에서는 일본, 남북한, 중국, 러시아, 몽골, 동남아시아의 10개 국가, 중앙아시아의 4~5개 국가, 그리고 인도와 스리랑카 등 약 30개 정도의 국가가 포함되어야 한다.

이렇게 많은 나라들이 모였다고 해도 이 지역공동체에서 큰 영향력을 행사하는 나라는 미국, 중국, 러시아, 일본, 인도, 한국 등 최소 5~6개국에서 최대 10개국 정도일 것이다. 그런데 이 지역공동체가 6자회담과 가장 큰 차이가 있다면 미국과 중국의 발언권이나 영향력이 다수결에 묻혀 크게 감소될 수 있다는 점이다. 반면에 한국이나 인도의 위치가 상대적으로 커질 수 있다. 그 이유는 이 지역공동체에서의 발언권이나 영향력은 경제력이나 군사력보다도 지역공동체 내의 회원국의 지지와 신뢰 여부에 달려 있기 때문이다.

미국과 중국은 평소 이웃 나라들에 대하여 군림하는 태도를 유지하였으므로 많은 회원국들이 경계하거나 경원하는 태도를 보일 것이다. 그런 패권국가에 비해 대한민국은 왜 선호되고 환영받는가? 자고로 여러 나라들이 당국과 먼 거리에 있다고 생각하지 않는 데다 가장 호감을 느끼는 나라일 수 있기 때문이다. 게다가 한국인들은 강대국 의식을 갖지 않으므로 이에 동질감과 호감을 느끼기 쉽기 때문일 것이다. 또 한국인의 국민성격이 얼마나 많은 친화력을 갖는가? 반면에 한국과 경쟁관계에 있는 북한은 어떠한가? 북한은 오만하고 전투적이며 호감을 가기 어려운 국가이며 잠재적 폭력성 때문에 대한민국만큼 영향력을 발휘하기 어려울 것이다.

문제는 그러한 지역공동체가 현재 존재하지 않으며 또한 생길 조짐조차도 보이지 않고 있다는 것이다. 그러나 국제기구가 출현할 수 있는 여건은 여러 가지 형태로 존재해 왔으므로 그런 공동체의 필요성을 인정하는 나라와 사람들이 NGO를 만들어 그 업무를 추진하면 될 것이다. 지난 10년 동안 동아시아공동체를 만들려는 정부의 활동이 있었다. 또 그러한 연구기관도 적지 않다. 현재도 외교부에는 동아시아공동체 설립을 준비하는 '한중일 3국위원회 사무국'이 가동하고 있다.

아시아태평양공동체라는 공식기구가 출현하려면 여러 국가의 국가원수들이 모여야 할 것이나 그에 앞서 각 국가의 외교부 인사들의 협의와 입법기관의 동의가 필요할 것이므로 오랜 시간이 필요하다. 그러나 민간단체들의 국제적 협력사업은 오래전부터 존재했으며 확대, 발전하는 데 많은 시간이 걸리지 않았다. 무엇보다도 한국에서 전 세계로 퍼져나간 750만의 교민들이 아시아태평양 지역국가에서 살고 있다. 이들의 적극적인 협력과 노력으로 아시아태평양공동체의 초석을 마련하는 것도 불가능한 일은 아닐 것 같다. 남북의 평화통일과 한반도 평화의 지름길이 바로 여기에 있는 것이다.

5. 지역공동체는 남북한 통일에 크게 기여한다

아시아태평양공동체 출현으로 남북통일과 한반도 평화의 과업은 얼마나 더 효과적으로 추진될 수 있을까? 이 지역공동체는 기존의 국민국가들을 통괄하는 권위를 가진 상위기구이므로 남북한 또한 그 상부기구의 하위조직으로 편입된다. 남북한이 이 기구에 가입한 것만으로 분단국가의 상태에서 벗어난 상태가 된다. 이제 남북한도 그 공동체의 일원이 됨으로써 통합·복합국가의 산하조직으로 존속하는 것이다. 이렇게 되면 이미 분단상태를 벗어난 상태이므로 남북통합의 과업은 이미 성취된 것이다. 따라서 남북통일 문제도 이렇게 쉽게 해결될 수 있는 것이다.

북한은 그 지분국가로 편입된 이상 핵무기의 소유나 보관은 허용되지 않는다. 핵무기는 지역공동체라는 상위 정부의 명령에 의하여 상위기구에 상납되거나 해체, 폐기되어야 한다. 따라서 대한민국은 더 이상 북한 정권의 핵 공갈이나 협박을 받을 일이 없어진다. 북한은 상부기구의 명령이나 지시를 거부할 수 없다. 거부하는 경우에는 연방 정부로부터 어떠한 응징을 받더라도 할 말이 없게 된다. 연방 정부는 가입한 모든 국가이므로 자국 이외의 어느 국가도 원망할 수 없다. 이런 상황에서 한반도의 평화를 누가 함부로 깨는 수작을 벌일 것인가?

여기서 어떤 이는 다음과 같이 비판할 것 같다. 이 세상에 존재하지도 않는 허구 또는 허상인데 그것이 무슨 일을 할 수 있겠는가? 남북한의 통일이나 한반도의 평화가 그런 공상이나 헛소리를 가지고 이루어질 수 있겠는가? 이런 항의에 대해서 다음과 같이 응답할 수 있다. 사람의 머릿속을 맴돌던 공상은 언젠가 지상에서 실물화할 가능성을 갖고 있다. 하늘에서 보이던 질서가 지상에서도 이루어진다는 말이 있지 않은가?

위에서 논하던 아시아태평양공동체의 구상은 그 구상을 실천하려는 사람들에 의해 현실화될 수 있으므로 이것은 오로지 시간문제이다. 어제는 없던 일이 오늘에 생겨나고, 오늘은 모두에게 보이지 않는 일이 내일에는 모두에게 보일 수 있는 것이다. 지구상의 지역공동체는 처음에는 NGO 또는 NPO의 국제교류로 시작되었다가 관민협동기구로 발전하게 된다. 그러다가 정규적인 행정부의 관할업무로 성장, 발전하게 되는 것이다.

결과적으로 북한의 대남협박은 자취를 감추고 핵 공갈도 없어져 북한 정부가 순한 양처럼 얌전해진다면 남북한의 통일은 소리 없이 이루어질 것이다. 그렇다면 한반도의 평화는 반석처럼 튼튼해질 것이며, 한민족이 주도했던 아시아태평양공동체가 세계평화의 초석이자 대들보 구실을 하게 되는 날도 멀지 않을 것이다.

6. 맺음말

앞에서 필자는 한반도의 평화와 남북통일은 다음과 같은 국내적·정신적 요인과 국제적·외부적 요인이 충족됨으로써 이루어질 수 있다고 말하였다. 우선 국내적·정신적 요인으로 남북한의 주민들이 각자의 정치사회 이념에 대한 집착을 버리고 서로 다른 이념을 용납하며 공생할 수 있는 방법을 찾아야 한다. 둘째, 남북한의 정치사회 엘리트들 역시 각자의 권력지위에 집착하지 말아야 하며 국민 다수의 의사에 대하여 무조건 순종하는 유연한 정신자세를 가져야 한다. 이것이 한반도 평화통일의 기본조건이다.

그러나 이것이 과연 가능한 일일까? 이런 정신자세의 변화는 성인들의 사회에서는 가능하겠지만 탐진치, 3독에 물들어 자만, 불신, 악견으로 가득 찬 중생들이 득실거리는 현실사회에서는 기대할 수 없다. 그러므로 국민의 상당수가 영성화되어 보다 맑고 깨끗하며 고귀한 인격을 갖추어야만 평화통일의 전망이 밝아지고 한반도의 평화도 공고해질 수 있는 것이다.

필자는 이러한 문제의식과 목표를 가지고 '아시아태평양공동체'라는 민간단체를 설립하였으며 이것을 통일부에 사단법인으로 등록하였다. 이 민간단체의 첫 번째 활동목표는 남북한의 통일이다. 두 번째 목표는 한반도의 평화를 한국 사회와 세계의 영성화를 통하여 이룩하겠다는 것이다. 그 목표를 위하여 5대 종교 간의 화해와 협력을 바탕으로 활동목표를 세우고 활동하여 왔다. 우리 국민과 주변국은 모두의 꾸준한 실천과 협력을 촉구하고자 힘쓸 것이다. 세 번째 목표는 환경정화의 과업이다. 여기서는 생태환경과 정신환경의 정화가 동시에 추구되는 것으로, 동일한 비중으로 추진하는 것이 쉬운 일은 아니지만 불가능한 일도 아니다. 문제는 꾸준한 실천노력과 다른 단체와의 대화와 협력을 늘려 나가는 것이다.

생태환경의 파괴는 온갖 자연재해의 빈발로 나타나며 여러 곳에서 주민들의 안전을 위협한다. 이 때문에 모든 세계인들에게 서로 돕고 구휼하는 노력이 요구되지만 아시아태평양지역 안에서는 일차적으로 그 이웃 주민들이 구휼활동에 나서게 된다. 만약 재난의 정도가 심한 경우나 역부족인 상황에서는 전체 회원국들의 구조와 복구지원을 기대하게 된다. 회원국 간의 선의, 나눔, 그리고 봉사를 주고받는 과정에서 회원국 간의 상호 신뢰와 협력의 정신도 높아질 것이다.

아시아태평양공동체는 이런 목적을 위하여 서로 협력하며 화합하는 보시와 나눔의 공동체이다. 그리고 평화공동체가 되도록 최대한 노력하겠다는 의지를 확인하고 이 의지를 점차 확대해 가면 된다. 따라서 아시아태평양공동체는 세계평화의 초석 중의 하나이지만 이러한 선의와 나눔의 정신을 가지고 국제적인 시민운동을 통해 전 세계로 확대하면 되는 것이다. 이러한 목표와 비전은 한국 국민의 주도적인 노력으로 추진될 수 있다. 한국인의 국제적 이미지와 국가브랜드는 그만큼 높아지는 것이다. 대한민국은 세계평화를 위하여 존재하는 국가이다. 아시아태평양공동체는 대한민국의 확대된 형태라고 생각하면 된다.

과거 20세기에는 국가의 군사력과 경제력이 국제적인 영향력의 근본이었다. 그러나 21세기에 와서는 군사력보다는 대외적 평판과 신뢰도, 경제력보다는 대외적 이미지와 국제적 선호도가 더 큰 힘의 근원이 되고 있다. 정부가 행사하는 하드 파워보다는 종교나 문화단체 또는 기타 민간단체가 행사하는 소프트 파워가 훨씬 큰 영향력을 미칠 수 있다는 것은 이미 많은 사람들에게 상식화되어 있으며 공감하는 바가 아닌가? 우리가 아시아태평양공동체를 키우는 사업에 많은 노력과 힘을 쏟아붓는 이유도 여기에 있다. 현재 우리의 힘과 영향력은 매우 미약하다. 그러나 앞으로 계속 커질 것이라는 희망을 가지고 전진할 것이다. 이것은 한국의 국제적 이미지와 국가브랜드를 높이기 위한 활동이며 남북한의 평화통일과 한반도의 평화에 대한 국제적 지지를 넓히는 노력이 아니겠는가?

앞으로 우리가 키우려는 아시아태평양공동체가 소기의 목적을 달성할 수 있는지에 대해서는 대한민국의 행정부와 국회 그리고 언론매체의 관심과 지원에 달려 있다. 우리 정부의 대북 정책 역시 이런 방향으로 확대될 수 있길 바란다.

▪ 요점

'남북한이 화해하고 한반도 통일을 하는 데 왜 엉뚱한 소리를 하는가. 아시아태평양공동체가 무엇이기에 현재 있지도 않은 유령조직의 이야기를 하며 소란을 피워 사람의 마음을 헷갈리게 하느냐'고 말하는 사람도 없지 않을 것 같다.

여기서 필자는 해명을 하겠다. 아시아태평양공동체는 현재는 없으나 조만간 생겨나야만 한다. 또 이런 단체는 앞으로 무수히 많아져야 한다. 현재 우리의 힘은 보잘 것 없으나 그 힘은 점차 확대될 것이며, 지속적인 노력으로 국내외에서 세계평화와 남북통일의 꿈에 다가갈 것이다.

이 기구는 국제적인 보시와 나눔 공동체이다. 복짓기 공동체이며 평화조성 공동체이다. 지난 67년간 아무리 애쓰고 온갖 노력을 해도 성공하지 못했던 남북화해와 협력활동은 아시아태평양공동체의 출현으로 활성화될 것이다.

3장

박근혜 정부의 통일대박론과 통일비용

2015년 1월 15일

1. 박근혜 정부의 통일대박론, 어떻게 볼 것인가?

박근혜 정부는 2014년 초부터 '통일대박'이라는 용어를 만들어 우리 국민의 큰 관심과 호응을 얻었다. 대통령으로서 국민들에게 한반도 통일에 대한 관심을 일깨우며 열의를 갖도록 하려고 '대박'이란 속어를 넣은 것은 매우 잘한 일이며 높게 평가받을 만한 일이라고 생각했다. 정말 멀지 않은 시기에 통일이 될 것이며 그것은 나라에 대박을 가져올 것이라는 희망을 불어넣어 준 것이기에 차후의 성공 여부와는 관계없이 이미 절반의 성공은 거둔 것이라고 볼 수도 있겠다. 이 문제와 관련하여 몇 가지 문제를 제기하고 그에 대한 필자의 생각을 정리하고자 한다.

첫째, 박근혜 대통령이 취임하자마자 1년 만에 '통일대박론'을 발설한 동기가 무엇인가 하는 문제이다. 다음에 기술하는 필자의 소견이 정확하다고 장담하는 것은 아니지만 다음과 같은 해석이 가능하다. 박근혜 대통령은 제 18대 대통령선거에서 승리하기 위해 복지공약을 마구 남발하였다. 그러나 한국의 경제형편으로 보아서 그 공약의 실천 전망이 밝지 못하니까 '통일대박론'을 내세운 것은 아닌가 하는 생각을 해보았다.

둘째, 통일대박은 과연 실현가능한 것인지 고려해 보아야 한다. 셋째, 통일대박의 성공 여부와 밀접하게 연관될 통일비용론의 문제도 고려해 볼 일이다. 넷째, 실제 통일이 대박이 아니라 쪽박이라는 결과가 나올 수 있는 일이므로 그에 대한 대책도 생각해 보지 않을 수 없다. 다섯째, 통일대박론의 성공과 실패를 좌지우지하며 영향을 미칠 수 있는 여러 가지 요인과 결론의 순서에 관하여 소견을 개진하겠다.

1) 통일대박론이 나오게 된 동기

필자가 박근혜 대통령의 마음속에 들어갔다 나온 것은 아니므로 순전히 필자의 억측과 짐작을 말하는 수밖에 없다. 그러나 박근혜 대통령도 대통령선거에서 승리하기 위하여 마구 쏟아낸 공약사항을 모두 실천할 수 있다고 생각하지는 않았을 것이다. 아무리 국민에 대한 약속이라도 현재 한국의 경제형편으로 보아서 복지공약의 이행이 어려울 것을 예상하여 국민들의 불만을 희석하고자 통일대박론을 발설한 것은 아닌가 하는 생각도 해본다.

다행히 한반도 통일의 전망은 그 어느 때보다 밝다고 하겠다. 그렇게 생각할 수 있는 이유 중의 하나는 북한 정권이 주변국의 반대를 무릅쓰고 핵무기를 개발하였으며, 그 폭탄을 운송할 대륙간탄도미사일을 개발하여 마구 실험하고 있는 데 대하여 전 세계가 우려하고 있으며 북한의 보호국인 중국 또한 매우 불안해하고 있기 때문이다. 결과적으로 북한의 망동을 견제해야 한다는 여론이 들끓은 것이다.

게다가 중국의 시진핑 국가주석과 박근혜 대통령의 친분이 매우 각별해 보인다. 중국에서는 박근혜 대통령이 남북통일을 주도하도록 하는 것이 안전할 것이라는 여론도 있는 모양이다. 또한 김정일의 사망 후 그의 절대권력을 젊은 김정은이 계승하여 북한 정권은 언제, 어떻게 될지 알 수 없으므로 모두가 불안한 상황이다. 이러한 이유로 남북한 통일의 전망이 과거 그 어느 때보다 밝아진 면이 없지 않은 것이다.

물론 한반도의 통일도 단시일 안에 이루어지기는 어려울 것이다. 그러나 그럴 가능성이 없지 않음을 국민 대중이 인정한다면 박근혜 대통령은 복지문제에서 잃은 점수를 통일전망으로 보충할 수 있겠다는 심산(心算)으로 통일대박론을 터뜨린 것일 수도 있다.

현재 북한은 핵무기 제조나 미사일 실험 등으로 전 세계에서 인심을 잃고 있다. 이에 중국 정부가 말썽꾸러기 북한을 내치고 한국 주도의 통일을 도와준다면 한반도의 통일은 가능해질 것이며 박근혜 대통령은 통일한국의 첫 통일대통령이 될 것이다.

2) 통일대박론이 과연 실현가능한 일인가?

이런 문제도 제기될 수 있다. 그러나 평화통일이 이루어지는 한편에 북한 집권자가 핵무기 사용을 자제한다면 통일대박론은 충분히 가능한 일인 것 같다. 통일이 되면 한국 경제는 활성화될 전망도 높다. 전쟁위협이 사라지면 외국도 안심하고 남북한에 투자할 수 있지 않겠는가? 북한의 풍부한 지하자원은 얼마든지 개발될 수 있으니 남북한의 경제는 호전될 수밖에 없는 것이 아닌가?

이렇게 되면 한국은 '경제대박'에 그치지 않고 '국운대박'으로 날아오를 수도 있을 것이다. 그러나 이런 희망사항이나 밝은 전망이 실제로 현실화될 수 있을 것인지 그것이 문제이다. 가능성이란 것이 모두 현실화되는 것은 아니기 때문이다. 동양의 인과응보론의 입장에서 본다면 인생의 가능성이 현실화된다는 것은 과거에 지은 죄업이 깨끗이 지워져야만 가능하다. 그런데 인간은 늘 죄를 지으면서 살아가는 존재이므로 과거의 죄업을 모조리 씻는다는 것은 쉬운 일이 아닐 것이다.

탐진치 3독을 일상적으로 몸에 달고 사는 중생들은 그에 상응하는 벌을 받지 않고 살아나기 어려운 일이다. 통일대박론이 가능성에 머문 채 실제로 현실화되기 어려운 이유가 여기에 있다. 통일이 대박이 될 수 없는 이유 중의 하나는 한국인이나 세계시민들이 과연 그러한 복덕을 누릴 수 있을 만큼 선덕을 쌓았는가 하는 것이다.

3) 통일비용의 문제

또한 통일대박을 누리기에 앞서 통일비용의 문제도 생각하지 않을 수 없다. 모든 일에는 그 대가가 있는 것인데 통일을 기도하다가 일이 잘못되기라도 하면 통일쪽박으로 굴러 떨어질 수도 있기 때문이다. 통일이 되더라도 공산통일이 되고 만다면 그것은 통일망국으로 이어질 수도 있는 것이다.

최근 러시아 · 중국 · 한국이 두만강유역개발계획을 가지고 협의 중이라고 한다. 그곳에 다국적기업지역을 설치하겠다는 것이다. 이것은 매우 훌륭한 구상임에 틀림없다. 그러나 만일 북한이 남북한이 출자할 비용을 모두 한국 정부에 뒤집어씌운다면 어떻게 할 것인가? 물론 한국 정부는 가능하다면 기꺼이 그 비용을 부담하려고 할 것이다. 그러나 현재 600조 정도 혹은 그 이상의 국가채무를 안고 있는 한국 정부가 그 많은 재원을 어떻게 마련할 수 있을까?

4) 통일비용론

이 세상을 살아가려면 누구든 지출해야 할 비용이 적지 않다. 좋은 세상에서 부유하게 살려고 할수록 더 많은 비용지출은 불가피하다. 지구상에는 1년 생활비로 1만 달러를 쓰는 사람이 있는가 하면 겨우 몇백 달러로 살아가는 사람도 있다. 통일비용은 도덕수준이 낮은 사람들일수록 더 많이 쓰게 될 것이다. 그러므로 비용문제로 여기저기서 많은 갈등이 빚어진다면 나라는 소란스러워질 수밖에 없다.

통일비용의 내용은 흔히 사회보장비, 사회간접자본 정비비, 기업근대화 재건비, 북한의 외채 상환비 등으로 나누어진다. 인터넷 검색으로 알아보니 3년 전쯤 현대경제연구원에서는 남북한의 통일비용으로 10년간 약 188조 원, 성균관대 안종범 교수의 연구에서는 10년간 734~2,757조 원, 미래기획위원회에서는 30년간 2,568조 원 정도가 필요할 것으로 추정했다. 최근에는 신제윤 금융위원장이 20년간 필요한 통일비용은 550조 원이라고 발표했다.[11]

그리고 덧붙여 고려해야 할 것은 북한이 과연 통일비용을 내려고 할

11 신제윤(2014. 11. 19), "한반도 통일과 금융 컨퍼런스" 발표내용. http://media.daum.net/economic/finance/newsview?newsid=20141118170107950

것인가 하는 문제이다. 경우에 따라서는 모든 복지비용을 한국에게 부담하게 하고 그들은 한 푼도 내지 않은 채 주인행세만 하려고 하지는 않을까? 북한은 핵문제로 막대한 돈을 썼기 때문에 한반도 통일을 위해서는 쓸 돈이 없다고 나올 경우도 생각해야 한다. "그런 것은 썩은 남조선이 책임뎌야디. 우리는 핵문제로 써야 할 돈도 모자란 처지라. 그러니 우리에게 돈 내라 마라 말하디 말라우."

북한 공산주의자들은 본래 우악한 소리만 할 뿐 경우를 가릴 줄 아는 사람들이 아니다. 본래 산적이나 비적 짓을 하다가 잔뼈가 굵어진 자, 그런 기질을 가진 사람들의 후예이므로 정상적으로 의사소통을 하는 것이 쉽지 않다. 그러므로 그런 경우에도 대비해야 할 것이다.

통계청 자료에 나와 있는 2014년도 국가채무는 527조 원이다. 여기에 또 매년 엄청난 액수의 통일비용이 가산되어야 할 처지이다. 물론 통일전망이 밝아지면 외부 지원금이나 투자도 적지 않게 들어오게 될 것이다. 그러나 나가는 돈이 들어오는 돈보다 훨씬 많을 것이다. 그렇게 되면 통일은 대박이 될 가능성보다는 자칫 쪽박이 될 가능성도 없지 않을 것이니 그런 경우에 대해서도 대비해야 하지 않겠는가?

물론 장기적으로 보면 통일대박이 될 수도 있겠으나 단기적으로는 통일쪽박이 될 가능성이 더 농후함을 알아야 한다. 그러나 이런 문제는 정부가 앞으로 그 완급만 잘 조절한다면 큰 문제는 되지 않을 것도 같다. 그러므로 통일을 보류하자는 말은 하지 말아야 한다.

2. 새 지역공동체의 부지선정과 관련된 이야기

최근 신문보도에 의하면 북한 두만강 접경에 북한, 러시아, 중국의 다국적 국제도시를 건설하자는 말이 나와 한국의 대통령직속 국가건축정책위원회가 바쁘게 움직이고 있다고 한다. 그리고 그 다국적 국제도시위원회(위원장 김석철)에 의하면 두만강 다국적 도시의 개발주도권을 차지하기 위해 몇 년 전부터 북한, 러시아, 중국이 치열한 물밑 각축전을 벌여 왔다는 것이다. 듣자니 매우 반가운 희소식이다.

여기에 대한민국은 물론 일본, 베트남, 오스트레일리아, 뉴질랜드, 미국, 캐나다, 멕시코 등 아시아태평양 국가들이 참여하게 된다면 더욱 빛이 날 구상이다. 그리고 이 국제도시를 아시아태평양공동체의 중심부로 키우면 그 성공은 더욱 빛이 날 것이 아닌가?

그러나 여기서 또 새롭게 발생하는 문제가 있다. 각국이 부담하는 비용인데, 북한이 모든 비용을 한국에게 부담하며, 자신은 한반도의 주인 행세를 하려는 나쁜 버릇을 되풀이한다면 이 문제를 어떻게 처리해야 하느냐는 것이다. 이렇게 되면 남북한의 통일은 축복이 되기보다는 재앙이 되는 것은 아닌지? 이런 것을 가지고 통일대박이라고 말할 수 있는 것인가?

3. 당사자 간의 분쟁은 제 3자에게 위임, 처리되어야 하는 것

필자가 아는 어느 집안 이야기를 꺼내 보겠다. 본가에는 양순한 장남만 있고 그 아래 자매들이 있었다. 이웃에 작은 부인의 가족이 살았는데 그 집에는 배다른 건장한 남자형제가 있었다. 그들은 마을에서 깡패로 알려진 자들이었고 걸핏하면 본가에 쳐들어와 집기를 부수며 주먹을 휘두르는 나쁜 습관을 보였다.

그래서 큰집의 장남은 마을 동리 어른인 이장 노인에게 집안의 일과 재산처리를 일임하였다. 그 노인이 이 집의 일을 공정하게 처리하니까 성미 사나운 이복동생들도 그 이장 노인의 결정에 무조건 승복하지 않을 수 없어, 결국 그 두 가정에 평화가 유지되는 사례를 보았다. 도리의 중론을 등에 업은 이장을 화나게 하면 작은 부인의 가족은 동리에서 살 수 없게 되니 평화가 유지된 것이다. 필자가 주장하는 지역공동체는 바로 그 이장 노릇을 하는 국제기구인 것이다.

북한의 통치권자는 한국 정부에 행패를 부릴 수는 있어도 지역공동체의 권위에는 도전하지 못할 것이다. 위의 사례에 빗대어 본다면 현재 미국, 중국, 일본 등은 마을 주민일 수 있다. 개별적으로는 유력자이지만 그중에서 선출된 이장에게는 아무런 압력을 행사하지 못한다. 필자가 남북한의 통일문제를 그 마을의 여론과 이장에게 협의하고 결정하는 권한을 중요시하는 이유가 여기에 있는 것이다.

중도 제 머리는 못 깎는다고 했다. 한반도의 남북통일문제는 남북 당사자나 주변국에 의존해 해결하려고 하기보다는 지역국가공동체에게 맡기는 것이 더 좋을 것이라고 말하는 취지가 여기에 있다.

▪ 요점

박근혜 대통령은 국민복지와 국토통일의 두 가지 문제에 대해서는 대단한 의욕을 가졌다. 그의 아버지인 박정희 대통령은 대한민국의 안전보장과 경제성장을 위하여 위대한 치적을 올렸으나 국민복지와 국토통일의 과업에는 미처 손을 쓸 수 없었다.

그의 아버지가 이룩하지 못한 국가과업을 자신의 손으로 이루어 보려는 박근혜 대통령의 강력한 의지와 집념에는 이해가 간다. 그는 취임한 지 1년 만에 통일대박론을 발설하였다. 이것은 국민들에게 통일에 대한 강력한 의지를 가지고 정부의 시책에 적극적으로 협조하도록 독려하기 위한 것이었을 것이다. 그러나 그의 대박 발언은 어디까지나 희망사항이지 실제적인 성과라고 볼 수는 없는 것이다.

남북한의 통일은 오랜 과정을 통해 추진될 것인데 짧지 않은 통일과정의 후반부에 가서야 통일의 소득과 이익이 대박처럼 드러날 수 있겠지만 통일과정의 초반이나 중반기에는 대박을 기대할 수 없을 것 같다. 현재 한국의 국가채무는 수백조 단위인데 여기에 통일비용까지 가산된다면 그에 따르는 정치적, 경제적 부담은 엄청날 것 같아서 염려된다.

필자는 남북한의 통일문제는 남북한 정부대표의 만남이나 6자회담을 통해 논의되기보다는 아시아태평양공동체와 같은 지역협의기구를 창설하여 이 기구를 통해 일괄적으로 처리하는 것이 확실하다고 주장한다. 그래서 지역공동체를 만드는 일에 더 많은 관심과 노력을 기울일 것을 주장해 왔다.

4장

평화통일로 가는 제3의 길: 통일대박론이 현실화되려면

2014년 한국국제정치학회 춘계학술대회 발표논문

한민족은 오랜 역사를 통하여 단일민족으로 지내온 민족이다. 단군조선・기씨조선・위만조선시대의 역사는 사료가 남아 있지 않기에 종족들의 생활상을 자세히 알 수 없다 할지라도 삼국시대, 통일신라, 고려시대, 그리고 조선시대를 통하여 한국인들이 비교적 단일민족국가를 유지해 왔다는 데 큰 이론은 없어 보인다.

일제식민통치를 거쳐 민족의식은 고도로 강화되었다. 그러나 해방이후 한반도는 둘로 갈라졌고, 남북이 서로 반목하며 적대해 온 지 벌써 70년이 되어 간다. 한민족 생활에 이질적인 힘이나 사상이 작용하였지만 이러한 분열과 내분의 기간을 통해서 한민족의 정체성은 더욱 여물어 왔다.

물론 여러 종족 간의 문화교류가 폭증하는 현시점에 와서 한민족만의 순결성을 유지하는 일은 불가능하다. 그렇다 하더라도 남북한이 자유민주주의 체제와 공산주의 체제로 너무 오래 분단된 데 기인한 이질화는 누가 보아도 바람직한 일이 아니며 그냥 두고 볼 수 없는 비극이 아닐 수 없다.

그렇다면 남북한의 분단과 이질화를 유발한 원인은 무엇일까? 첫째, 미소 양 진영 간의 대립과 그들의 영향력 때문이다. 둘째, 자유민주주의를 받드는 정치 세력, 사회주의·공산주의를 추종하는 세력 간의 사상대립, 그리고 문화적 이질성 때문이다. 이 글에서 한반도의 분열과 대립의 원인을 찾기 위해 한반도가 반공국가와 공산국가로 분열하게 되는 원인과 과정을 살펴보았다. 또 남북한의 두 정권이 어떠한 방법으로 한반도를 다시 통일국가로 통합하려고 노력해 왔는지 그 과정과 통일방안도 비교해 보자.

한반도가 다시 통합되려면 첫째, 사상적·문화적 화해와 통합이 우선되어야 한다. 만일 완전한 통합이 어려운 경우에는 상호 양해하거나 최소한 양립공존이라도 할 수 있는 사상과 철학을 개발해야 한다. 둘째, 남북한 주민들 상호 간에 서로 포용하고 협력할 수 있는 정치사상, 도덕철학 및 감정이 생겨야 하고 이를 남북한 주민들에게 널리 확산시켜야 한다. 고답적인 철학사상이나 수준 높은 도덕감정은 소수 지식인 외에 일반 국민의 관심과 흥미를 끌기는 어려울 것이기 때문이다. 그래도 다수 국민이 그러한 국민운동에 참여하거나 협력하는 분위기는 조성되어야 하는 것이 아닐까?

셋째, 남북한 정권이 그동안 남북통일을 주도하려고 매우 노력했지만 그러한 열정과 노력이 도리어 역효과를 낳아 분단의 고착화를 더 굳히는 결과를 가져온 것이다. 남북한 정부가 남북통일문제에 더 열을 올릴수록 상대 정부는 더욱 긴장하여 상대방의 통일기도를 박살내고자 안간힘을 썼던 것이 아닌가? 그 이유는 상대 정권이 통일과업에 열을 올릴수록 필경 자국을 멸망케 하려는 수작으로 보였기 때문이다.

이런 사실을 감안하여 상대방을 흡수통일하려고 하지 말라. 상대방과의 평화를 증진하며 더욱 편안하고 즐겁게 평화통일을 이룰 수 있도록 계속 노력하자. 그러면 상대국은 더욱 친근한 벗이 될 것인즉, 그러면 통합을 환영하게 될 것이 아닌가? 이것이 필자가 말하는 평화통일로의 제 3의 길인 것이다.

글을 쓰다 보니 길어지는 경향을 반성하게 되었다. 그래서 필자는 독자에게 2절 "남북한 정부의 평화통일 노력과 그 변천과정"을 건너뛰기를 권장하겠다. 글이 길면 독자에게 많은 부담을 주는 것인데 체제상 마지못해 쓰지 않을 수 없었던 부분이니 구애받지 말기를 바란다.

1. 한반도 분단의 원인과 과정

남북한의 분열과 대립에는 미국과 소련의 대립이라는 국제정치적인 요인과 공산주의사상의 전파라는 요인이 작용하였다고 보아야 할 것이다.

1) 국제정치적 요인

일본과 미영연합국 간의 태평양전쟁이 막바지에 이르렀을 때 미군은 일본열도로 상륙하는 데 앞서 큰 고민에 빠졌다. 미군은 뉴기니를 비롯하여 태평양의 여러 섬을 공격할 때는 우세한 공군과 해군의 화력으로 열도를 초토화한 다음, 하나씩 점령할 수 있었다. 그러나 일본열도로 상륙하면 근 1억에 달하는 수많은 일본 국민과 직접 부딪치게 된다. 미군은 일본 국민이 잔나비처럼 왜소한 체격을 가졌어도 국가와 천황을 위해서는 목숨을 초개와 같이 버리며 싸울 사나운 인간들로 보았기에 정신적으로 크게 겁을 먹고 있었다.

그래서 고안해 낸 것이 소련을 대일전쟁으로 끌어들이자는 구상이었다. 당시 소련은 일본과 부전동맹을 맺고 있는 관계였지만 한반도의 일부를 차지하도록 도와주겠다는 약속을 하면 될 것이라는 계산을 했던 것 같다. 본래부터 소련은 국제적인 신의를 걱정하는 나라가 아니었기에 미국의 제안을 받아들여 일본공략에 동참하게 된 것이다.

미군은 일본 본토에 상륙하기에 앞서, 원자탄을 히로시마와 나가사키에 투하하였다. 원자탄의 가공할 만한 위력을 일본 국민에게 보여 주었기에 일본은 거의 전의를 상실한 상태였으므로 소련의 참전은 전혀 불필요했다. 그럼에도 소련은 1945년 8월 8일 일본에 선전포고를 하자마자 조만 국경을 뚫고 침공했다. 결과적으로 소련은 종전 일주일 전의 대일선전포고와 군사침공으로 38선 이북의 영토를 차지할 수 있었다.

1945년 8월 15일 미국에 대한 일본의 무조건 항복으로 한국은 일본으로부터 해방될 수 있었다. 그러나 한반도 국토의 관할권은 미소 두 강대국의 손에 나뉘어져 있었으므로 한반도는 미국과 소련에 의하여 분할 점령되고 말았다. 결국 한반도는 미소 양국대립의 최전방이며 양국의 전초기지로 변하게 된 것이다.[12]

12 양동안(1998), 《대한민국 건국사》, 11~49쪽, 이승만박사념사업회 편; 한국사회연구회(1988), 《한국 현대사의 전개》, 탐구당; 김운태(2002), 《美軍政의 한국통치》, 91~116쪽, 박영사; 고정민(1987), 《해방정국의 증언-어느 혁명가의 수기》, 11~38쪽, 사계절.

2) 문화적 · 사상적 대립요인

남북한이 미국과 소련에 의하여 분할 점거되자 그 두 체제의 정치 이념과 사회문화는 지배보호국의 체제유형을 따르게 되면서 자연 이질화의 길로 들어서게 되었다. 결과적으로 남북한은 각각 두 국가의 사상과 문화를 받아들일 수밖에 없었고 그 두 국가에 추종하는 사람들만이 지배계층으로 충원될 수 있었다.

우선 북한의 경우를 보면 소련군 사령부와 그 정치장교들이 신임할 수 있는 공산주의자들만이 지배계층으로 충원되었다. 반면에 공산주의를 신봉하지 않고, 조직활동에 가담하지 않는 사람들은 아무리 국민대중의 지지와 존경을 받는다 할지라도 반동분자로 분류되어 투옥되거나 숙청되었다.[13]

남한의 경우를 말한다면 친미주의자가 아니라도 권력층에 들어갈 수 있었다. 국민 대중의 지지를 받는 사람이라면 야당이나 저항 세력의 지도자는 될 수 있었고 정부권력의 핵심자리에 들지 못하더라도 정부권력을 반대하는 저항 세력으로 행세할 수 있었기 때문이다.

여기서 우리는 해방 직후 한국 사회의 정치 세력 분포에 관하여 언급하지 않을 수 없다.[14] 일제 치하의 한국 사회는 상류층, 중산층, 하류 빈민층 등으로 분류될 수 있었다. 일제 치하에서 상류층은 대지주나 권문세도가를 포함하였으나 수적으로는 매우 적었다. 그들은 높은 사회

---

13 서희경(2004), "한국제헌국회의 정치 세력형성에 관한 연구", 《한국 정치외교사논총》, 26(1): 351~387쪽, 한국 정치외교사학회 편; 김운태(1998), 《일본 제국주의의 한국통치》, 641~644쪽, 박영사.

14 임종국(1991), 《실록 친일파》, 돌베개.

적 지위와 특권을 유지하자니 일본의 통치권력과 상부상조하는 관계를 유지해야 했다.

다음으로 중산층에는 어떤 사람들이 포함되어 있었을까? 일본 총독부의 신임과 보호를 받는 사람들이 있었던가 하면 일제 당국에 접근하지는 않으면서도 가족의 안전과 자신의 일에만 충실히 봉사하며 신임을 유지한 사람들도 있었다. 이들도 내심으로는 한민족의 독립을 원하였지만 당시의 국내외 사정으로 보아서 그것이 불가능함을 알고 일제 통치에 협력하는 시늉을 하며 살았던 것이다.

특히 중산층 중에서 젊은 세대, 즉 기예한 젊은 세대나 인문사회과학을 공부한 식자층은 사회주의나 공산주의에 대한 관심이나 우호감정이 큰 편이었다. 그들은 일본 정부의 정치노선이 제국주의임을 식별하며 반제민족해방투쟁노선을 주장하는 공산주의사상에 호감을 갖거나 동조하였다.[15] 그들은 특히 마르크스-레닌주의사상에 매료되어 그 영향을 받아들였다. 더구나 약소민족의 반제국주의 투쟁에 동조하는 지식인 유형들이 남한 공산주의운동의 주류를 이루게 된 것이다.[16]

공산주의자는 물론 좌파 세력들은 일제 치하에서 저항운동이나 반일 독립운동에 가담하지 않은 사람들을 친일 세력으로 내몰 전략전술을 추종하였다. 그러나 객관적으로 말한다면 조선 사람들 중 의식 있는 사람들 대부분은 독립을 원했지만 당시에는 독립의 가능성이 전혀 보이지 않았음을 알고 있었다. 그래서 자신과 가족들의 안전과 이익을 유지

15 한기식(1969), "아시아에 있어서의 공산주의의 매력", 《아시아연구》, 고려대 아시아문제연구소.

16 한재덕(1963), 《북한총람》, 공산권문제연구소; 김남식(1984), 《남로당연구》, 돌베개.

하려다 보니 자연 일본총독부 통치에 순종하는 척이라도 하지 않을 수 없었던 것이다.

물론 그런 사람들이 도덕적으로 높은 수준은 아니었던 것은 사실이지만 보통 사람들이 갖는 자기보호의 본능을 부도덕한 행위로 책망하는 것은 지나친 처사라고 보아야 하지 않을까? 표면상 일제권력에 반항하지 않고 순종하는 척을 했다고 해도 그들이 진정 친일행위를 하고 싶어 그리 한 것은 아니기 때문이다. 예를 들어 1919년 3·1 운동 당시 거리에서 '조선독립만세'를 외치던 사람들이 누구였던가? 1945년 8월 15일 일본이 연합군에 무조건 항복의 뜻을 밝히자 거리로 쏟아져 나와 '조선독립만세'를 외친 사람들, 그 민중들은 공산주의자는 물론 그 동조자도 아니었다. 그저 그 많던 보통 조선 사람이었을 뿐이다. 필자는 그들이 선량한 사람의 전형이 아닌가 생각한다.

그럼에도 공산주의자들은 공산주의운동에 가담하거나 동조하지 않았던 사람들을 모두 친일파, 민족반역자라고 매도하려고 한다. 이것은 잘못된 사고방법이 아닐까? 일제 치하에 살아야 했던 조선 사람들이 좋아서 그리 했단 말인가? 그들을 일제 치하로 밀어 넣은 사람들은 누구였던가? 조선조 말기 통치계층의 부도덕성과 비교한다면 그들이 비난받아야 할 근거는 매우 적다. 그렇다면 독립운동가처럼 반일투쟁에 동조하지 않았다는 이유로 친일 세력으로 내모는 것은 좌파 세력이 정치권력을 독점하려는 의도에서 나온 책략일 뿐이다.

어찌 되었던 한국 국민의 정치의식은 좌우파로 갈라졌으며 사사건건 대립하게 되었다. 이것은 이론적으로나 도덕적으로나 올바른 태도라고 보기 어렵다. 크게 본다면 젊은 세대는 좌익사상에 동조하는 경향을 보였지만 연로 세대는 보수우익의 주장에 순응하는 편이다.

좌파 세력의 입장에서 보면 마땅히 승리해야 할 좌파노선이 미국과 일본의 보수우익 세력의 간계와 공작으로 진보좌파의 승리를 도둑맞았다고 생각하였을지 모른다. 이런 심성이 진보좌파의 스트레스와 노여움을 반영하는 것이었음을 모르는 바가 아니다.[17]

3) 한국의 좌우대립이 지속되어 온 역사적인 요인

한반도의 분단은 한국전쟁으로 인하여 더욱 극단화되었다. 1948년 출범한 이승만 정권 초기의 민주정치는 경험부족과 행정적인 무능력으로 국민의 신뢰와 지지를 받지 못하였다. 1950년의 제 2대 국회의원선거에서 크게 패한 것도 이 때문이었고, 그러한 상태가 계속되어 국정파탄과 여당 세력의 패배는 거의 예견된 상황이었다. 또한 헌정파탄이 이런 상태로 계속되는 경우에는 야당이나 저항 세력의 집권은 어렵지 않게 예견될 수도 있는 상황이었다.[18]

그럼에도 좌경 세력의 판단착오로 인해 순조로운 정권장악의 기회는 계속 무산되었다. 1950년 6월 25일 북한군은 돌연 기습남침하여 6월 28일 서울을 점령하였다. 그러나 이것이 이승만 정권을 실정책임으로부터 구출해 준 격이었다. 또 공산군의 공격과 만행으로 인해 이승만 정권의 무능과 독재는 가려질 수 있었다. 뿐만 아니라 한국에서 철수했던 미군이 다시 상륙하여 한국전쟁에 개입하고, 더구나 UN 산하 15개국의 군대를 대동하여 들어와 남한 정권을 지켜 주는 결과를 가져왔다.

---

17 이영희 외(1984), 1984, "轉換期의 論理", 《현실인식의 논리》, 사계절.

18 송남헌(1975), 《해방30년사: 제 1권》, 성문각. 제 2대 국회의원선거에서 야당의 압승이 그 증거이다.

북한군은 100만 중공군의 도움을 받아 힘겹게 북한지역을 되찾을 수 있었지만 북한의 영토는 미 공군의 폭격으로 완전히 파괴되어 폐허가 되었으니 북한 공산주의는 크게 벌을 받은 꼴이다. 대한민국은 그 후 반공태세를 강화하였고 그 결과 근대화 · 산업화 정책이 추진되었다. 그로 인하여 남한의 공산화는 영원히 불가능한 상태가 되었을 뿐만 아니라 대한민국이 북한지역과 주민을 흡수통일할 전망마저도 생겨난 것이다.

2. 남북한 정부의 평화통일 노력과 그 변천과정

이 주제를 다루려고 하니 그 길이로 인해 본론의 초점이 흐려질 것 같으므로 몇 가지 요점만 선택하여 집중적으로 논의하고자 한다.

1) 북한의 조선혁명 3대 역량과 대남공작의 세 가지 방법

1953년 7월 28일 남북한의 정전협정이 체결되면서 무력에 의한 한반도 통일방안은 일단 종지부를 찍게 되었다. 그 대신 남조선의 적화통일을 위한 새로운 접근법이 열리기 시작했는데, 여기서 우리가 주목해야 하는 것은 조선혁명의 3대 역량이다.

북한이 주장하는 '조선혁명의 3대 역량론'을 요약하면, 3대 혁명역량이란 첫째, 북조선의 혁명역량, 둘째, 남한에 있어서의 혁명역량, 그리고 셋째, 국제적 혁명역량을 말한다. 말인즉 북조선은 조선혁명 기지이다. 조선혁명이 성공하려면 그 혁명의 모체가 되는 정치공작의 기지를 완벽하게 꾸리는 사업이 선행되어야 한다. 그리고 남조선혁명을 성공적으로 추진하려면 남조선의 혁명역량을 키워야 한다. 그러기 위해서 남조선에 혁명기지가 강화되어야 하며 최대한으로 그 기간요원들을 훈련시켜야 한다. 마지막으로 국제사회에 조선혁명에 동조하고 협력하는 세력 또한 키워야 한다.[19]

북한의 대남공작에는 크게 세 가지 유형이 있는 것 같다. 첫째는 북한 정권에 의한 홍보선전과 대남심리전 공작이다. 둘째는 소규모 무력집단에 의한 남한침투와 파괴교란 활동이다. 셋째는 남조선에서 혁명활동을 계획하고 추진할 혁명조직의 양성과 훈련이다. 이것은 남조선혁명의 지하당 구축과 관련된 것이다. 그 외에 남한의 반정부활동을 지원하고 반공 체제를 무너뜨리는 공작과 남한 정부요인에 대한 암살이나 개인적 테러활동 등을 포함한다.

2) 1972년의 남북공동성명

1972년 7월 4일의 남북공동성명은 1953년의 휴전협정 이후 계속되었던 남북 간의 오랜 폭력대결과 사상전, 신경전 끝에 최초로 만들어진 남북합의문서라는 점에서 중요한 역사적 의의를 가진다. 남북 쌍방이 합의한 조국통일 3대 원칙은 북한의 대남공작과 남북대화 자세를 정확하게 이해하는 데 도움이 된 매우 중요한 문서이다.

1972년의 남북공동성명은 세 가지 중요한 원칙을 제시하였다. 첫 번째, 자주통일의 원칙으로 통일은 외세에 의존하거나 간섭을 받음이 없

19 송건호(1984), "해방의 민족사적 인식", 이영희 외(편), 《현실인식의 논리》, 279~291쪽, 사계절.

이 자주적으로 이루어져야 한다. 두 번째, 평화통일의 원칙으로 무력에 의존함이 없이 평화적으로 달성되어야 한다. 세 번째, 민족적 단결의 원칙으로 사상과 이념, 제도의 상이함에 구애받지 않고 단결할 일이다.

이러한 문서에 합의한 다음 남북조절위원회를 구성하며 남북적십자회담이 열렸다. 그럼에도 얼마 지나지 않아 교착상태에 빠져 중지된 이유는 무엇인가?

평화통일 3대 원칙이라고 내세운 말의 뜻을 깊이 살펴보자. 첫째, 자주적 해결의 원칙은 남북한의 통일에 미국이나 UN을 끌어들이지 말라는 뜻이다. 둘째, 평화적 해결의 원칙은 북한에게 무력이나 폭력을 사용하지 말라는 뜻이다. 북한은 필요에 따라서 폭력을 사용할 수도 있지만 남한은 절대로 그리해서는 안 된다는 뜻을 담고 있다. 셋째, 민족대단결의 원칙은 공산주의자들이 주장하거나 요구하는 것이면 무조건 받아들이라는 뜻이다.

공산주의자 또는 용공좌파 세력의 말을 객관적으로 검토해 보자. 첫째, 마르크스-레닌주의사상을 따라야만 자주적인 사상이고 행동인가? 둘째, 공산주의자들은 언제나 폭력혁명을 주장하며 어디서나 폭력수단을 즐겨 사용하면서도 입을 벌리면 늘 평화주의의 해결방법을 강조하는 것은 그들 언행의 상습적 기만성을 증명하는 것이다. 셋째, 공산주의에 동조하고 협력하는 것은 민족대단결을 뜻하는 것이나 공산주의자들 주장에 반대하는 것은 대단결에 거역하는 분열주의라고 몰아붙인다.

공산주의자와는 대화도 하지 말자는 것은 아니다. 그러나 그들의 언행은 늘 표리가 부동하므로 전문가들의 분석과 조언을 들어가며 대응해야 한다. 아니면 그들의 상습적인 기만에 속아 낭패를 보기 십상이다.

3) 1980년대 북한 공산주의의 對南 정책과 工作

1979년 10월 26일 박정희 대통령이 그의 심복이었던 김재규 정보부장에게 시해당하는 사건이 일어났다. 북한 공산주의자들이 미워하던 유신독재 체제의 두목이 갑자기 시해되었으니 북한으로서는 얼마나 경사스러운 일이었겠는가? 그들은 남한에 파견한 모든 공작요원들과 용공·종북 세력에게 총공격을 지령하였을 것이다. 그래서 일어난 것이 1980년의 이른바 '서울의 봄' 공세였다.

대학가에서는 유신 체제의 권력에서 교수와 학생들을 박해했던 대학 행정과 교수들의 소탕작업이 벌어졌다. 재벌기업이나 공기업에서는 과격노조를 억압하던 회사간부에 대한 보복이 불을 뿜었다. 정가(政街)에서는 김종필이 민주공화당의 지지로 대통령 출마 준비를 시작하자 김영삼도 민주당과 언론계의 지지를 업고 대통령 출마를 준비하였다. 김대중은 평화민주당의 지지와 노동조합 및 운동권 학생들의 강력한 지지를 업고 대권경쟁에 뛰어들었으며 그의 추격은 눈에 띄게 활성화되었다.

1980년 7월 전두환을 정점으로 한 이른바 신군부는 비상계엄령의 전국 확대를 발표하였다. 그리고 위세를 강화하기 시작한 김대중을 체포, 투옥하였다. 여기서 광주지역의 시위와 대반란이 시작된다. 1980년 8월의 광주사태에 관해서는 두 가지 설이 대립한다. 하나는 신군부에 의한 비상계엄의 전국 확대와 김대중 체포에 항의하는 광주시민들의 저항반란이란 설이다. 다른 하나는 북한의 대남공작과 북한 특수군의 개입설이다.[20]

필자의 소견에 의하면 양자의 결합이라고 보는 것이 무난할 것 같다.

그렇게 보는 근거는 첫째, 북한이 박정희 대통령 시해로 인한 남한 내의 정치혼란을 앉아서 구경만 하고 있을 정권이 아니라는 점이다. 1960년의 4·19 혁명 당시 최고의 사회혼란이라는 호기회를 무위로 보낸 자신들의 실수를 후회하고 절치부심한 북한 공산주의자들이 이 절호의 기회를 손 놓고 구경만 할 정치 집단이 아니었기 때문이다.

그 후에도 남한 내에 공산혁명의 근거지를 만들기 위해 여러 차례에 걸쳐 간첩 집단을 남한에 투입하였다. 그 요원들의 체포소식이 신문 지상을 여러 번 떠들썩하게 만들었다. 그런 북한 공산주의자들이 어째서 박정희 시해와 유신 체제 붕괴로 인한 사회혼란을 좌시하면서 무위로 보내려 하겠는가?

남한 사회의 대혼란을 막기 위해 계엄령을 폈던 '신군부'의 조치에 대응하기 위해 남한을 민중의 봉기로 이용하려는 북한 공산주의자들의 대응조치가 없었을 리 없는 일이었다. 그들이 미리 북한 특수군 부대원들을 남파하여 광주일대에 잠복시켰다고 해도 전혀 놀라운 일이 아니다. 그와 동시에 광주를 중심으로 10개 도시에서 폭동이 일어날 것이라는 유언비어가 당시 서울에 퍼졌다. 더구나 북한 당국이 1980년의 5·18 광주사태를 자신들의 업적으로 자랑한다는 말을 필자는 탈북한 사람들로부터 들은 바 있다.

(1) 북한과 남한의 '연방제 통일' 구상

1980년에 열린 제6차 조선노동당대회는 남북연방제통일방안을 채택하였다. 남북연방제통일방안은 김일성이 1960년부터 주장하기 시작한

---

20 이철산(2012), 《김일성, 광주사태 북한군 남파명령》, 평화출판사.

통일구상이지만 1980년에 열린 제 6차 조선노동당대회에서는 김일성이 직접 이 통일방안을 정식으로 제안하였으며 북한 헌법에 기재하였다. 북한 당국은 공식적으로는 남북연방제통일방안을 내세우고 비공식적으로는 남한의 민중반란을 통하여 혁명정부를 세우려고 기도하였던 것 같다.

전두환 대통령도 북한의 제안에 대하여 어떠한 입장표명이라도 해야 했다. 그래서 고심 끝에 제시한 방안이 1979년의 한민족화합민주통일방안이었다.[21] 이 방안은 남북의 모든 이들에게 유익하며 바람직한 대북메시지를 담고 있었으나 북한이 그 제안을 받아들이기 위해서는 대한민국 정부를 인정하고 전두환 정권을 대화와 협력의 대상으로 받아들여야만 했다. 그러나 북한 공산주의자들이 이러한 제안을 받아들였을 리 만무했다.

(2) 한민족공동체통일방안과 북한의 남북연방제통일방안

여기서 북한과 한국의 대표적인 통일방안을 비교해 볼 필요가 있을 것 같다. 북한의 통일방안은 듣는 사람들의 마음을 누구나 사로잡을 수 있을 만큼 매력적일 뿐 아니라 고도의 설득력을 가지고 있다. 그러나 악마의 소리가 아무리 곱다 하더라도 그들의 의도는 남한의 적화통일이다. 그들의 제안에서 우리가 특별히 주목해야 할 부분은 그 통일방안에 부착되어 있는 전제조건이다.

한국 정부가 북한의 연방제통일방안을 받아들이려면 그에 앞서 남한의 국가보안법부터 폐지해야 한다. 그리고 주한미군이 철수해야 한다.

---

21 양영식(1997), 《통일 정책론: 이승만정부로부터 김영삼정부까지》, 193~200쪽, 박영사.

공산주의자로 체포되어 감옥에 있는 모든 죄수들도 석방해야 한다. 공산주의자들이 남한에서 마음껏 활동할 수 있는 자유로운 환경과 여건이 만들어져야 한다는 등 이렇게 꾸며진 전제조건은 마치 쥐덫에 놓인 맛있는 먹거리와 같은 것이다. 누구나 그것을 먹으려던 쥐처럼 그 덫에 걸려 죽게 되어 있는 것이다.

북한은 왜 대한민국을 못 받아들이는가? 북한은 대한민국과는 비교도 되지 못할 만큼 후진적이고 열악한 정권을 가지고 있다. 그들은 아무것도 없는 주제에 자존심만 강하다 보니 상호 대화가 되지 않는다. 북한은 이미 망하는 길로 들어선 지 오래된 체제이다. 중국의 보호와 지원으로 여태껏 버텨온 것이고 대한민국으로부터 받은 먹거리나 이득도 결코 적은 것이 아니다.

북한 주민 200만 또는 그 이상이 아사했던 어려운 여건 속에서 개발하였던 핵무기가 무슨 소용이 있으며 자랑이 될 수 있겠는가? 앞으로 남한 국민을 죽이는 데 사용할 것인지 아니면 남북한 주민들을 모두 죽이는 데 사용될 것인지 의문스럽다. 그동안 북한 정권은 거액의 돈을 들여 러시아의 실직한 핵물리학자, 미사일 전문가들을 모아 핵무기와 탄도미사일을 개발하는 데 탕진한 것 아닌가?

1989년 9월 11일 노태우 대통령은 국회연설에서 한민족공동체통일방안이라는 이름의 새로운 대북제안을 발표하였다.[22] 1990년 9월에는 남북고위급회담이 열렸으며 1992년 2월 19일 평양에서 남북기본합의서와 한반도 비핵화 공동선언이 발표되었다. 1988년 서울올림픽의 성공으로 한국 정부가 큰 자신감을 가지고 북한에 접근할 수 있게 되었다.

22 양영식(1997), 《통일 정책론: 이승만정부로부터 김영삼정부까지》, 264~286쪽, 박영사.

북한이 내세운 남북연방체통일방안을 의식하면서도 그에 맞서는 자세를 가지고 제안한 것이 한민족공동체통일방안이다. 노태우 대통령 시대의 통일방안이지만 필자는 이 제안이 앞으로 대한민국이 내놓아도 좋을 통일방안이라고 생각한다.

이 제안에 대하여 말하자면 노태우 대통령은 통일과정을 화해 협력 단계, 남북연합 단계, 통일국가 완성의 단계로 나누었다. 북한의 연방제통일방안과 비교한다면 한국의 공동체통일방안이 훨씬 더 현실적이며 구체적인 제안이었다고 평가할 수 있다.

1998년 대한민국 제15대 대통령 자리에 오른 김대중 대통령은 2000년 평양을 방문하여 김정일 위원장과 발표한 6·15 남북공동성명에서 다음과 같이 합의하였다.

"남측의 연합제안과 북측의 낮은 단계 연방제안이 서로 공통성이 있다고 인정하고 앞으로 이 방향에서 통일을 지향시켜 나간다."[23] 이것이 6·15 남북공동선언의 핵심요지이다. 그러나 김정일 위원장은 남한의 연합제안은 낮은 단계의 통일안이므로 앞으로 높은 단계로 발전하게 된다면 북한의 연방제통일방안으로 접근하게 될 것이라는 생각을 가졌던 것 같다. 그래서 북한 헌법 속에 기재된 통일방안을 남한이 받아들여야 한다고 암시하였던 것 같다. 이것은 대한민국이 북한의 헌법 체제로 흡수통일되어야 한다는 주장인데 그래도 좋다는 친북·종북 세력의 주장은 문제가 있는 것이 아닌가?

그 후 한국의 야당과 종북 세력은 기회가 있을 때마다 6·15 남북공동성명에 따라 남북연방제통일로 가야 한다고 강조했다. 다만 2007년

---

23 연세대학교 편(2005), 《6·15 남북공동선언 4년 회고와 전망》, 29~47쪽, 세왕사.

제 17대 대통령으로 선출된 이명박 대통령은 위와 같은 북한의 주장을 물리치며 '비핵 3000'을 주장하였다. 북한이 핵무장을 포기하다면 한국 정부는 북한 국민들의 경제생활을 획기적으로 풍요롭게 만들어 주겠다는 제안을 한 것이다.[24]

그런 한국 정부의 태도에 불만을 가지고 북한이 일으킨 사건이 바로 천안함 폭침이며 연평도 주민에 대한 포격사건이다. 현재 박근혜 대통령은 그러한 사건의 재발을 예견하면서 앞으로 북한이 도발할 시에는 즉각 보복하라는 지시를 내린 상태라고 한다.

3. 한반도 통일로 가는 제 3의 길

그동안 한국의 대북 정책은 크게 보아서 강경억제 정책과 온건유화 정책으로 대별될 수 있었다. 이승만 · 박정희 대통령, 그리고 전두환 · 노태우 대통령은 계속해서 강경억지 정책노선을 추구했다. 그에 비하면 김대중 · 노무현 대통령이 취한 대북 정책은 융화포용 정책이었다. 특히 김대중 대통령의 햇볕 정책은 적극적인 융화포용 정책이었다. 노무현 대통령도 김대중 대통령의 햇볕 정책을 계승, 유지하여 6 · 15 남북 공동성명을 실천하기 위해 백방으로 노력하였다.

그러나 이명박 대통령부터는 조건부 유화론으로 바뀌었다. 북한이 비밀리에 개발한 핵무기를 모두 철거하면 북한 주민의 국민총생산을 3천 달러로 높이고, 현재보다 훨씬 잘살도록 도와주겠다는 조건을 제시

24 한국정치학회 편(2012), "대북통일 정책과 연구의 새판짜기 제언", 《연례학술회: 이명박 정부 평가와 2012년 대선》, 177~200쪽, 한국정치학회 편집부.

한 것이다. 북한 당국은 이명박 대통령의 오만한 태도를 매우 괘씸하게 여겨 응징할 방법을 연구한 것 같다. 2010년 천안함 폭침이나 연평도 주민에 대한 포격이 이명박 정부에 대한 북한 당국의 보복조치였던 것이다.

박근혜 대통령의 대북 정책은 어느 유형에 속하는 것일까? 이 역시 조건부 유화론에 가까운 것인데 박근혜 대통령은 '한반도 신뢰프로세스'란 생소한 이름을 붙였다. 아마도 이전에 써온 말을 그대로 사용하기보다도 신조어를 만들어 사용하는 것을 좋아하는 것처럼 보인다.[25]

여기서 평화와 통일의 관계가 명백하게 밝혀져야 한다.[26] 어느 것이 목적이고 어느 것이 수단일까? 여기에는 두 가지 해답이 나올 수 있다. 그동안 남북한 당국자들은 통일이 목적이며 평화는 남북통일을 이룩하는 수단일 뿐이라고 생각했다. 그 오랜 기간 남북한의 통일이 진척을 보지 못한 이유가 여기에 있다. 무력통일의 방법이 실패한 이후에 남북한이 전쟁 아닌 평화의 방법으로 통일하겠다고 나서니 누가 그런 위장평화를 믿으려고 하겠는가? 북한이 내세우는 모든 대화와 교류 협력에 마음속 깊이 불신하게 되는 이유가 여기에 있다.

그래서 남북한이 통일을 이룩하려면 좌파와 우파가 모두 없어져야 한다는 말도 나오지만, 보수우파가 있는데 어찌 진보좌파가 없을 수 있겠는가? 또한 진보좌파가 있는데 어찌 보수우파가 사라질 수 있겠는

---

25 통일부(2014), 《2014 통일백서》, 14~36쪽, 통일부; 유호열(2014. 2.), "통일 앞당길 '한반도 신뢰프로세스' 본격가동 기원", 《통일한국》, 8~9쪽; 신창민(2012), 《통일은 대박이다》, 매일경제신문사.

26 평화와 통일의 관계를 비교적 깊이 있게 다룬 학자 중에 민병천 교수가 있다. 민병천(2010), 《장벽을 넘어 통일로 가는 길》, 375~399쪽, 선인출판사.

가? 그렇다면 평화통일은 만들어질 수 없으므로 포기하는 것이 상책이라는 말이 나오게 될 것이다. 우리가 할 수 있는 것은 우리의 생각이나 좁은 소견을 크게 전환하는 노력이다. 평화가 목적이고 통일은 그 수단이다. 평화가 독립변수이고 통일은 종속변수이다. 이렇게 되어야만 남북통일은 남북의 모든 동포들이 추구하는 목표가 될 수 있다.

남북통일은 세계평화를 위해 평화로운 수단과 방법으로 추진되어야 하며 평화로운 과정을 통해 이루어져야 한다. 평화통일은 사실 최고도로 중요한 가치이며 행동방법이다. 대저(大抵) 평화는 두 가지 조건이 갖추어져야 한다. 첫째, 힘이 있어야 한다. 충분한 힘이 없으면 그 생각이나 소견은 현실에서 존속할 수 없다. 둘째, 그 힘이 근거할 수 있는 명분이 있어야 한다. 다시 말해 높은 도덕성을 갖춘 명분이 없으면 평화도 유지될 수 없다.

미국과 중국 또한 북한 정권 때문에 매우 골치가 아픈 상황이다. 그들은 상호 불신하므로 관계가 좋지 않으나 북한의 위정자들을 불신하고 위험시하는 데는 합심하여 협력해야 한다. 박근혜 대통령은 미국과 중국의 위정자들과는 상호 신뢰하는 관계를 유지해 왔다. 박근혜 대통령이 오바마 미국 대통령과 시진핑 중국 주석에게 진정으로 부탁한다면 남북한의 통일과 관련하여 한국에 유리한 결정이 내려질 수도 있을 것 같다.

북한 정권의 위정자들이 바뀌더라도 북한의 지배층, 노동당 당원, 그리고 북한 인민의 마음을 잡아 한국에 유리한 방향으로 이끄는 것은 쉬운 일이 아닐 것이다. 남북통일의 첫 관문을 통과하더라도 또 지나야 할 문이 구중궁궐처럼 겹겹이 많을 것이니 최종 관문을 통과하는 데까지는 많은 세월이 필요할 것으로 예상된다.[27]

필자가 말하는 통일 정책은 통합적이면서 포용적인 통일 정책이다. 여기서 말하는 평화는 단순히 남북통일의 수단이나 그 과정에 그치는 것이 아니다. 목적은 동아시아와 한반도의 평화이며 통일은 그 수단의 자리에 앉아 있어야만 한다.[28]

물론 이 통일 정책에서는 통제와 포용, 반공과 용공이 모두 공존한다. 또는 쌍방의 혼합·절충적인 방법을 사용하겠다는 뜻으로 제 3의 길을 말하는 사람들도 있을 것이다. 이명박 대통령은 그의 정책노선을 중도실용이라는 말로 정당화했다. 박근혜 대통령도 좌우협력노선이 화해와 통합이라는 사고를 '신뢰프로세스'란 어휘에 담고 있는 것 같다. 이것은 과거의 사고방식이나 논리로는 설명하기 어렵겠지만 새로운 철학이며, 논리에 의하여 밑받침될 수 있다는 것이 필자의 소신이다.

우리는 현실적으로 자유민주주의와 공산주의를 동시에 포용하며 연

---

27 "우리가 진정으로 북한을 아끼고 진심으로 북한의 마음을 얻기를 원한다면 지금과 같이 무턱대고 사랑을 구걸하기보다는 자신을 보다 더 매력적으로 가꾸는 일에 전념해야 할 것이다…. 글로벌 통합의 시대에 나라의 매력을 겸비해야 세계의 중심이 되고 평화의 능력도 생겨나게 된다. … 현재와 같이 감성적 평화가 판치는 시대에 이성적으로 평화에 이르는 길은 북녘의 이웃을 사랑하는 마음만이 아니라 능력까지도 함께 키우는 일이다. 글로벌 한국은 따듯한 감성과 냉철한 이성을 가지고 북한문제에 당당히 접근해야 할 것이다." 최영종(2008), 《글로벌 한국의 신외교전략》, 288~289쪽, 오름.

28 '제 3의 길'이란 말은 본래 자본주의와 사회주의의 대립을 극복하려는 사람들이 즐겨 입에 올린 말이다. 영국의 앤서니 기든스가 《제 3의 길》(*The Third Way*)이란 책을 써서 많은 사람의 입에 회자되었다. 그러나 우리가 여기서 말하는 제 3의 길은 한반도 통일의 목표를 반공투쟁 일변도로 하느냐 아니면 북한 공산주의와의 타협, 포용 또는 통합방식으로 추진하느냐 하는 대립 논리를 넘어서 좌우파의 체제, 이념대립을 초월한 세계평화 사상으로 남북한의 평화통일을 이룩하자는 취지로 이해할 수 있다. 이러한 사상내용은 박근혜 정부가 이미 실천으로 옮기고 있는 것 같은데 이것을 실리주의 본의로 추진하기보다는 이론화·철학화하는 노력으로 밑받침해야 할 것이다.

방제통일도 기피하지 않는 입장이다. 필자가 주장하는 아시아태평양 공동체도 중국과 러시아, 미국과 일본이 포함된 지역공동체이지 않은가? 현실적으로 공산주의 국가의 정치노선을 어떻게 배제할 수 있겠는가? 그러나 평화통일의 제 3의 길이라고 하면 필자는 평화를 독립변수로, 통일을 종속변수로 받아들이는 것이 옳으며 그것이 가능하다는 말로써 이 토론을 종결짓겠다.

4. 나라의 선진화도 평화통일도 도덕성의 高揚에 의해서만 가능하다

필자는 한반도가 남북한으로 갈라지게 된 원인은 국제관계에서의 강대국 간의 세력대립과 국내문제에서의 보수파와 혁명파 간의 심리적 대립과 정신적 갈등에서 기인하였음을 지적하였다. 강자와 약자는 국제사회에도 국내 사회에도 있기 마련이다. 그리고 국제적인 강자와 국내적인 강자는 서로 결합하게 되어 있으므로 국제적인 강자와 국내적인 강자, 국제적인 약자와 국내적인 약자는 상호 결합하고 의존하려는 경향이 자연스럽게 생긴다.

한국 사회에서 강자는 누구였는가? 전통사회의 조선조 말기까지는 친중 모화주의자, 곧 보수적 선비계급이었다. 그러나 그들도 차츰 친서방 개혁 세력에 의해 밀리게 되었다. 친서방 개화노선을 추구하는 데 한국을 닦달한 것은 서구 세력보다도 일본이었다.

일본은 한국의 개화 자체보다도 일본의 정한론 정책을 추진하는 데 주력하였다. 일본은 메이지유신 이후 정부의 관료자리를 사무라이 계급으로 충원하였고 그 자리에 포함되지 못한 많은 사람들, 곧 낭인과 그 외 잉여인력들은 한반도로 진출하여 사회적인 강자로 행세하게 되었다. 한일합방의 비극도 이 때문에 더 증폭된 것이다.

국내든 국외든 강자와 약자가 싸우는 것은 어리석고 바람직하지 못한 일이다. 강자는 탐의 죄업을, 약자는 치의 업장을 짓는 것이기 때문이고 이것은 바로 지혜의 실종을 의미하기 때문이다. 강자와 약자, 가진 자와 갖지 못한 자가 대립하며 싸우게 되면 결국 적대행위만 계속되다가 끝내 공멸의 길로 빠지게 된다.

사람이 사는 곳에 길이 막히면 돌아서 가야 한다. 멀고도 험하며 어려운 길이라면 여럿이 함께 가라는 말도 있다. 남북한의 갈등문제는 남북 대표가 만나도, 미국과 중국의 대표가 만나도 해결되지 않았던 문제이다. 그래도 다자회담으로 문제해결을 시도한 것은 현명하다. 그렇기 때문에 그동안 6자회담이 여러 번 열렸던 것이다.

그러나 앞으로도 그동안 성공하지 못한 6자회담을 되풀이하기보다는 더욱 크고 권위적인 집단조직, 곧 지역공동체를 만들어 해결을 시도하는 것이 더 효과적이 않겠는가? UN 안전보장이사회가 이런 문제를 다루는 것이 가장 바람직하다. 그러나 남북한의 대립 갈등 문제에 관한 한 상임이사국인 미국, 중국, 러시아 등 상임이사국 간의 이해대립으로 전원의 동의를 얻기가 어렵다 보니 UN도 해결할 능력이 없었던 것이다.[29]

29 "… 주변 4국이 분쟁상황 속에서 자국의 동북아 안보전략을 수립하고 추진해 왔다. 이러한 상황에서 협력안보 메커니즘이 구축된다면 한반도 주변안보 환경이 그만큼 안정될 수 있고, 주변국들의 지지 속에서 한반도 문제의 해결을 추구할 수 있는 여지를 확보하는 것이라고 말할 수 있다." 이인배(2005), 《동북아 평화공동체-협력안보

마지막으로 남북한의 통일문제에 관해 호소하며 해결할 수 있는 기관은 없는 것인가? 그래서 나는 아시아태평양공동체를 창립하여 이 새로운 대규모 다자협의기구의 도움을 받아야 한다고 주장해 온 것이다. 그러나 그런 조직기구는 그동안 논의만 분분하였을 뿐 아직 생기지 않았으며[30] 가까운 시일에 창립될 전망도 보이지 않는 상태이다.

그러나 우리로서는 절망한 채 손을 놓고 있을 수는 없는 처지이다. 한반도 평화정착의 밑받침이 될 한반도 통일이 기필코 달성되어야 할 목표라면 '이가 없으면 잇몸으로라도 먹어야겠다'란 정신으로 문제해결에 적극적으로 나서자. 시민운동으로 문제해결을 추진해 보자는 것이 필자의 소신이며 또 그런 구상을 오래전부터 해왔다. 따라서 오늘의 시대적 상황에서 한국인이 마음만 먹는다면 불가능한 일도 아님을 강조하고자 한다.

우리나라에는 민주평화통일자문회의라는 정부기관이 있다. 이 단체는 한반도의 평화통일문제를 협의하고 정부에 자문해 줄 목적으로 만들어진 기구이다. 이 조직의 강점은 전 세계에 2만 명에 가까운 활동력이 풍부한 위원들을 보유하고 있다는 점이다. 이 기구의 의장은 대통령이다. 의장인 대통령이 한반도 통일의 위업을 달성하고자 결심한다면 이 큰 조직에 지시만 내리면 되는 것이다.

의 모색》, 312쪽, 한국학술정보; 조민(2004), "한반도 평화체제 구축: 현황과 대안 모색", 《평화통일의 이상과 현실》, 백산서당; 조민(2004), 《북한문제를 어떻게 해결하나》, 160~176쪽, 성학원대학 출판회; 지구촌평화연구소 편(2012), "한반도 통일비번과 접근전략", 《통일한반도를 향한 꿈》, 100~142쪽, 도서출판 태붕; 한승조(2011), 《아시아태평양 공동체와 한국》, 나남.

30 한승조(2011), 《아시아태평양 공동체와 한국》, 나남; 하영선 편(2008), 《동아시아 공동체》, EAI.

한반도 평화통일을 향한 대통령의 의지가 분명한 이상 한반도 통일은 멀지 않은 시점에 이루어질 것이다. 만일 그 시간이 너무 느리다고 생각된다면 우리의 결심과 노력으로 그 업무를 앞당길 수 있다. 그것이 무엇인가? 현재 필요한 것은 한국 국민들의 한반도 평화통일의 의지와 그것을 기필코 달성하겠다는 도덕적 자각과 결단력이다.

동아시아의 강대국 또는 중심국 간의 정치적 이해와 감정으로 인하여 정치적인 합의를 기대하기 어려운 경우에 이 지역의 선각자들 간의 도덕적인 결단과 꾸준한 노력의지에 의존하는 수밖에 없다. 그것이 과연 가능하겠는가 하는 사람도 있겠지만 이러한 뚜렷한 의지나 결단은 동아시아 지역공동체를 살려 낼 희망의 불씨로 작용하게 될 것이라고 믿어야 할 것 같다.

다시 말해서 아시아태평양공동체의 설립노력은 바로 한반도를 평화통일로 이끄는 제 3의 길이다.[31] 그동안 남북 양자회담, 4자회담, 6자회담으로 성취하지 못한 한반도 평화통일의 길은 이러한 광범한 지역협의기구에 의하여 새로운 힘을 받을 수 있다. 그 이유는 아시아태평양공동체는 평화를 조성하고 유지하는 기구이기 때문이다. 동아시아의 평화를 깨뜨리는 개별국가의 아집이나 망동은 허용되지 않는다. 남북한은 이 지역기구의 회원국이 되면 통합된 조직의 구성원이 되므로 초보적인 통일의 상태로 들어가는 것이 된다. 더불어 모두가 평화를 추구하는 과정에서 남북한 어느 쪽이든 분리주의적인 행동은 허용되지 않을 것이다.[32]

---

31 최영종(2008), 《글로벌 한국의 신외교전략》, 157~289쪽, 오름.

32 한반도 통일의 제 3의 길이라고 할 때, 남한 주도의 통일과 북한에 의한 공산통일을 생각할 수 있으나 남북한 합의에 의한 통일, 6자회담에 의한 통한 통일, 미중을 포함

5. 맺음말

이 글에서 필자가 말하고자 하는 것은 다음 세 가지로 요약된다. 첫째, 한반도가 해방 직후부터 70년이 지나도록 현대 세계에서 유일한 분단국으로 남아 있는 이유는 무엇인가? 한국 국민이 세계평화를 만들어 낼 수 있는 덕성을 키울 때까지 국토분단의 불행과 고통을 감내하라는 것이 하늘의 뜻은 아닌지? 또한, 한민족에게 세계평화 건설의 역할을 수행하라는 어려운 역할과 과업도 하늘에서 내려 주신 것은 아닌지 생각하게 된다.

분단된 한반도의 통일은 군사력이나 정치력으로 세계 최강국의 세력 다툼에서 시작된 것이다. 그러나 미국, 소련, 중국과 같은 세계 최강의 나라들이 엄청난 군사력과 외교력을 행사했지만 오늘에 이르도록 해결하지 못한 과제였다. 1950년에는 20만의 북한군이 대포, 기관총, 탱크를 몰고 남한으로 내려오는 등 가공할 군사력을 가지고 침공해 왔다. 또 그 후에는 100만이 넘는 중공군이 한국의 산야를 뒤덮으며 침공해 왔으나 끝내 이룩하지 못하였다. 그들은 세상의 '꾀돌이 책사'들을 동원하여 꾸민 계책이나 전술을 모두 동원했지만 한반도 통일의 과업은 이룰 수 없었었던 것이다.

둘째, 이 세기의 난제는 한민족이 중심이 된 세계의 도덕적인 힘에 의해서 해결의 실마리가 풀릴 것 같다. 공산권의 종주국이었던 러시아와 오래전부터 북한이 혈맹임을 자랑해 온 중국이 북한 정권에 대한지지 철회를 고민하고 있으며 오히려 대한민국을 선호하는 자세를 보이

한 아시아태평양공동체가 주도 · 관리하는 통일이란 뜻으로도 생각할 수 있다.

기 시작했다. 이러한 현실을 어떻게 이해해야 할까?

남북한은 지난 70년 동안 한반도 통일의 주도권을 놓고 치열하게 경쟁해 왔다. 세계의 여러 나라들은 좌우대립에서 좌우화해로, 특히 북한에 대한 적대에서 포용으로 진화해 온 대한민국의 정신도덕적인 우위를 인정하며 지지하고 있음을 보여 주는 것이다.

더구나 한국인들이 조상대대로 전승되어 내려온 홍익인간의 이념을 실천하려는 의도가 세계에 알려질 때, 이 군자불사의 나라[33] 한국에 대한 온 세계인들의 이해와 지지는 더욱 높아질 것이다. 이것도 도덕성의 우위가 군사력의 우위를 제압하는 시대적인 특성을 드러내고 있음을 보여 주는 것이 아니겠는가? 이런 문제와 관련하여 서울대 하영선 교수의 책을 인용해 보고자 한다.

> … 21세기의 국난이 국망이 아닌 국흥으로 풀리기 위해서는 … 첫째, … 21세기 새 문명표준을 따라잡고 주도하려는 노력을 기울여야 한다. 둘째, … 지구역량을 최대한 활용해야 한다. 셋째, … 냉정적 이분법을 넘어선 미래지향적 시각으로 국내역량을 집결시켜야 한다. 넷째, … 21세기 문명표준에 맞는 제도개혁을 성공적으로 완수해야 한다. … 한반도는 비로소 21세기 역사무대의 새로운 주인공으로 활약할 수 있게 될 것이다.[34]

매우 훌륭한 지적이라고 생각하면서도 필자가 단서를 붙이고 싶은 부분은 '지식국가'라는 표현이다. 현대사회에서는 지식이 너무 범람하

---

33 한국의 역사 고전, 《산해경》(山海經)에 나오는 말.

34 하영선(2004), "부강국가를 넘어서 지식국가로", 《21세기 한반도 백년대계》, 20~21쪽, 풀빛.

여 많은 사람들을 오도하고 있음을 감안할 때, 지식이라는 말 대신 지혜라는 말을 내세우는 것이 좋지 않을까? 지식은 도덕성과 무관한 지적 작용이지만 지혜는 도덕성의 바탕에서 우러나온 상위의 판별능력이기 때문이다.

셋째로 위에서 말한 사실만으로도 한반도 통일의 주도권은 누가 가져야 하며, 어느 쪽이 통일국가의 표준이 될 수 있는지 분명해졌다. 남한 정부와 국민들에게도 부족한 점이 적었던 것은 아니다. 진보좌파 세력이나 북한의 죄가 철저한 위선과 기만이었다면 남한의 보수 세력과 정부가 지어 온 죄악은 무사안일주의, 도덕에 대한 무감각과 등한시였다. 이런 큰 죄업도 국민의 도덕적 자각이 미흡하여 지속되어 온 것이다.

이처럼 구제받을 수 없는 과거 한국의 죄업도 뒤늦게나마 회개하며 바로잡는다면 좋아질 수 있는 상황인 것 같다. 한국이 앞으로 '통일대박'이라는 엄청난 축복을 받으려면 그에 앞서 과거의 죗값부터 치러야 한다. 이것은 과거에 지은 죗값인 동시에 앞으로 받을 축복에 대한 대가 지불 혹은 적덕을 가름하는 보상의 성격도 갖는 것이라고 생각한다.

그것이 무엇인가? 세계와 인류를 감동시킬 수 있는 위대한 봉사, 적공의 의사와 결과를 보여 주는 일이다. 그것은 어떻게 하면 되는가? 세계평화와 번영을 준비하는 아시아태평양공동체의 건설을 주도하는 과업을 자청하는 일이란 생각이 든다. 이런 일은 오늘의 국제정세로 보아서 세계의 어느 나라도 생각할 수 없고, 해낼 수도 없었던 난제였다. 그러나 대한민국이 이런 일을 추진한다면 세계의 많은 나라들이 우리의 뒤를 따르게 될 것이다. 인간의 도덕심은 쉽게 감염되는 것이기 때문이다. 이런 문제와 관련하여 연세대 김우상 교수는 다음과 같이 썼다.

… 한국의 국제적 위치에 걸맞은 위상외교(*prestige diplomacy*)를 추진해 나가야 한다. … 한국이 주변국을 함부로 침략해 본 적이 없는 중강국이라는 것을 잘 안다. … 세계화가 급속도로 진행되고 있는 가운데 양극화 문제를 겪고 있는 지구촌의 균형발전을 위해 우리나라는 개발도상국들의 경제관계 강화, 이들 국가 출신 엘리트들에 대한 대학원 교육과정 제공 등 중장기적인 개발도상국지원(ODA)을 지속적으로 확대해 나가야 한다. … 이는 한국의 국제적 위상 제고와 이미지 개선을 위한 '친한국벨트'를 조성하는 데 밑거름이 될 것이다. … 우리나라의 시민단체, 비정부기구 단체의 외교적 역량을 강화하는 데도 적극 지원할 필요가 있다.[35]

왜냐? 그것은 다음과 같은 이유 때문이다. 첫째, "Freedom is not free." 자유는 거저 얻을 수 있는 것이 아니란 뜻이다. 평화도 마찬가지이다. 평화 속에 살 수 있는 사람은 도덕적으로 수준이 높으며 전생에서부터 덕행과 공덕을 많이 쌓아 온 사람이라는 것이 불교식 사고방법이다. 현재 한국은 선한 사회, 평화로운 사회인가? 사람들은 그렇다는 의견과 그렇지 않다는 의견으로 엇갈린다.

분명한 것은 대한민국은 북한과 비교하면 훨씬 자유롭고 평화로운 사회라는 사실이다. 20~30년 또는 40~50년 후는 어떠할까? 아마도 현재보다 자유나 평화 상태가 훨씬 더 높을 것이다. 현재가 과거 40~50년 전보다 훨씬 더 좋아졌듯이 말이다. 여기서 남북한 사회의 국민들이 훨씬 더 선량해져야만 평화통일의 목표가 현실화될 것이라는 말을 강조하고자 한다.

둘째, 우리는 자유민주주의 기본가치를 자유, 평등, 박애의 세 가지

---

35 김우상(2007), 《신한국책략 - 동아시아 국제관계》, 308~309쪽, 나남.

말로 이해한다. 이 세 가지 가치의 우선순위에서 자유민주주의자들은 자유를 강조하고, 사회주의자들은 평등을 강조한다. 그러나 우리와 같이 제 3의 길을 선호하려는 사람들은 박애를 최고로 중요시한다. 그리고 박애(사랑, 인간애)의 원칙에서 이탈한 자유나 평등의 원리를 불신하려 할 것이다. 박애라는 도덕규범을 최고로 여기는 정신자세가 평화통일의 기본 이념임을 알아야 할 것이다.

▪ 요점

남북한은 지난 69년 동안 한반도 통일의 주도권 싸움으로 치열한 경쟁을 해왔다. 현재로는 체제의 우위성을 한국이 차지하지만, 국제적인 승인 · 지지 · 도움 없이는 주도권을 행사할 수 없었을 것이다. 그동안 6자회담이 남북관계 조율에 나서 주기를 기대하였지만 최근 동북아시아 국제관계의 악화로 그 전망마저 더욱 흐려진 상태이다.

다자간안보협의체의 실효성을 강화하기 위해서는 아시아태평양공동체 설립이 더 앞당겨져야 한다. 그리고 그런 기구의 설립을 위해서 국제적 시민운동이 활성화되어야 한다. 아시아의 여러 나라 중 목마른 사람이 우물을 파듯이 이런 일도 한국이 주도해야만 성사될 수 있다. 이것이 오늘의 시급한 과업으로 떠오른 사실을 사람들은 알고 있는 것인지?

통일대박은 경제적인 발상이다. 정치 · 외교 · 국방 · 사회 · 문화의 뒷받침 없이는 유지될 수 없을 것이다. 또한 경제에 결정적인 영향을 미칠 수 있는 것이 정치 · 사회 · 문화의 우위성이다. 이것도 도덕성의 고양 없이는 기대할 수 없는 것이다. 사단법인 아시아태평양공동체도 이를 위해 노력하고는 있지만 보다 많은 사람들의 지도와 도움을 받아야 한다.

5장

우리가 소원하는 통일의 방법

〈국제문단〉, 2014년 여름호

'통일은 대박이다'라는 박근혜 대통령의 말 때문인지 요즘에 와서 한반도 통일에 대한 국민들의 관심이 갑자기 높아진 것 같다. 하긴 이 나라가 분단된 지 70년. 제 2차 세계대전 후 국토가 분단된 나라는 한국 외에 여러 나라가 있었지만 현재까지 분단상태가 지속되고 있는 나라는 한반도뿐이다. 이것은 자랑이 못 됨이 확실하다.

1. 평화통일로 가는 세 가지 방법

제 4장 제목은 "평화통일로 가는 제 3의 길"이다. 제 3의 길이라 하면 그 앞에 제 1과 제 2의 길(방법)이 있음을 전제한다. 제 1, 제 2의 길이 있어야 제 3의 길도 나올 수 있는 것이니 말이다. 그러니 제 1과 제 2의 길

이 무엇이었는지 언급해야 한다. 제 1의 길은 반공통일의 방법이다. 제 2의 길은 적화(용공) 통일의 방법이다. 그러면 제 3의 길은 무엇인가? 공산과 반공의 타협적인 결합 또는 양자의 통합을 말하는 것이다. 이것은 화해, 타협적인 통일방법을 말하는 것이다. 이런 말을 공개적으로 하면 크게 흥분하며 비방과 비난을 퍼부을 보수우파의 사람들이 수없이 많을 것이다.

어떤 이는 말할 것이다. 공산주의와 반공 세력이 어떻게 화해하고 타협할 수 있는가? 그에 대한 응답이 있다면, 안 된다면 될 수 있게끔 인식을 바꾸며 태도를 바꿔야 한다. 남북한이 통일하려면 서로 변화하며 양보해야 하지 않는가? 통합하기 싫다는 사람은 잠시 쉬며 구경이나 하고 있으라. 양보를 하지 못하겠으면 입 다물고 굿이나 보고 떡이나 먹으라. 어떤 것이든 그것을 얻기 위해서는 그 대가를 지불해야 하지 않는가? 그 대가를 지급하기 싫다면 가만히 일이 되어 가는 꼴이나 보며 방해나 하지 말라!

제 1의 통일방법은 대한민국 초창기에 고수하였던 반공통일 노선이다. 그러나 오늘의 국내외 여건상 반공통일은 현실적으로 불가능하다. 그렇다고 제 2의 적화용공통일을 받아들일 수도 없는 일이니, 제 3의 통일방법인 화해와 타협의 통일방법을 선택하게 된 것이다. 좌우통합, 남북통일의 대가는 이처럼 값비싼 것이다. 그래도 그 대가를 지급해야만 원하던 것을 얻을 수 있는 것 아니겠는가.

2. 左右화해와 협력은 '박애의 원리'라는 기초 위에서만 가능한 것

이것이 제 3의 길이라면 또 달리 설명할 방법이 있다. 민주주의가 추구하는 세 가지 기본가치가 자유, 평등, 박애인 것은 모두가 아는 사실이다. 보수우익은 자유를 중요시한다. 진보좌파는 평등을 중요시한다. 그렇다면 중도파는 어떤 가치를 추구하는가? 박애의 원리이며 그 이념을 강조한다고 말할 수 있다. 물론 자유와 평등을 포기하는 것은 아니지만 그 싸움을 해결하는 원리가 박애의 가치임을 알아야 한다. 박애는 곧 사랑이며 하나님의 지상명령이다. 자비는 바로 부처님의 기본정신이다. 이 가치를 최우선적으로 받들자는 것이 평화통일로 가는 제 3의 길인 것이다.

이 나라의 보수우익은 반동이니 제거하라. 진보좌파는 역적이니 모조리 통제해야만 이 나라의 기강과 법질서를 바로잡을 수 있다. 이러한 투쟁적 · 적대적 현실인식과 처방은 한반도의 분단과 대립을 영속시킨 사상적 찌꺼기였다. 이런 국민감정과 기본 번뇌에 언제까지 집착하며 한반도의 분단과 남북대립을 영속시키려는가? 평화통일의 제 3의 길은 박애의 원리와 가치를 가장 중요시하는 평화통일의 접근법이다.

제 3의 길에 대한 설명방법은 또 있다. 남북의 대립은 각 대표 간의 대화나 회담만으로는 해결될 수 없는 것도 이미 밝혀졌다. 1972년에 열린 남북회담에서 한반도의 통일이 외세의 개입 없이 자주적으로 해결되어야 함을 강조하는 문서에 서명하였지만 남북대화와 교류 협력이 얼마나 지속되었던가? 인도주의적인 지원 협조의 문제조차 지속되지 못하였다.

그 후 남북의 양자회담은 4자회담으로, 다시 6자회담으로 바뀐 것이다. 6자회담은 미국, 중국, 일본, 러시아, 그리고 남북한을 포함한다. 이 회담의 좌장은 중국이지만 6자회담이 이룩한 바가 전무하다. 그렇다면 그런 비생산적인 회합을 계속 유지할 필요는 없는 것이며 따라서 필자는 6자회담에 의존하지 않고 아시아태평양공동체의 결성을 주장해 온 것이다.

6자회담은 여러 번 열렸지만 남북한이나 동아시아의 평화에 기여한 바는 전혀 없다. 중국의 입장에서 북한은 견제할 필요가 거의 없었으며 견제할 대상은 미국이나 일본뿐이었을 것이다. 그러므로 6자회담은 한국에 아무런 도움이 되지 않았던 모임임이 증명된 것이다. 차라리 동아시아의 지역공동체가 생긴다면 그것이 북한은 물론 미국이나 중국과 같은 초강대국을 견제하는 데 도움이 될 것이다.

그러므로 남북의 분단과 통일문제를 다루는 데는 남북 간의 2자회담이 제 1안이다. 남북한, 중국, 미국, 러시아, 일본을 포함한 6자회담이 제 2안이라면, 차라리 아시아태평양공동체를 한국 주도로 만들어 운영하는 것이 제 3안이 되는 것이다. 남북한 간의 양자회담이나 4자회담, 6자회담이 아무런 도움이 되지 못했음은 이미 증명되었다. 그러니 그런 식의 다자안보회담에 계속 집착할 필요는 없는 것으로 보인다.

중견국인 한국이 아시아태평양지역공동체의 창설을 주도한다면 북한과 같은 핵보유국이나 중국, 미국과 같은 강대국의 횡포를 견제하는 데 큰 도움이 될 것이다. 이것이 바로 남북한의 평화통일로 접근하는 제 3의 길이 되는 것이다.

3. 아시아태평양공동체만이 해결책이 될 수 있을 것

미국, 영국, 프랑스가 독일이 통일하는 데 합의를 했기에 동서독이 통일되었지만, 만일 EC 유럽공동체가 없었더라면 동서독의 통일이란 말이 나왔겠는가? EU라는 유럽연합이 존재했기에 동서독 통일이란 발상이 가능했다는 사실을 사람들은 왜 간과하는가?

EU의 선례에 따라 동아시아에도, 아시아태평양 국가에도 이런 지역공동체가 만들어져야 할 것이 아니냐는 구상들이 제안되면서 사람들 간에 논의가 있었을 것이다. 그러나 논의만 무성할 뿐 그러한 사상을 몸소 실천하려는 움직임은 꾸준하게 추진된 바가 없었다.

그 이유는 APEC나 ASEAN+3과 같은 국제기구가 이미 있는 데다 중국이나 미국 같은 초강대국에 그런 국제기구를 만들려고 설쳐댄다는 오해를 받거나 견제를 당할 우려가 있다고 본 것은 아닌가 생각한다. 미국이나 중국과 같은 초강대국의 입장에서는 그런 기구가 없어도 자국이 하고 싶은 일을 대부분 할 수 있는데 그런 국제기구를 만들면 도리어 여러 나라들에 의해 견제를 당할 수 있음을 염려했던 것 같다.

그럼에도 불구하고 지역공동체를 제안한 나라를 살펴보면 한국이 두 번, 오스트레일리아가 한 번, 그리고 일본이 한 번 제안하였다. 2009년, 일본 총리의 제안으로 한국 외교부에 '한중일 3국 협력위원회'가 설립되었지만 근래에 와서 중국과 미국, 중국과 일본, 한국과 일본의 국제관계가 악화되고 있는 추세로 보아, 국가 간의 지역공동체 창설은 기대하기 어려울 것 같다.

그러나 현재 외교는 외교부만 전담하지 않는다. 민간단체나 반관·반민기구도 세계의 국제관계에 큰 역할을 할 수 있는 시대이다. 특히 우리나라는 민주평화통일자문회의와 같은 막강한 기구를 보유하고 있다. 다시 말해서 공식적 국가기구가 해내지 못하는 아시아태평양공동체의 교류·지원·복지업무를 민주평통(민주평화통일자문회)이 추진하여 어느 정도의 성과를 낼 수도 있는 것이다. 100%가 아니라 50%만 추진하더라도 지역의 번영과 세계의 평화는 그만큼 달성되는 것이다. 또 회를 거듭할수록 그 실행의 수준은 더욱 좋아질 수 있는 것이 아닌가?

▪ 요점

남북통일에는 세 가지 방법이 있다. 첫째, 자유민주주의에 의한 통일이다. 이것은 반공통일에 가까운 통일형태이다. 둘째, 사회주의 체제로의 흡수통일이다. 이른바 용공통일이다. 셋째, 남북화해·좌우타협과 혼합 체제에 의한 통일이다. 이른바 제3의 길에 바탕을 둔 통일이다. 남북한이 평화적 방법으로 통일을 한다면 이 방법밖에 없다. 그러나 이것은 통일방법으로써 가장 어려운 방법임을 각오해야 한다. 과정은 어렵더라도 그만큼 결과는 좋아지는 것이 아닌가.

왜냐? 첫째, 국민 대다수가 이기주의적 본성을 억제하고 이타주의적 인성을 가져야 한다. 둘째, 저질 인간의 선전선동에 흔들리지 않는 높은 도덕성을 갖추어야 한다. 셋째, 아시아태평양공동체가 확실하게 제도화되어서 미국, 중국, 러시아, 일본이 가담한 국제기구가 남북한의 통일 정부 수립을 감시하고 보호하는 방법을 제도화하는 것이다. 이런 방법과 과정을 거치지 않고서는 한국통일은 하지 않으니만 못한 기만적 사이비 통일이 되기 쉬움을 알아야 한다.

6장

박근혜 정부의 안보 및 통일 정책에 대한 小考

2014년 9월 25일

박근혜 정부는 한국의 보수우파 세력으로부터는 안보 정책으로, 진보좌파 세력으로부터는 복지 정책으로 지지를 얻으려는 심산으로 국정에 임해 온 온건중도 정부로 판단된다. 2014년 7월 청와대 국가안보실은 《희망의 새 시대, 국가안보전략》이라는 책자를 간행하였다.

박근혜 대통령은 이 책자의 서문에서 "한반도 시대를 열어가고자 평화통일 기반 구축을 국정 4대 기조의 하나로 설정하고 있습니다. … 이것은 국방 통일 외교를 아우르는 국가안보 분야의 핵심 기조입니다. 정부는 튼튼한 안보를 토대로 한반도 신뢰프로세스를 추진하면서 … 이를 통해 국권을 수호하고 나라의 번영과 국민의 안전을 지켜 나갈 것입니다"라고 했다.

본문에서는 "경제부흥 · 국민행복 · 문화융성 · 평화통일의 기반 구축을 4대 국정기조로 삼아 이를 효율적으로 추진하기 위해 개방과 공유, 소통과 협력을 핵심내용으로 하는 맞춤형 정부시대를 열고자 한다. … 그리함으로써 평화통일을 준비하여 동북아 협력을 주도하고 지구촌 행복에 기여하는 세계의 모범국가로 발전시켜 나갈 것임을 강조한 것이다"라고 언급했다.

이 얼마나 훌륭한 착상이며 아름다운 말들인가? 그러나 보통 구상이나 말이 너무 완벽하거나 훌륭하면 사람들은 그 말에 스스로 감동하여 도취하기 쉽다. 그리고 그런 말들이 이미 현실화되어 있는 것처럼 착각하여 실천이라는 노고를 외면하거나 잊어버릴 수 있다. 이러한 상황에서 박근혜 정부가 과연 이 구상과 국민에 대한 약속을 실천을 통해 현실화할 수 있겠는지 확인해 볼 필요가 있다.

'그림의 떡'이란 말도 있다. 아무리 마음에 들어도 차지할 수 없는 경우를 두고 하는 말이다. 이번 박근혜 정부가 간행한 《희망의 새 시대, 국가안보전략》 속에 담긴 모든 공약들, 경제부흥·국민행복·문화융성·평화통일의 기반 구축 등은 모두의 희망사항일 뿐이지 이미 달성된 목표가 아니다. 앞으로 이를 달성하기 위해 노력하자는 희망사항으로는 의미가 있겠지만 오늘의 현실을 잘 살피지 못하면서 사람들이 좋아할 말들만 골라서 만든 공무원의 작품일 것이니 실제로 얼마나 믿고 따를 수 있겠는가?

박근혜 대통령을 돕는 새누리당 간부나 국회의원들은 이런 목표를 관철할 성의와 실천의지를 보유하였는가? 그들 대부분은 자신의 입신출세와 개인이익이라는 목표에만 열중하는 사람들일 것이다. 새누리당이 국회의 최대다수당이면서도 야당의 횡포에 꼼짝 못하는 이유가 무엇이겠는가? 혹시 야당의원들에게 밉보였다가 신세를 망칠 수 있다는 조심성 때문일 수도 있다. 그래서 여당은 물론 야당의원들에게도 잘 보여 좋은 인간관계를 맺으려 하는 습성이 생기는 것이다.

이들은 또한 언론인에게 잘 보이려고 애쓰며 특히 좌파성향 언론매체의 위세에 겁먹고 그들의 눈치를 살피는 데 여념이 없는 사람들이 아닌지? 조심하지 않으면 자신의 출셋길이 막힐 수 있기 때문이다. 그러다 보니 결과적으로 허송세월을 능사로 알고 세비를 타는 데에만 급급한 약체정치 집단이 되고 만 것이다. 이런 정당인들을 어떻게 믿을 수 있겠는가?

이 나라의 여당은 이상하게 야당 앞에서 몸조심을 한다. 그리고 야당은 배후의 종북좌파 세력 앞에 서면 얼어붙는다. 그들은 언론기관의 위력 앞에 숨도 제대로 쉬지 못하는 사람들이다. 최근 매우 놀라운 말이 나돌았다. 야당의 간판스타가 된 박영선 의원은 여야정계의 대표라지만 당직 밖에 있는 문재인 의원 앞에서는 꼼짝도 못하고, 문재인 의원은 세월호 유족대표의 한 사람인 김영오 씨 앞에서는 꼼짝도 못한다는 것이다.

김영오는 친북좌파 지배 세력의 손아귀에서 노는 미물일 뿐이다. 그가 아무리 꼭두각시 노릇을 잘 하더라도 인터넷, 언론에서의 나쁜 소리 한마디에 그의 존재는 흔들릴 것이다. 결과적으로 한국의 정계는 누군지 알 수 없는 종북좌파성향의 유령 집단에 의해 지배되는 격이다.

만일 이런 말이 사실이라면 한국의 정계가 박근혜 정부나 여당이 아닌 야당 또는 형체 없는 배후의 유령들인 종북좌파 세력에 의하여 좌지우지되는 이유를 알 수 있다. 정부도 아니고 여당도 야당도 아닌 그 배후의 얼굴 없는 유령들, 곧 종북좌파의 손에 놀아난다면 박근혜 대통령 비서실에서 나온《희망의 새 시대, 국가안보전략》이 과연 제구실을 할 수 있을지 의심스러워진다. 다시 말해 박근혜 정부가 공약한 경제부흥 · 국민행복 · 문화융성 · 평화통일의 기반 구축 등 4대 국정기조도 그 진실성과 성공가능성을 믿을 수 없다는 것이다.

1. 한반도 신뢰프로세스와 동북아평화협력구상

박근혜 대통령의 가장 큰 관심사는 국민복지를 통한 국민행복시대의 구현과 한국평화통일의 여건조성사업이다. 그래서 만들어 낸 말이 '한반도 신뢰프로세스' 그리고 '동북아평화협력구상'이다. 북한이 핵개발을 중지하면 북한에 대한 남측의 경제지원을 적극화하겠다는 박근혜 정부가 남북 간 상호 신뢰를 축적해 가자는 취지는 이해가 가지만 북한 공산주의에게 신뢰란 말이 통할 수 있겠는가?

또한 남북한 통일의 여건조성을 위하여 동아시아 각국과 평화협력을 강화하겠다는 구상이나 동북아시아의 여러 나라 간에 적극적인 화해 협력을 확대하자는 취지도 이해는 간다. 그러나 모두 말뿐이지 실제로 할 수 있었던 일이 무엇인가? 정치인들의 말이나 공무원들의 이기주의와 보신주의는 이미 잘 알려진 사실이며 그들의 공약이나 말은 믿을 수 없다는 점에서는 박근혜 정부도 예외는 아닌듯하다. 남북이 분단된 지 70여 년 동안 이루어지지 못한 일들이 앞으로 몇 년 사이에 갑자기 가능해질 것이라고 누가 장담할 수 있겠는가? 남북한이 서로 신뢰를 주고받으면 동질성은 회복되고 통합의 분위기도 형성될 것이다. 그리고 주변국과의 평화협력이 증진된다면 통일을 방해하는 세력이 없으니 통일이 가능할 것이라는 생각은 박근혜 정부의 통일 정책 바람일 뿐이다.

2. 중국과 한국 간의 同床異夢

이 같은 박근혜 대통령의 한반도 통일에 대한 열망과 노력이 헛돌기 시작하면서 국민들이 현 사태가 만만치 않게 돌아가고 있음을 깨닫게 한 조짐이 나타난 것 같다. 이것이 필자의 지나친 억측일지 모르지만 그 생각에 대해 말해 보겠다. 먼저 언급하고자 하는 것은 2014년 7월 3일 중국의 시진핑 국가주석이 부인을 동반하여 박근혜 대통령의 초청으로 한국을 국빈 방문하였을 때의 일이다.

박근혜 대통령 방중 때인 2013년 6월 27일, 시진핑 국가주석과 외교석상에서 회담했던 보도와 그 회의내용이 크게 보도된 바다. 그런데 2014년 7월 3일에 박근혜 대통령이 시진핑 국가주석 내외를 한국으로 국빈 초청하였다면 그것은 무엇인가 특별하고 매우 중요한 문제를 논의하거나 부탁하기 위해서였을 것이라고 짐작된다. 그것은 과연 어떤 내용이었을까?

추측건대 아마도 북한의 핵위협을 거론하며 한반도가 대한민국의 주도로 통일하는 데에 대한 중국의 언질을 듣고 싶었던 것이 아니었겠는가? 이것은 한국통일문제에서 큰 성과를 열망하는 박근혜 대통령의 체면을 크게 살려 주는 것이며 외교상의 큰 성과가 되는 것이다. 그럼에도 두 정상의 친교모습만 화면에 크게 보도되었을 뿐 핵심적인 내용에 대한 언급은 전혀 없었던 것 같다.

반대로 박근혜 대통령 역시 시진핑 국가주석이 듣고 싶었던 문제에 대해 아무런 언질도 주지 못했을 것이다. 아마 시진핑 국가주석은 한국이 미국보다 중국을 더 중요한 동맹국으로 대하겠다는 언약을 공개하지 않는 것에 대해 불만이 있었던 것 같다. 중국이 과거의 혈맹인 북한을 버리고 대한민국을 더 가까운 동맹국으로 받아들이려면 한국 역시 미국보다 중국을 더 가까운 맹방으로 대하겠다는 의사표시를 공개적으로 해주기를 바랐을 것이다.

중국에서 볼 때 미국은 세계 제 1의 가상적국이다. 한국이 중국의 가상적국을 동맹국으로 대하는 한 중국은 유일한 혈맹국인 북한을 내칠 수 없는 일이다. 남녀 간의 애정이나 신뢰는 이성을 초월할 수 있다고 생각하는 것은 여자의 바람이지만 중국이 그렇게 녹록한 국가일 수 없는 것이다.

시진핑 국가주석은 한국에 체류하는 동안 여러 곳을 방문하며 중한관계는 형제의 관계이니, 친척의 관계이니 하며 강조하고 다녔다. 그러나 한국의 지성인들은 일제에 공동으로 저항투쟁을 했을 때를 제외하면 역사적으로 한중관계가 그렇게 가까웠던 시기가 없었다는 것을 잘 알고 있는 터였다.

3. 박근혜 대통령의 유라시아 구상과 자전거 대행진

남북통일에 대한 박근혜 대통령의 집념은 대단하다. 중국과의 통일외교가 만족스럽지 못하자 박근혜 대통령은 중앙아시아의 여러 나라로 관심을 뻗기 시작하였다. 이것은 한국이 해양국보다는 대륙국에 더 가까워지기를 바라는 중국의 권유에 의한 것은 아닌지 생각해 보았다.

중앙아시아 시베리아 철로 수송관은 한국과 중국만의 관심사일 수 없다. 그래서 박근혜 대통령은 네덜란드와 독일에 방문하였을 때, 동독의 드레스덴 시에 머물렀던 것 같다.

통일 이전, 서독의 총리였던 헬무트 콜이 드레스덴 시에 방문하여 연설한 것이 계기가 되어 독일은 빠른 속도로 통일을 이룰 수 있었다. 한국은 서독이 통일을 주도한 것처럼 통일을 할 수 있기를 바라는 터라, 박근혜 대통령은 역사를 만들겠다는 집념으로 이른바 '드레스덴 선언'을 하게 된 것이다. 그러나 북한이 이에 대하여 강력히 항의하자 이 선언이 백지화된 것이 아닌가 하는 생각이 들었다.

그 대신 '세계는 하나다', '남북한도 하나다'라는 구호로, 유라시아 관통 자전거 대행진을 관철했다. 한국의 매스컴은 이 때문에 한때 떠들썩했는데, 그러한 대외활동이나 언론보도는 그동안 세월호 참사로 인해 곪아 터진 국민의 관심을 외부로 전환하려는 계산도 깔려 있었던 것 같다.

이 시점에서 박근혜 대통령의 관심이 어떻게 갑자기 독일, 러시아, 유라시아 쪽으로 확대되어 유라시아 관통 자전거 대행진의 구상을 하게 되었는지 그 관심범위의 확대동기가 매우 흥미롭게 느껴진다.

필자는 박근혜 대통령의 관심을 미국이나 일본 등 해양 세력에 머물게 하기보다는 러시아, 중국이 위치하는 대륙지역으로 이끌고자 한 시진핑 국가주석의 구상이 전해져, 갑자기 유라시아 쪽으로 관심이 옮겨진 것은 아닌지 상상해 본다.

박근혜 대통령이 세월호 침몰사고에 관하여 보고를 들은 것은 2014년 4월 16일 아침 10시 반쯤이었다고 한다. 세월호 침몰이 아침 9시 반쯤이었으니까 빠른 시간에 보고를 받은 것이 된다. 대통령은 '그래? 큰일이구나. 걱정거리가 또 하나 생긴 것이구나!' 정도로 생각했을 것 같다. 이것을 정말 큰일이라고 생각했다면 그 후 7시간 동안의 행적을 비서실장에게 알리지 않았을 리가 없다.

오후 6시쯤 세월호 참사에 대한 후속보고를 들었을 때만 해도 대통령은 크게 신경 쓰지 않았던 것이 아닌가 하는 생각이 든다. 대통령은 중국 국가주석과의 통일외교 문제로만 머리가 가득 차 있었을 테니 정신집중을 방해하는 어떤 일도 반갑지 않았을 것이다. 그래서 세월호 침몰사고를 계속 얘기하는 비서실장에게 짜증이 났을 것 같고, 대통령은 비서실장의 강권에 못 이겨 다음날 진도 근방의 사고대책본부를 방문했던 것 같다. 몸은 비록 진도로 향하고 있었을지라도 대통령의 머릿속에는 중국과의 통일외교만이 가득 차 있었을지도 모른다.

▪ 요점

2014년 7월 청와대 국가안보실에서 《희망의 새 시대, 국가안보전략》을 간행하였다. 이 책을 보면 경제부흥 · 국민행복 · 문화융성 · 평화통일의 기반 구축을 4대 국정 기조로 삼아 이것을 핵심내용으로 하는 맞춤형 정부시대를 열겠다고 강조하고 있다.

그러나 정부의 정책구상이 아무리 훌륭하고 설계가 완벽하더라도 그 구상의 실현가능성과 실제적인 성과로 현실화될 수 있느냐 하는 것이 더 중요한 관심사이다. 박근혜 대통령이 강조하는 한반도 신뢰프로세스도 착상은 훌륭하나 북한이 과연 신뢰할 만한 상대인가 하는 문제부터 검토해야 한다. 동북아평화협력구상도 착상은 좋으나 그것이 남북한의 통일과정에 무슨 이바지를 할 수 있는 것인지?

필자는 청와대나 외교부가 추진하는 정책사업이 불필요하다고 주장하는 것은 아니다. 그러나 필자가 제안해 온 아시아태평양공동체의 트랙 II 접근법을 동시에 추진하는 노력을 왜 계속 외면하는 것인지 알 수가 없다. 필자가 주장하는 것은 민간단체에 의한 국제적 시민운동의 방법이다.

필자는 민주평화통일자문회의 기구라도 우리 사단법인 아시아태평양공동체의 활동을 지원해 주었으면 좋겠는데 그 기구도 청와대나 행정부의 지휘 감독하에 있으므로 마음대로 행동할 수 없게 되어 있다. 2015년 1월 1일자 〈중앙일보〉 신년사설에서 "이제는 시민이다"라는 중요한 글을 게재하였다.

그동안 나랏일은 정치권이나 행정부가 독점하여 추진하거나 처리하려고 들었지만 앞으로는 시민의 창의(創意)와 주도권을 받들고 그들의 활동을 지원할 수 있도록 방향을 전환해 줄 것을 제안한다. 필자도 이 책에서 남북한의 평화통일은 한국이 주도하는 아시아태평양공동체가 출범함으로써 촉진될 것이라는 주장을 내세우고 있다. 우리나라의 정계나 관가 그리고 언론사들도 필자가 본서에서 주장하는 평화통일의 접근법을 연구 및 검토하고 추진해 주기를 기대하는 바이다.

7장

한반도 중립화 통일방안 그리고 현실적인 대안

2014년 12월 7일

최근 2014년 12월 3일 자 〈조선일보〉 A35면에 고려대 강성학 명예교수의 "중국의 '한반도 중립화 통일' 제안에 대비해야"라는 제목의 기고가 게재되었다. 그 글의 취지는 중국이 한반도 중립화 통일방안을 추진하는 모양인데 그것이 과연 한국인들에게 바람직한 외교 정책인지 국제정치학자의 입장에서 문제를 제기한 것이었다. 글이 길지 않으므로 그 글 전체를 인용하며 필자의 논지를 펴고자 한다.

> 요동치는 동아시아 국제정치의 바다 위에서 대한민국호(號)의 외교적 항해가 몹시 불안해 보인다. 시진핑 집권 이후 중국의 대한국 정책은 치밀하면서도 꾸준하게 한국을 유혹하고 있다. 한국도 거부반응이 거의 없다. 아니 어쩌면 오히려 반기고 있다. 빈번한 한·중 정상회담에다가 집권 여당 대표도 취임하자마자 동맹국을 제쳐 놓고 중국의 최고지도자를

찾아가 인사할 정도가 되었다. 오랜 우방국인 일본에 대해선 모든 현안을 제쳐 놓은 채 도덕적 우월감으로 일본을 굴복시키려 한다. 반일 감정은 높아졌고 중국은 이런 한국의 대일 자세가 참으로 반갑지 않을 수 없다. 한국 외교의 이런 분위기가 계속된다면 머지않아 중국은 한국에 기습적으로 '한반도 중립화 통일방안'을 제안할 것으로 예상된다. 그리고 그런 중국의 제안은 한국인 사이에 한민족이 정말로 통일될 수 있겠다는 기대감을 폭발시키면서 극심한 국론 분열을 일으켜 정국이 불안정 속으로 빠져들 것이다. 난공불락의 성(城)을 점령하기 위해서는 우선 내분을 일으켜야 한다. 중국의 '한반도 중립화 통일방안'에 한·미 간 전시작전권 전환 재연기에 불만을 품고 주한미군의 사드(THAAD) 요격 시스템 배치에 반대하는 사람은 물론이고 무조건적인 반미 세력들이 열광할 것이다.

강대국들에 둘러싸인 한국인에게 '중립'은 19세기 말부터 아주 유혹적인 개념이었다. 그러나 지정학적 조건에서 한국은 스위스보다는 벨기에에 가깝다. 제 1차 세계대전의 여명에 영세중립국 벨기에는 프랑스로 가는 길을 내달라는 독일의 요구를 거절했다가 참담하게 짓밟혔다. 1950년대 초 서독의 콘라트 아데나워 총리는 스탈린의 거듭된 독일 중립화 통일 제안을 거부하고 북대서양 동맹에 가입했다. 그는 중립이나 연립 정부 같은 공산주의자들의 제안은 속임수에 불과하다는 것을 간파한 것이다. 빌리 브란트의 유명한 동방 정책도 중립화 통일을 모색한 것이 아니라 동독과의 관계 정상화였다. 그리고 이것을 차용한 한국의 북방 정책도 중립화 통일방안과는 무관했다.

중국이 '한반도 비핵화'라는 추상적인 외교적 수사학을 되풀이하다가 난데없이 '한반도 중립화 통일방안'을 제안하여 한국의 정치적 지축을 흔들어댄다면 결국 주한미군 철수와 한·미 동맹 체제 손상 및 궁극적 붕괴를 추구해 온 북한의 정책을 성공시켜 주는 셈이 될 것이다. 우리는 중국의 전략적 행위에 경각심을 유지해야 한다. 중국은 남북통일을 위해서도 동맹국 미국의 대체국이 될 수 없다.

세계 외교사에서 빛나는 최고의 전략가 비스마르크는 5대 강대국 사이에선 항상 '3의 모임'에 속하는 것이 낫다고 충언했다. 한국의 미래는 나 홀로 야망에 들뜬 중국이 아니라 유럽 및 일본과 동맹을 맺어 '3'을 이루는 미국과의 동맹이라는 토대 위에서 한국의 모든 대외 정책이 추진되어야 한다. 외교 전략이 군사적 동맹의 국가 방위 전략과 크게 엇나간다면 단순한 외교적 실수가 아니라 자멸의 길을 택하는 셈이 될 것이다. 요컨대 우리는 중국이 불쑥 '한반도 중립화 통일방안'을 제안해 올 경우 정중하지만 단호하게 '아니요'라고 대답할 준비를 미리 치밀하게 해두는 것이 필요하다.

동아시아는 미국, 중국, 러시아, 일본의 세계 4강이 마주쳐 서로 온갖 수작을 주고받음으로써 늘 국제적인 갈등의 소지를 안고 있는 지역이다. 한반도도 그런 국제적인 대립이나 갈등에 휘말리기 쉽다. 그러므로 중립화하라. 그래야만 안전할 수 있다. 그러나 강성학 교수는 그러면 안 된다고 경고한다. 한국은 미국과 일본 등 해양 세력 편에 머물면서 러시아나 중국을 비롯한 대륙 세력과 평화와 협력을 발전시키는 정책을 추구하는 것이 훨씬 현명하다는 것이 본 필자의 소견이다.

왜냐하면 중립화란 주변국이나 그 당사자가 국제적인 합의를 존중해줄 때에만 유효한 방책이다. 주변국이 그 약속을 지켜 주어야 하는데 만일 그런 약속을 지키려 하지 않는다면 대한민국은 자구하는 능력이나 군사력을 가져야 한다. 그런데 한국은 핵무기로 위협하는 북한으로부터 스스로를 방어할 능력을 갖지 못한다. 중립화 때문에 미국이 그 군대를 철수시켜야 하는 경우 한국에서 다시 전쟁이 일어난다고 해도 미국이 군사력을 이끌고 한국문제에 개입한다는 보장이 없는 것이다.

또 한반도는 아시아 대륙에 붙어 있는 반도이다. 아시아의 세력변동에 휘말리게 되어 있다. 한국이 대륙국들의 지배를 받을 때 가장 불안한 것은 일본일 것이다. 일본은 한반도를 지키기 위해 군사력을 사용할 의지도 있는 나라이다. 그러나 한국이 일본을 불신하기 때문에 한일군사동맹의 가능성은 희박하다고 보아야 한다. 그렇다면 한반도의 중립화는 바로 과거부터 그래왔듯이 한국이 아시아 대륙의 강대국에 사대해야 하는 속국의 신세를 모면할 수 없게 만들 것이다.

여기서 한반도 중립화라는 발상이 어떻게 생겨났는지 그 원인과 과정을 소급해 보자. 이것은 박근혜 대통령의 통일의지와 무관한 것이 아니다. 박근혜 대통령은 자신이 대통령 자리에 있는 동안에 한반도 통일을 성취하려는 의지에 불타 있다. 그리고 통일의 민족적 열망을 성취한 대통령이 되기를 열망한다. 선임자들이 하지 못한 역사적 대업을 처음으로 성취한 대통령이 되고 싶은 욕망을 누가 꺾을 수 있겠는가?

그런데 북한을 살리든 죽이든 마음대로 할 수 있는 나라는 오로지 중국뿐이다. 또 다행히 박근혜 대통령은 중국의 시진핑 국가주석과 매우 친근한 관계를 유지해 왔다. 시진핑 국가주석에게 부탁해 보자! 실제로 시진핑 국가주석은 마음만 먹는다면 박근혜 대통령을 남북한의 통일을 이룩한 대통령으로 만들어 줄 수도 있는 사람이다. 그러나 마음에 걸리는 것이 있다면 한미군사동맹이다. 한미군사동맹에서 풀려날 방법이 무엇인가? 그것은 바로 한반도의 중립화 통일구상이 아니겠는가?

만일 중국과 한국이 중립화 통일방안에 합의한다면 미국은 속수무책으로 한국을 포기하는 수밖에 없다. 물론 한국에 한반도의 중립화 통일을 한사코 반대하는 세력이 없는 것은 아니다. 그러나 한반도 통일이라는 민족주의의 비원과 갈망을 반대하고 저항하는 세력은 얼마라도 억압하고 짓밟을 수 있다는 것이 요즈음 한국의 정신풍토이다. 어쩌면 중립화 통일의 문제가 2017년의 대통령선거의 주요 쟁점으로 떠오르게 될 수도 있기에 염려하지 않을 수 없는 것이 요즘의 한국 상황인 것 같다.

▪ 요점

박근혜 대통령의 한반도 통일에 대한 집념은 유별나다. 박근혜 대통령이 중국의 시진핑 국가주석을 유난히 좋아하고 신뢰하는 것은 시진핑 국가주석이 한반도의 통일을 성사시켜 줄 수 있는 힘이 있는 사람이라고 믿기 때문일 것이다. 그러나 시진핑 국가주석으로서는 오랜 혈맹인 북한을 무참하게 내치고 박근혜 대통령의 소원을 들어 줄 입장에 있지 못하다. 중국이 그동안의 혈맹을 버리고 미국과 친근한 한국을 편들 일은 만무한 것이다

시진핑 국가주석은 말하고 싶을 것이다. 한국은 미국, 일본과 관계를 끊고 중국과 가까이 지내겠다고 선언하라. 그러면 박근혜 대통령의 소망을 완벽하게 들어 줄 것이다. 그러나 시진핑 국가주석도 그것이 박근혜 대통령에게 어려운 일임을 알고 있다. 그러니 차라리 한국을 중립화하겠다고 선언하라. 만일 그런 주장도 하기 어려울 처지라면 박근혜 대통령은 그런 중립화 바람만 일게 하고 때맞추어서 물러서라. 그 업무수행은 다음 정권에 물려줄 수도 있을 것이니 말이다.

필자는 여기서 입장을 다시 밝히고자 한다. 본 필자는 대한민국의 중립화가 아닌 중도화를 선호한다. 한국의 중립화는 중국으로 경사하여 그 속방이 되는 길이지만 중도화는 모든 나라와 대등한 입장에서 친선하려는 정신자세이며 정책노선이기 때문이다. 필자가 강조해 온 아시아태평양공동체

가 바로 그러한 중도화를 겨냥한 정치노선인 것이다. 박근혜 대통령도 더 늦기 전에 대한민국다운 정치노선으로 전진해 주시기를 바란다.

8장

언론사가 제시한 2015년 新年사설의 논지와 그에 대한 소견

2015년 1월 15일

1. 신년사설에서 제시된 한국 국정의 방향

필자는 정치학자이므로 나라의 언론을 매우 중시하는 입장이다. 한국 언론계의 실제 내막을 잘 모르는 편이나 나라를 다스리는 데 언론의 기여를 언제나 중요시했다. 한국의 언론계에 대한 신뢰나 평가는 상승할 때도 있었지만 하강할 때도 적지 않았다.

평소 필자는 한국 언론을 상·중·하로 구별하는 버릇을 가지고 있다. 인간의 정신작용도 지정의로 구별되는데 고급 상질의 지성이 언론 내용에 얼마나 함유되느냐에 따라 언론의 수준도 차별화된다. 2015년 〈조선일보〉, 〈중앙일보〉, 〈동아일보〉의 신년(新年) 사설은 한국지성을 대표하는 언론이라고 보기에 손색이 없었다.

여기서 요약한 2015년 신년사설은 한국의 대표신문인 〈조선일보〉,

〈중앙일보〉, 〈동아일보〉 3사의 최고 지성의 소리를 담고 있어 읽어 볼 만한 훌륭한 글이었다고 평가하므로 공통된 내용을 추려, 소감을 덧붙이겠다.

광복 70년을 회고해 보면 대한민국은 엄청난 성장과 발전을 성취하였다. 제 2차 세계대전 후 독립한 신생국들 중에서 건국, 6 · 25 전쟁, 산업화, 민주화의 4대 과제를 한국만큼 눈부시게 성공적으로 달성한 나라는 없었다. 그런 점에서 대한민국 국민은 조국에 대하여 자부심과 긍지를 가질 만하다.

그러나 1990년부터 오늘날 2015년에 이르기까지 산업화는 빈부 격차로 흔들렸고, 민주화는 민중화 · 포퓰리즘 · 여야의 극한투쟁으로 병들어 있었다. 북한에 대한 햇볕 정책도 북한의 핵무기 개발과 미사일 실험을 도와준 격이었는데 한국의 안전보장은 더 위태로워진 상태이다.

그럼에도 현재 중미갈등은 계속 격화되고 있으며 한일관계도 최악의 상태이다. 박근혜 대통령과 중국 시진핑 국가주석의 관계가 아무리 긴밀하고 중한관계 또한 좋아졌다고 하더라도 이러한 현실 상황에서 한국의 안전보장이 어떻게 보장될 수 있을지 의심스럽다.

남북한의 통일만이 이러한 모든 문제를 해결할 수 있다. 그러므로 한국인이 주력할 목표는 한반도의 통일이다. 문제는 그 목표를 달성할 수 있는 방법이 무엇인가이지만 자세한 처방이나 방향제시가 없었던 것이 아쉬웠다.

유독 그에 대한 해답을 명확하게 내린 사설이 없었지만 〈중앙일보〉만이 "그것은 정부나 경제계가 아니라 시민이다"라고 강조한 점이 돋보였다. 보다 더 자세한 설명이 있었어야 했는데 충분히 설명하기에는 지면이 부족하였던 탓인가? 어쨌든 3사의 논설진들이 수고한 데 박수를 보내야겠다.

그 시민이 과연 누구이며 또 어떻게 활동해야만 통일이라는 목표로 접근할 수 있는가 하는 문제에 대해서는 본 저술이 상세하게 답변을 제시하였다고 생각한다. 본 필자는 '시민'이라는 말보다도 '국제적 시민운동'이라는 말로 담론을 전개하며 부연 및 강조하였는데, 지역공동체의 추진을 강조하는 것이 얼마나 설득력이 있었는지는 장담할 수 없다. 앞으로 더욱 많은 사람들이 더욱 설득력 있고 현실화할 수 있는 이론서를 개발해야 할 것이다.

다음은 〈조선일보〉, 〈중앙일보〉, 〈동아일보〉 3사의 신년사설 발췌부분이다.

2. 광복 70년, 未完의 대한민국 '열린 平和국가'로 가야 한다(〈조선일보〉 신년사설)

70년 전 한반도는 일본 제국주의의 식민 지배 아래에서 새해 아침을 맞았다. 그해 8월 15일 정오 일본 국왕 히로히토(裕仁)가 라디오 방송을 통해 세계대전 연합국에 항복을 선언했다. 이 나라 강토는 "대한독립 만세" 환호 소리에 파묻혔다. 나라와 민족이 광복(光復)을 맞은 것이다.

4번의 결정적 선택

대한민국은 광복 70년의 세월 동안 건국과 6·25 전쟁, 산업화, 민주화 과정에서 최소한 4번에 걸쳐 현명한 선택을 했다. 첫 선택은 건국으로 가는 길목에서 이루어졌다. 미국과 소련이 남한과 북한을 각각 분할

통치하는 상황에서 한때 신탁통치가 시도됐고, 좌우0 갈등은 숱한 정치 테러 사건을 낳았다. 그러나 … 남쪽만은 자유민주주의와 공화정을 헌정(憲政)의 기본 틀로 삼는 결정을 내렸다.

두 번째 선택은 6 · 25 전쟁을 치르면서 이뤄졌다. … 세 번째 결정적인 선택은 한국식 개혁 · 개방 정책이었다. 5 · 16 쿠데타 이후 백성이 굶주림에서 탈출할 수 있었다. … 마지막 선택으로는 1960년 4 · 19 혁명, 1980년 광주민주화운동, 1987년 시민 · 학생 시위로 이어져 온 민주화를 꼽을 수 있다. … 나라 문을 걸어 잠그는 실수를 하지 않았고, 그때마다 사회 혼란도 장기화되지 않았다. …

그로부터 60년 동안 … 산업화와 민주화에 성공하고 선진국 문턱에까지 올라선 나라는 한국밖에 없다. 어디에 내놓아도, 누구에게 보여줘도 자랑할 만한 성공 스토리가 아닐 수 없다. 2015년은 이 놀라운 광복 70년사를 온전히 평가하는 한 해가 되어야 할 것이다.

광복과 함께 닥친 分斷

그러나 네 번에 걸친 우리의 선택이 최선의 결과를 가져온 것은 아니다. 건국과 6 · 25 전쟁은 분단의 아픔을 온 민족에게 안겼다. … 대한민국도 고속 경제 성장과 노도(怒濤)와 같던 민주화 시대를 거치면서 정치 리더십의 약화, 양극화(兩極化), 지역 간 격차 같은 심각한 성장통(痛)을 겪고 있다. … 지금껏 이 나라를 이끌어 온 '성공의 줄기세포'를 더 개발해 재도약의 계기를 마련해야 한다.

나머지 절반의 기적을 완성하려면 무엇보다 분단 상황을 끝내지 않으면 안 된다. … 올해는 2만 명을 훌쩍 넘은 탈북(脫北) 새터민들에 대한 따뜻한 지원과 관심을 제안하고 싶다. 많은 새터민이 한국에 들어와 빈곤층으로 전락하는 안타까운 광경을 목격하고 있다. 우리가 2만여 탈북자도 품지 못하면서 어떻게 2,500만 주민의 마음을 얻어 통일로 나아갈 수 있겠는가.

修交 50년 방향 잃은 韓·日 관계

한반도는 미국과 중국이 세계적·지역적 패권(覇權)을 놓고 서로 부딪치고 힘을 과시하는 거친 숨소리를 들을 수 있는 현장이다. 미·중은 이미 대한민국의 외교·안보와 관련한 국가적 결정 하나하나를 놓고 신경을 곤두세우고 있다. 이런 미·중 각축에 일본까지 뛰어들었다. 일본 아베 내각은 아시아에서 힘의 균형추(均衡錘)가 중국 쪽으로 일방적으로 기우는 것을 절대 좌시하지 않을 태세다. … 일본은 아시아에서 '미국의 대리인'을 자임하며 70년간 일본의 평화 체제를 지탱해 온 각종 금기(禁忌)와 기둥들을 하나둘 무너뜨렸다.

… 1880년 이 땅에 소개된 《조선책략》은 구한말(舊韓末) 국권이 넘어갈지 모르는 위기 속에 조선의 외교가 나아갈 길을 제시한 책자다. 러시아의 남진(南進)에 맞서 중국과 친하고(親中), 일본과 맺고(結日), 미국과 연결(聯美)한다는 외교 구상을 담고 있다. 조선 사회에 엄청난 파장을 불렀던 이 책의 저자는 청나라 외교관이다. 자국의 외교 구상도 다른 나라로부터 빌려 써야 할 만큼 국제 정세에 어두웠다는 얘기다. 그로부터 135년의 세월이 지난 지금 우리의 외교는 얼마나 달라졌는가 하는 질문을 던지지 않을 수 없다.

위기 극복의 DNA 되살려야

우리가 나라 밖의 도전을 뛰어넘어 통일로 나아가려면 대한민국의 내부 에너지를 응축(凝縮)하지 않으면 안 된다. 아쉽게도 한국 경제는 2011년부터 3%대 성장에 머물고 있다. 올해 전망도 결코 밝지 않다. … 사회 전체에 긍정(肯定)의 기운이 사라지고 대신 자기 몫만 주장하는 각자도생의 욕구만 난무하고 있다. 자기 몫의 복지를 늘려야 한다고 주장하면서도 재원 마련에 필요한 어떤 부담도 나눠 지려 하지 않는다.

이 내부 갈등의 악순환을 끊고 대한민국을 성숙한 선진국가로 이끌어가야 하는 것이 정치권의 최우선 과제이다. 그러나 1987년 이후 평화적 정권 교체가 6번이나 이루어졌지만 국민을 통합하는 리더십보다는 지역감정과 선심(善心) 공약에 편승해 정권을 차지하는 일들이 이어지고 있다. 정치 불신은 갈수록 깊어지고 의회 정치에 대한 회의론도 커지고 있다.

광복 70년은 끝없는 위기의 연속이었다. 언제 전쟁이 다시 터질지 모르는 긴장의 세월이기도 했다. 그 숱한 난관과 기회를 뚫고 생존해 온 DNA가 바로 대한민국과 대한민국 국민의 뼛속에 각인돼 있다. 우리는 나라를 개방해 외부에서 자원과 인재·외자(外資)를 받아들일수록 더 큰 번영을 누렸고, 나라 안보다는 나라 밖에 나가 더 큰 기회를 잡았다. 지금 대한민국을 향해 던져진 과제들은 결단코 넘어서지 못할 벽은 아니다. 진정한 위기는 우리 스스로가 이러지도 저러지도 못하는 어쩔 수 없는 진퇴양난이라 여기는 체념과 좌절에 젖어 있다는 데 있다. 이런 부정(否定)의 기운을 털어내는 것이 급선무다.

2015년 새해 아침, 우리는 지나간 70년을 돌아보며 다가오는 70년을 그려 보지 않을 수 없다. 이제 … 한민족 모두가 평화로운 대한민국에서 풍성한 삶을 누리며 진정한 광복의 기쁨을 맛볼 수 있어야 한다.

3. 광복 70년, 통일 한국 향한 재도약의 갈림길에 서다(〈동아일보〉 신년사설)

북한과 일본에 손 내미는 '창조외교'를

우리에게도 분단 70년을 극복할 기회가 없었던 것은 아니다. … 독일 태생의 미국 정치철학자 한나 아렌트가 통찰했듯 독재는 자기 파괴의 요소를 스스로 배양한다. 북한은 세계에서 유례를 찾을 수 없는 극심한 군사적 가분수 사회다. 이런 사회는 자기 힘으로 존속할 수 없다. … '핵 없는 한반도'에 대한 강한 의지를 갖고 북의 도발에는 강하게 대처하되 대화와 교류 협력에는 과감하게 손을 맞잡아야 한다.

광복 100년을 분단된 상태로 맞지 않으려면 미국과 중국의 협조를 얻어 내고 중국, 일본과 신뢰를 구축하는 일이 필수다. 그러나 영국 〈이코노미스트〉 지가 "2015년 세계 대전망"(*The World in 2015*)에서 "새해 각국은 민족주의로 회귀할 것"이라고 예상한 것처럼 세계적인 흐름은 동북아시아에 먹구름을 예고하고 있다.

… 한국과 중국의 반일(反日) 감정, 일본의 혐한(嫌韓)·혐중(嫌中) 분위기에는 맹목적 국수주의의 기운까지 느껴진다. … 50년 전 한국 정부는 오로지 국익을 위해 숱한 반대를 무릅쓰고 일본과 국교를 정상화했다. … 한일정상회담을 포함해 한중일, 한미일 정상회담 등을 통해 일본을 우리 쪽으로 끌어들일 방안을 강구해야 한다. 한일 국교 정상화 50주년을 맞는 올해, 성숙한 '창조 외교'로 한일관계를 재정상화할 책임이 박 대통령에게 있다.

새해 박 대통령은 집권 3년 차를 맞는다. 대통령 임기 중 올해는 전국 단위 선거가 없는 유일한 해다. 내년에는 총선이 있고 후년이면 벌써 대통령선거가 기다리고 있다. 2015년은 박 대통령이 국내 정치를 안정시키고 경제 체질을 개혁할 수 있는 마지막 골든타임이다. 나라를 바꾸려면 박 대통령 자신이 먼저 달라져야 한다.

천민 자본주의 – 낡은 이념 극복해 국격 높여야

제 2차 세계대전이 끝난 이후 100개가 넘는 독립국가가 새로 생겨났지만 산업화와 민주화를 동시에 이룬 나라는 한국이 거의 유일하다. 한국은 그동안 삼성 스마트폰 등 첨단 정보기술(IT)과, 케이팝 드라마 등 한류에 힘입어 선진국 문턱까지 왔다고 자부했다. 하지만 지난해 분위기가 변했다. 세월호 참사와 대한항공의 '땅콩 회항' 사건으로 한국 자본주의의 천민적 모습이 세계 앞에 적나라하게 노출됐다.

… 광복 이후 70년은 긴 세월이다. 조선 왕조는 개국 70년에 세종대의 전성기를 넘어 성종대의 두 번째 전성기로 향하고 있었다. 지금 분단 상황은 우리 민족의 온전한 자기실현을 가로막고 있다. 밤 시간에 인공위성에서 내려다본 한반도의 북쪽은 깜깜한 어둠 속에 갇혀 있다. 늦어도 광복 100년이 되기 전까지는 민족과 국토의 분단을 극복하고 한반도 전체에 골고루 빛이 넘치는 나라로 만들어야 한다. 올해가 그 새로운 시작이어야 한다.

4. 광복 · 분단 70년 …
이젠 시민이다(〈중앙일보〉 사설)

을미년(乙未年) '파란 양의 해'가 밝았다. … 새해를 맞아 사방을 둘러봐도 희망보다는 온통 희뿌연 안개가 자욱하다. … 여기서 우리는 근본적인 의문을 던지지 않을 수 없다. 지난 70년간 우리는 압축적으로 산업화와 민주화의 기적을 이룬 게 사실이다. 하지만 국가와 정부, 민족을 앞세운 과거의 성공신화는 더 이상 작동하지 않고 있다. 세월호 참사 때 정부는 무력했고, 정치권은 우왕좌왕하며 바닥까지 밑천을 드러냈다. 경제에서도 금리인하와 재정확대라는 전통적 정책수단의 한계가 분명해졌다. 정부는 더 이상 마법의 지팡이가 아니다. 남북문제에서도 '우리의 소원은 통일' 식의 감상적 민족주의로는 대립과 긴장의 벽을 허물지 못함을 목도했다.

이제 우리는 묻지 않을 수 없다. 국가와 민족을 대체할 새로운 중심 세력과 에너지를 어디서 찾아야 하느냐고. 우리는 감히 그 열쇠말을 '시민'이라는 한 단어로 압축하고자 한다. … 여기에는 정부와 시장만으로는 더 이상 대한민국의 발전을 꾀할 수 없고, 시민들이 제 역할을 해내지 못하면 궁극적으로 우리 공동체는 바뀌지 않을 것이라는 절박한 문제의식이 깔려 있다.

우선 시대적 화두인 안전 문제부터 따져 보자. 정부가 재해 컨트롤 타워를 정비하고 법과 제도를 바꾼다고 저절로 안전이 보장되는 게 아니다. 툭하면 반복되는 경제적 보상이나 공권력 투입, 강력한 처벌도 만병통치약이 아니다. 안전은 본질적으로 정부에 의지하는 게 아니라 사람에 달린 문제다. 시민들이 스스로 자기 위치에서 스스로의 문제를 해결하는 것이 안전한 사회를 만드는 가장 중요하고도 근본적인 해법이다.

파탄 상태에 놓인 남북관계를 복원하는 것도 건전한 시민 세력이 담당해야 할 몫이다. 종북(從北)과 반북(反北)의 극단적 대치 구도를 타파함으로써 남북관계를 제로섬 게임이 아니라 '윈-윈'의 상생적 관계로 이끌어야 한다.

… 올해 중 임기의 반환점을 도는 박근혜 정부로서도 국정동력과 시간이 많이 남아 있지 않다. 더구나 올해는 광복과 분단 70년이 되는 만큼 남북관계에서 지워지지 않을 이정표를 세울 때가 됐다. 성숙한 시민성을 통해 남한 내부의 통합을 이룰 때 비로소 북한도 포용할 수 있는 통일의 토대가 마련된다. 중국과 일본의 각축 속에 세계의 화약고가 돼가는 동북아지역에서 한국이 평화와 공존의 중심 역할을 하기 위해서도 과잉 민족주의를 순화할 수준 높은 세계 시민 의식을 갖춰야 한다.

… 올해도 한국 경제는 고질병인 저성장과 싸워야 한다. 저출산・저효율, 그리고 고령화・고비용이란 2저(低)-2고(高)를 극복해야만 가능한 일이다. 경기를 살리면서 장기 지속 성장의 기틀을 마련하는 일은 말처럼 쉽지 않다. 돈을 풀어 경기를 떠받치는 정책만으로는 안 된다. 경제 체질을 근본적으로 뜯어고치는 구조 개혁이 병행돼야 한다. 하지만 기득권층의 반발은 여전하며 입법 환경도 나아진 게 없다.

큰 선거가 없고 집권 3년 차를 맞은 올해는 구조개혁의 마지막 '골든타임'이다. 박근혜 정부는 이 과제에 정권을 걸겠다는 의지부터 다져야 한다. '이 정부 임기 중엔 기틀만 닦을 테니 과실은 다음 정부에서 따달라'는 각오가 중요하다. 과도하게 늘어난 복지지출을 삭감하는 것은 괴로운 문제다. 하지만 시민들을 설득하고 동참을 이끌어내면 반발하는 이해관계 집단들에 대해 사회적 압박을 가할 수 있다. 때로는 정치적 손실을 각오하고라도 시민들을 향해 피와 땀과 고통분담을 요구하는 용기도 필요하다.

하지만 아무리 '이젠 시민이다'라고 외쳐도 국가와 정부는 여전히 강하고 큰 실체다. 민족 역시 강렬한 구심점 역할을 한다. 그러나 정치와 정책 방향이 현실에 뿌리내리고 있는 시민의 요구와 맞지 않으면 얼마나 값비싼 사회적 비용을 치르는지 우리는 생생하게 체험했다. 이제 시민들의 참여는 선택이 아니라 필수다. 정부와 시장이 해결하지 못하는 문제들이 속출하는 세상이 오고 있다. 사회는 하루가 다르게 다원화·다양화되고 있다. 더 이상 시민은 수동적 통치 대상이 아니다. 오히려 시민이 주어(主語)가 되고 국가가 목적어(目的語)가 되는 패러다임의 전환이 필요하다.

이제 비판과 방관을 넘어 국가·민족과 상호 협력하는 신(新)시민시대를 열어야 한다. 새로운 시대의 씨앗을 뿌리고 밑거름을 뿌리는 것은 당연히 시민교육의 몫이다. 공동체 전체를 생각하면서 탐욕을 절제하고, 관용과 배려가 몸에 배도록 끊임없이 가르쳐야 한다. 눈앞의 이익에 함몰되지 않고 지구촌 전체를 바라보는 건강하고 성숙한 시민들이 쑥쑥 자라나야 한다.

… 우리는 국가와 민족이라는 낡은 틀에서 벗어나 시민의 밝은 눈으로, 시민의 입장에서 공동체의 크고 작은 사안을 판단하고 방향을 정할 것이다.

5. 사설에 대한 필자의 소견

한국의 대표적 언론 3사의 2015년 신년사설은 앞에서 소개한 바와 같이 모두 훌륭한 글이었다. 사실 그 내용은 크게 보아서 대동소이한 것이다. 우선 신년의 한국 정치를 개시함에 있어서 한국은 건국 후 오늘에 이르기까지 지난 70년 동안 다른 신생국과는 비교가 안될 만큼 엄청나게 성장하고 발전하였다. 우선 산업화에 엄청나게 성공하였으며 민주화에서도 괄목할 만한 발전을 이룩하였다.

그러나 한편에는 빈부 격차가 확대되어 사회적 부조화가 조성되었고, 여야 간의 극한대립으로 정치불안을 염려하지 않을 수 없는 상황도 지적되었다. 한국의 대표 언론은 이러한 현실에 대하여 문제점으로만 지적하는 데 그칠 것이 아니라 국민 대중에게 보다 더 바람직한 선진국민의 자세를 일깨워 줄 수는 없었는가 생각하게 된다.

물론 국민 대중에게 도덕적으로 충고하거나 훈계하는 것이 바람직한 언론의 자세가 아님도 모르는 것은 아니다. 언론은 현실을 정확하게, 냉철하게 보도하고 지성적으로 분석하여 국민들이 상황을 바르게 판단할 수 있도록 도와주면 되는 것이다.

언론은 우리 국민들이 정부의 복지 정책에 너무 많이 의지하며 너무 많은 요구를 하지 않도록 설득해야 한다. 가진 사람들에게 나눔의 미덕을 일깨워 주며, 시민들이 국가에 요구하기보다는 시민들 스스로 복지 문제를 해결하는 습관을 지니도록 설득하고 그런 일에 앞장서 돕고 나서는 모습들을 보도해 주었으면 좋겠다. 왜냐하면 국민들이 많은 것을 국가나 사회에 기대거나 의존하게 되면 자칫 사회를 원망하고 정부를 저주하는 경향이 생기기 때문이다. 따라서 가진 사람에게는 베푸는 행위를 습관화할 수 있도록 설득하고 유도해야 한다.

〈조선일보〉는 필자가 평생 애독한 신문이다. 그 이유는 불편부당하고 슬기롭게 국민을 선도하는 글을 비교적으로 많이 써왔기 때문이다. 그러나 때로는 수준 낮은 애국주의 선동에 너무나 흥분하는 데에 실망한 경우도 적지 않았다. 이 글에서 필자가 처음으로 실토하고자 한다.

실망한 경우를 한 가지만 지적한다면, 왜 반일보도와 선동에는 그토록 흥분하여 〈조선일보〉답지 않게 우악스럽게 설쳐대는 것인가? 1921년 일제 조선총독부의 문화 정책에 호응하여 신문을 창간한 것이 그토록 부끄럽고 속상해서 그러는 것인가?

'선배들은 그랬는지 모르지만 나는 아니다.' 이런 마음 때문에 그러는지 모르지만 내 마음은 속여도 하늘은 못 속인다는 말이 있지 않은가? 이 세상에는 하늘의 마음을 가지고 사는 사람들이 수없이 많다는 것을 의식하며 활동하라고 충고하고 싶다.

물론 여기서 거론된 신문사설에서는 모두 한일관계의 악화를 크게 염려하는 모습을 볼 수 있었다. 다만 그것을 알았으면 걱정만 할 것이 아니라 그것을 시정하고 보완하는 언론활동의 노력도 해야 하는 것 아닌가?

반일애국, 독립투쟁만이 애국애족 활동이었다는 주장의 정당성은 1900년경부터 1945년까지 일제 치하에서만 통용될 수 있었다는 것을 인식해야 한다. 오로지 반일태도나 그 활동만이 애국애족 활동이라는 사고방식은 그 외의 시간, 특히 21세기 사회의 오늘날에는 정당한 말이 아니라는 것을 사람들은 알아야 할 것 같다.

이에 사단법인 아시아태평양공동체는 한중일 3국의 화해 협력을 세계평화의 초석으로 강화하기 위해 봉사하는 시민단체로서 애국시민 여러분들의 동참과 지원을 바라 마지않는다.

한승조(本名: 己植)

학력

고려대학교 정치외교학과
고려대학교 대학원 정치외교학과
미국 UC Berkeley(정치학 박사)

주요 경력

고려대학교 정치외교학과 교수
남북대화사무국 자문위원
한국국민윤리학회 회장
월간 〈民族知性〉 발행인
고려대학교 정경대학장
현재 고려대학교 명예교수
(사)아시아태평양공동체 이사장
대불총 상임고문

주요 저서

《韓國民主主義와 政治發展》(법문사, 1976)

《韓國政治의 指導理念》(서향각, 1977)

《韓國民主主義: 理論과 실제》(형설출판사, 1984)

《韓國의 政治思想》(일념, 1989)

《韓國政治: 오늘과 내일》(일념, 1989)

《韓國政治의 指導者들》(대정진, 1991)

《人類歷史와 世界文明》(집문당, 1998)

《朴正熙 붐, 우연인가 필연인가》(말과 창조사, 1999)

《아시아태평양 공동체와 한국》(나남, 2011) 外

편저

《리더십이론과 韓國政治》(민족지성사, 1988)

《해방전후사의 쟁점과 평가 1·2》(형설출판사, 1990)

《21世紀의 挑戰과 韓國의 대응》(형설출판사, 1993)

《東北亞 정세변화와 한일관계》(집문당, 1995)

《南北韓의 人性思想敎育》(집문당, 1998) 外

공저

《韓國政治論》〔전정4판, (박영사, 1999)〕

《現代急進思想과 韓國》(형설출판사, 1984)

《現代政治過程論》(법문사, 1978) 外